COLLECTION LE FRANÇAIS RETROUVÉ

Les mots de la philosophie

Alain Lercher

Illustrations de Bennip

BELIN 8, rue Férou, 75006 Paris

ISBN 2-7011-0551-X ISSN 0291-7521

Préface

Chacune des activités a son langage propre — sa terminologie, disent les uns, son jargon pensent les autres. User de ce dernier terme — souvent injuste —, c'est oublier que la langue française doit une part de sa richesse à l'apport des langages techniques. Les poètes de la Pléiade l'avaient bien compris, qui conseillaient aux écrivains de se mettre à l'écoute de tous les corps de métiers.

Or, si l'on constituait en cortège les corporations ayant enrichi et illustré la langue française, la bannière des philosophes devrait assurément défiler parmi les premières. A cela, plusieurs raisons, dont les quatre parties de ce livre sont l'écho.

La réflexion philosophique a tissé tout au long des siècles une histoire passionnante, et la découverte progressive des lois de la pensée humaine est une conquête dont le récit vaudrait bien celui de la « conquête de l'Ouest ». Elle a eu ses héros et ses victimes, ses actions décisives et ses coups de théâtre. Cette épopée a laissé sa trace dans notre culture et dans notre langue : des mots et des expressions que nous connaissons bien, mais dont la source est parfois enterrée : la *caverne*, le *morceau de cire*, le *meilleur des mondes*, sans compter les nobles animaux philosophiques que sont *la chouette de Minerve* et *l'âne de Buridan*... Telles sont les *histoires de la philosophie* que nous racontons au lecteur dans la première partie de ce livre, en évoquant les grands moments de la réflexion philosophique.

Les mots de la philosophie ont une autre raison d'abonder dans notre langue : alors que chaque discipline s'invente un langage propre à décrire la petite partie de la réalité qui est son lot, la philosophie a un champ d'action infini : la pensée des hommes, et tout ce qui existe dans l'univers.

Reste que la vocation universelle de la philosophie l'engage à opérer, dans la multitude des choses, bon nombre de regroupements. Laissant à d'autres disciplines le souci de désigner le particulier et le concret, elle travaille sur ce qui unifie la diversité des apparences : sur le général, donc sur *l'abstrait.* N'est-ce pas là que le bât blesse ? Au profane, les philosophes semblent parfois (souvent ?) parler une langue étrangère. « Bon, se dit-on alors, ce discours s'adresse à la confrérie des philosophes... » Et l'on se retire sur la pointe des pieds.

Mais on ne peut échapper durablement aux mots forgés par la philosophie. *Concept, gnose, induction, maïeutique, récurrent...* resurgiront tôt ou tard au détour d'une conversation ou d'un article de journal. Doit-on déplorer là d'inutiles emprunts aux philosophes, volontiers suspects de dire de façon compliquée ce qu'ils pourraient dire simplement ?

Injuste soupçon. La faculté d'abstraire est le privilège de l'espèce humaine — et de tous ses membres sans exception. Nulle raison, donc, de fuir l'abstraction. De plus, comme tous les savoirs — de la plomberie à la physique théorique — la philosophie a besoin de mots qui désignent avec précision les objets de sa réflexion. *Aséité, eidétique, noèse* auraient-ils une beauté vénéneuse dont il faut se garder plus que des noms désignant telle maladie étrange ou telle pièce d'une charpente ?

De ces *mots techniques,* regroupés dans la deuxième partie du livre, nous nous sommes efforcés de donner une définition accessible à tous, et presque toujours éclairée par l'étymologie.

Beaucoup de mots du langage philosophique ont perdu leur caractère savant en passant dans la langue commune, qui les utilise (parallèlement à la philosophie, où ils ont conservé leur sens technique) dans un sens parfois profondément modifié. Certains sont devenus si familiers que leur origine philosophique ne peut être soupçonnée. Telles sont *catégorie, idée, substance,* que le lecteur retrouvera dans la troisième partie de ce livre, parmi d'autres *mots usuels issus de la philosophie.*

Mais les meilleurs des philosophes se résignent mal à employer un langage autre que celui de tout le monde. Les plus nombreux — et sans doute les plus importants — des mots de la philosophie sont des *mots du langage universel.* Ils font l'objet de la quatrième partie de ce livre : mots employés par les philosophes dans un sens technique particulier *(être, devenir, durée, étendue...),* ou mots exprimant une notion qui a fait l'objet, dans la philosophie, d'une réflexion approfondie *(cause, espace, liberté, raison, temps, vérité...).*

Pour faciliter la lecture, précisons que l'ordre alphabétique ne nous a pas toujours paru souhaitable, en particulier dans les deux premières parties, où les rapprochements thématiques ou historiques étaient plus pertinents. Un index général et un index des philosophes (p. 344 à 350) guideront le lecteur dans sa recherche. Dans les parties III et IV, des citations soulignent, pour chaque mot, l'écart entre son emploi courant et son emploi philosophique, ou au contraire révèlent à quel point l'héritage de la philosophie pèse sur sa signification dans les contextes les plus imprévus.

Les spécialistes reprocheront peut-être à ce petit livre d'être incomplet. Il l'est, en effet. Notre but n'était pas de relever *tous* les mots employés par *tous* les philosophes qui écrivent ou sont traduits en français, mais d'aider le lecteur — non spécialiste — à prendre une juste mesure de l'utilité de la philosophie et de son impact sur notre langue. Des mots innocents renferment en eux-mêmes des abîmes de questions. Qu'est-ce que le *hasard* ? Qu'est-ce que la *vérité* ? Nous invitons le lecteur à ne pas craindre le vertige : la philosophie est là pour explorer ces abîmes.

I. Histoires de la philosophie

Les grands moments

L'ANTIQUITÉ

Les Sophistes

Un ***sophisme,*** au sens courant, est un raisonnement spécieux qui se présente sous les apparences de la vérité ; son auteur, le ***sophiste,*** n'a d'autre but que de tromper les esprits simples ou peu avertis. Bref, un sophisme est une duperie et le sophiste un sale type. C'est à Platon surtout qu'on doit cette vision noire, qui ne correspond pas tout à fait à la vérité.

Historiquement, on regroupe sous le nom de ***Sophistes*** un certain nombre de maîtres de rhétorique et éventuellement de philosophie, qui apparurent en Grèce au ve siècle avant J.-C.

Ils se nommaient eux-mêmes *sophistai,* c'est-à-dire, étymologiquement « maîtres de savoir ». Certains se souciaient seulement d'apprendre à bien parler aux jeunes élites des cités, afin qu'ils pussent habilement se faire entendre dans les assemblées politiques ; mais d'autres étaient des savants honnêtes et consciencieux. Leurs cours étaient payants, ce qui nous paraît aujourd'hui bien ordinaire, mais l'idée qu'on puisse gagner de l'argent en transmettant un savoir entrait mal dans les cadres de pensée de l'époque. Les cités grecques, et particulièrement Athènes, connaissaient à cette époque une crise des anciennes valeurs religieuses, et les meilleurs des Sophistes aidèrent, avec un sérieux esprit critique, à repenser la morale et la politique.

Les Sophistes mettaient en avant une vision relative du monde : il n'y a pas de dieux, ou s'il y en a, nous ne pouvons pas les connaître et ils ne s'occupent pas des hommes.

L'homme est la mesure de toutes choses

disait un des plus célèbres Sophistes, Protagoras. Les valeurs que l'homme respecte ont été créées par lui ou par ses ancêtres ; il peut donc en changer : ce changement peut être utile ou nuisible, mais il n'est pas sacrilège.

Platon fit des Sophistes ses ennemis jurés, car, pour lui, il

TU VOIS, ICI, IL Y A EU
DE GRANDS MOMENTS,
COMME IL Y AURA
DE GRANDS
MOMENTS
DANS TA VIE...

n'y a rien de relatif, mais tout se juge par rapport au Bien, qui est un absolu. Cette hostilité fut reprise par Aristote, et l'autorité des deux maîtres transmit à la tradition une image déformée.

Socrate

Socrate est une figure tutélaire qui hante la philosophie. Il appartient plus à l'histoire de la philosophie qu'à la philosophie, car il ne nous a laissé aucune œuvre. Son existence et sa manière d'être nous sont rapportées par quelques-uns de ses contemporains : le poète comique Aristophane, qui l'a caricaturé ; l'historien Xénophon, qui l'a admiré sans toujours le comprendre, et surtout Platon.

Platon en a fait le personnage central de ses dialogues philosophiques, et l'a constitué en image-type du philosophe, celui qui toujours questionne. Il importe donc de savoir que, lorsqu'on lit, dans un texte philosophique ou littéraire, un propos attribué à Socrate, c'est à Platon, en réalité, qu'il faut attribuer ce propos, dans la plupart des cas.

Par recoupements, nous savons de Socrate qu'il vécut à Athènes au ve siècle avant J.-C., qu'il enseignait la sagesse, ce qui le fit confondre par beaucoup avec les Sophistes (à ceci près qu'il ne faisait pas payer son enseignement), et qu'il eut pour élèves Xénophon et Platon. De son enseignement, on connaît deux maximes. L'une était

Je sais que je ne sais rien ;

et l'autre

Connais-toi toi-même.

Par la première, Socrate entendait montrer que le premier pas vers la connaissance consiste à se débarrasser des idées fausses et des opinions non vérifiées.

La seconde, Socrate ne l'a pas inventée. C'était à l'origine une admonestation hautaine du dieu Apollon à ses fidèles, qui signifiait : « Sache que tu n'es qu'un homme. » Socrate feignit de ne pas la comprendre. « Le dieu, disait-il, nous ordonne, avant toute autre chose, d'étudier notre propre nature. »

Socrate fut accusé par les magistrats athéniens d'impiété et de corruption de la jeunesse, condamné à mort et exécuté (il dut boire la ciguë). Beaucoup d'éléments de sa vie peuvent rappeler celle du Christ, et nombre de philosophes ne se sont pas privés de faire le parallèle entre les deux personnages.

La maïeutique

Ce mot, qui désigne au sens propre la technique de la sage-femme (grec *maieutikê*), illustre la méthode de Socrate. Invoquant sa mère sage-femme, Socrate, dans un des dialogues écrits par Platon (le *Théétète*), prétend que sa vocation est d'accoucher les esprits des pensées qu'ils contiennent sans le savoir. La méthode repose sur le dialogue : Socrate évacue d'abord les pensées toutes faites et les opinions éculées, en montrant, par des contre-exemples, leur fausseté ou leur fragilité. L'interlocuteur est alors plongé dans l'embarras, c'est-à-dire mûr pour l'accouchement : il a compris qu'il n'obtiendrait de réponses à ses interrogations que par un effort personnel de sa pensée.

A partir de là, Socrate l'aide, par un jeu de questions pertinentes, à trier entre ce qui est bien fondé et ce qui ne l'est pas, et à formuler progressivement sa pensée. C'est ainsi que le petit esclave de Ménon, qui n'a jamais appris un mot de géométrie et commence par raisonner hâtivement sur des figures dessinées sur le sable, finit par trouver (ou retrouver : voir *réminiscence,* p. 14) le théorème de Pythagore. Avec toute la prudence et les nuances dont il convient d'entourer cette remarque, on peut dire que la maïeutique est l'ancêtre à la fois de la psychanalyse et de la pédagogie.

Platon

Platon vécut à Athènes de 427 à 348 avant J.-C. Disciple de Socrate, il bâtit autour des principes révélés par son maître une théorie d'une richesse et d'une portée immenses. Son œuvre est le fondement de toute la philosophie occidentale.

• **Le *platonisme*** désigne l'ensemble des idées ou le système philosophique de Platon. Il faut remarquer qu'à ce nom correspondent deux adjectifs :

— ***platonicien :*** on parle des idées platoniciennes, de la dialectique platonicienne, c'est-à-dire : « au sens où l'entend Platon ». Lorsqu'on parle d'un philosophe platonicien, d'un point de vue platonicien, l'adjectif signifie « qui reprend les thèses de Platon ».

— ***platonique*** s'emploie surtout dans l'expression ***l'amour platonique.*** A l'origine de cette expression (chez les poètes italiens et français des XVe et XVIe siècles), il y a une allusion à la théorie de l'amour exposée dans *le Banquet :* le véritable amour, explique Platon dans cet ouvrage, ne repose pas sur le désir charnel mais sur le désir qu'ont l'une de l'autre deux âmes qui s'estiment.

L'univers des idées

Platon a beaucoup réfléchi à ce qu'on appelle communément la théorie de la connaissance (qu'on peut considérer comme la partie centrale de la philosophie). Qu'est-ce que connaître ? Comment connaissons-nous ? Nous voyons des lits, des tables, des chevaux, extrêmement différents les uns des autres, et chacun changeant : tel cheval vieillit, telle table s'abîme, change de couleur, etc. Cependant nous avons

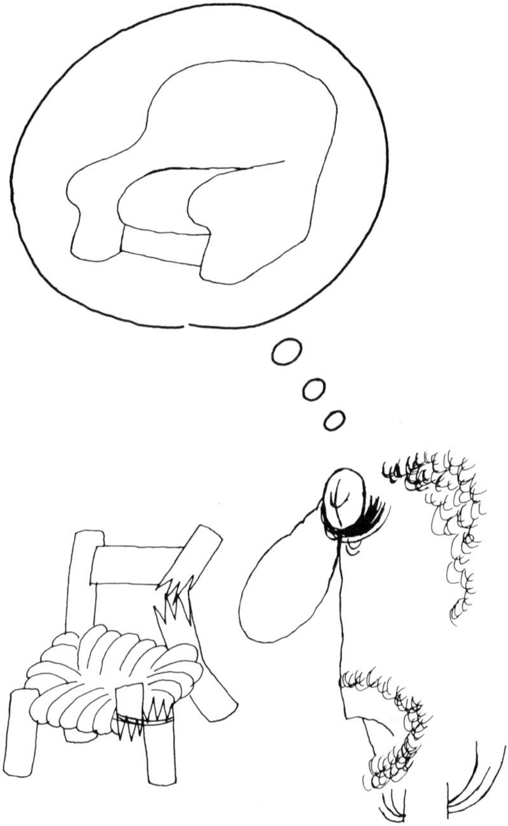

l'idée de lit, l'idée de table, l'idée de cheval, chacune unique et toujours identique à elle-même. Mais attention : l'idée n'est pas une simple création de notre esprit pour regrouper des choses semblables : l'***Idée*** (qu'on écrit alors avec une majuscule) existe en elle-même : elle préexiste aux objets et a une réalité indépendante de notre esprit.

Les choses de ce monde ne sont que des réalisations imparfaites des Idées. On est amené à supposer l'existence d'un univers des Idées, dont l'univers matériel n'est qu'une mauvaise copie. L'âme a avec l'univers des Idées des relations privilégiées, ce qui explique la connaissance (voir ci-dessous *réminiscence*) ; le corps a des relations privilégiées avec les choses de ce monde, qui sont matérielles et imparfaites, ce qui explique les erreurs dans lesquelles nous induit la perception sensible.

Cette description un peu sommaire et figée de la conception platonicienne des idées est due à la tradition. La pensée propre de Platon est plus subtile et plus dynamique. Il examine le problème des idées dans plusieurs ouvrages, avec des nuances non négligeables de l'un à l'autre. Il pose des questions, examine des hypothèses, mais ne prétend pas imposer des vérités infaillibles et évidentes pour tous (ce qui serait une démarche peu philosophique).

La réminiscence

Dans le vocabulaire courant, la réminiscence évoque soit un souvenir confus (on parle de « vagues réminiscences »), soit un souvenir inconscient : quand, par exemple, un poète reproduit ou pastiche involontairement un vers ou un morceau de vers d'un poète antérieur. En philosophie, ce mot s'emploie par allusion directe surtout à Platon, parfois à Aristote (voir p. 252), et il signifie, au contraire, quelque chose de bien plus fort que le souvenir.

Chez Platon, la réminiscence est une propriété de l'âme, qui lui permet de connaître la vérité. Nous avons vécu autrefois dans le monde des Idées. Quand, dans cette vie terrestre, nous croyons apprendre, c'est seulement que notre âme se souvient de ce qu'elle avait contemplé dans sa vie antérieure. Ainsi l'esclave de Ménon connaissait « déjà » ce que nous appelons le théorème de Pythagore, mais il l'avait « oublié ».

Les œuvres de Platon sont des œuvres d'art, pleines d'images inoubliables. Pour poser ses grandes interrogations et exposer ses grandes théories, il ne se contente pas d'user de la dialectique la plus serrée ; il invente aussi des histoires, les « mythes platoniciens ».

La caverne

Au livre VII de *la République*, Platon imagine une histoire devenue célèbre sous le nom de ***mythe*** ou ***allégorie de la caverne.*** Elle a pour but de nous faire comprendre la différence qu'il y a entre la connaissance grossière qui nous vient de nos sens et de nos opinions, et la connaissance vraie, qui sait saisir, derrière les choses, l'*idée* des choses. Dans une caverne dont l'entrée, ouverte à la lumière, s'étend sur toute la longueur de la façade, des hommes sont enchaînés depuis l'enfance, les yeux tournés vers le fond de la caverne, de sorte qu'ils ne puissent ni bouger, ni tourner la tête. Un feu brûle à l'extérieur, qui éclaire toute la caverne. Entre ce feu et la caverne passe une route, bordée par un mur aussi haut qu'un homme. Derrière ce mur, sur la route, passent en bavardant des hommes qui portent sur la tête divers ustensiles, des figures d'hommes ou d'animaux sculptées, qui seules dépassent du mur, et dont les ombres se projettent sur le fond de la caverne. Tout ce que les enchaînés connaissent du monde, ce sont des ombres d'objets fabriqués. Mais comme ils ne savent pas ce qui se passe derrière eux, ils prennent ces ombres d'objets fabriqués pour des êtres vivants qui bougent et qui parlent. Ainsi sont tous les hommes qui n'ont pas atteint la connaissance vraie.

L'anneau de Gygès

C'est une légende grecque que Platon n'a pas inventée, mais qu'il reprend dans un but moral. Le pâtre Gygès a trouvé dans la terre un anneau qui, lorsqu'on le tourne à son doigt, rend invisible celui qui le porte. Si vous aviez un tel anneau, en profiteriez-vous pour commettre les pires méfaits ? Si oui, c'est que nous n'évitons pas de commettre le mal parce que nous pensons que c'est mal, mais seulement par crainte du châtiment. Comment construire alors une morale ?

Er

C'est encore un mythe, inventé par Platon cette fois. Er, soldat mort au champ de bataille, revient à la vie douze jours plus tard, au moment où on allait l'incinérer. Il rapporte ce que son âme a vu après la mort : les justes sont récompensés, les injustes punis. Après le châtiment, les fautes sont expiées, et les âmes autrefois injustes peuvent rejoindre le doux séjour des justes. Seuls quelques grands scélérats et tous les tyrans ne peuvent jamais expier. Leurs châtiments éternels, qui n'ont donc pas pour but de les amender, servent d'exemple terrifiant pour les autres. Voilà donc les deux fonctions du châtiment : rendre meilleur, dans la plupart des cas, dissuader par l'exemple dans le plus petit nombre et le pire des cas.

L'Académie

Ce nom désigne à travers le monde, depuis le XVe siècle, diverses sortes de sociétés savantes. Employé comme un nom propre, « l'Académie », il signifie le plus souvent, en France, l'Académie française. Mais quand les philosophes parlent de *l'Académie*, ce peut être à autre chose qu'ils font allusion. Socrate allait souvent philosopher sous les oliviers, dans un faubourg d'Athènes. Ce lieu-dit, transformé plus tard en jardin (et replanté de platanes), portait le nom du héros athénien Académos. Platon y fonda une école, en 387 avant J.-C. Elle dura jusqu'en 529 après J.-C. (soit pendant 9 siècles), date à laquelle elle fut supprimée pour paganisme par l'empereur Justinien.

Aristote

Aristote vécut de 384 à 322 av. J.-C. Disciple de Platon, il finit par contester résolument les choix philosophiques de son maître : les idées n'ont pas d'existence indépendamment de notre esprit, le philosophe doit enquêter sur le monde sensible et sur les lois de la pensée et du langage. Aristote est le père de l'esprit scientifique et de la logique.

L'ensemble des idées ou le système philosophique d'Aristote, dont le nom grec était *Aristotelês*, est désigné aujourd'hui par le mot ***aristotélisme*** (adjectif : ***aristotélicien***). Dans l'Antiquité, on employait le mot ***péripatétisme***, du verbe grec *péripatein*, se promener. Aristote, dit-on, philosophait et enseignait en marchant : les ***péripatéticiens*** sont donc les disciples d'Aristote.

Le Lycée

Avant d'être le haut lieu de nos études secondaires, ce fut l'école d'Aristote. Comme pour l'Académie de Platon, c'est à l'origine le nom d'un lieu-dit : un gymnase d'Athènes où le philosophe enseignait.

L'atomisme

Sait-on que le mot *atome,* qui appartient aujourd'hui à la physique nucléaire et à la chimie, fut d'abord et pendant longtemps un mot philosophique ? Il vient du grec *atomos,* qui signifie « qu'on ne peut pas couper », « indivisible » : le préfixe *a-* est privatif en grec, et le radical *-tom-,* signifiant « couper », se retrouve dans plusieurs mots du vocabulaire chirurgical terminés par *-tomie.*

L'atomisme est une théorie élaborée par Démocrite (460-370) et Épicure (341-270), puis reprise par le poète latin Lucrèce. Selon cette théorie, la matière est composée d'*atomes,* c'est-à-dire de particules élémentaires indivisibles et si petites que l'œil ne peut les percevoir isolément. Les atomes sont éternels et tous de même nature, mais ils peuvent différer par leur forme. Ils tombent sans fin dans le vide en vertu de leur poids ; ils peuvent toutefois spontanément dévier de la ligne droite : pour cette déviation, on a retenu le nom latin de *clinamen.* Les atomes peuvent ainsi se rencontrer ; ceux dont les formes sont complémentaires s'emboîtent et constituent des corps plus complexes. D'où l'expression « atomes crochus », qu'on associe aujourd'hui à l'idée d'affinités sentimentales. La stabilité des corps composés ou *agrégats* est provisoire : ils finissent par se *désagréger* et les atomes qui les constituaient reprennent leur mouvement éternel.

Voilà, simplement esquissés, les éléments de départ d'une théorie très riche. Elle constitue ce qu'on appelle le ***matérialisme antique.***

L'épicurisme

Il n'est pas de mot qui, passé de la philosophie dans le vocabulaire courant, ait été l'objet d'un pire contresens que celui-là. Un ***épicurien,*** aujourd'hui, c'est un bon vivant, préoccupé surtout de ses plaisirs ; on l'imagine aisément « gros et gras, le teint frais et la bouche vermeille », comme dit Molière. Depuis longtemps, on parle avec mépris des ***pourceaux d'Épicure.*** Pourtant, l'épicurisme est une doctrine ascétique.

Épicure a développé, nous venons de le voir, la théorie matérialiste de Démocrite. Mais, surtout, il y a associé une doctrine morale. Le bonheur consiste en l'absence de trouble ou ***ataraxie.*** Pour l'obtenir, il faut satisfaire ses besoins naturels (boire, manger, dormir) — ce qui procure du plaisir sans troubles. Par contre, il faut renoncer à tous les désirs superflus (être riche, puissant, etc.) dont la satisfaction procure plus de trouble que de plaisir. Le sage heureux se contente donc du strict nécessaire : du pain, de l'eau, la chaleur du soleil.

Le cynisme

Ce mot est passé dans la langue avec une valeur péjorative pour qualifier une attitude qui consiste à mépriser ouvertement les conventions, la morale ou les sentiments d'autrui. A l'origine, ce nom désigne la doctrine d'une école philosophique, l'École Cynique.

Les ***Cyniques,*** qui se réclamaient de Socrate, n'étaient pas du tout immoraux, mais dénonçaient effectivement les conventions habituelles de la vie en société. Le plus célèbre d'entre eux est Diogène (IVe siècle avant J.-C.), qui vivait, dit-on, dans un tonneau et ne craignit pas de répondre au puissant Alexandre qui lui demandait ce qu'il pouvait faire pour lui : « Ôte-toi de mon soleil. »

Kunikos signifie en grec « canin », « de chien ». Une tradition raconte que l'École Cynique fut ainsi nommée à cause du lieu où elle se tenait (le phénomène est fréquent, nous l'avons vu) : le gymnase du *Cynosarge,* c'est-à-dire du « Mausolée du Chien ». Selon une autre tradition, la manière de vivre de Diogène le fit traiter de « chien » par certains de ses contemporains. Il s'honora de ce titre, et ses disciples firent de même. Ils se dénommèrent les *Chiens* ou les *Canins.*

Le scepticisme

« Je suis sceptique », disons-nous, quand un raisonnement, un projet, une proposition ne nous convainquent guère. Ce mot vient du verbe grec *skeptesthai,* qui signifie « examiner », « réfléchir », et non « douter » ; pourtant c'est l'idée de doute qui prévaut dans le mot français.

Historiquement, on a appelé ***Sceptiques*** les disciples de Pyrrhon, philosophe grec du IVe avant J.-C. (on parle donc aussi de ***pyrrhonisme*** et des ***Pyrrhoniens***). Pyrrhon soutenait qu'on ne peut rien connaître avec certitude et qu'on ne peut rien affirmer dont on ne pourrait, avec autant de raisons, dire le contraire. La célèbre formule de Montaigne, « Que sais-je ? », est dans cette droite ligne, car dire « Je ne sais rien » serait encore trop affirmer. Le pyrrhonisme est donc un scepticisme généralisé.

Le scepticisme peut s'entendre plus étroitement en philosophie, et sans référence aux Pyrrhoniens. Il désigne alors une doctrine qui nie la possibilité d'atteindre une vérité certaine dans tel domaine particulier. C'est ainsi qu'on parle du scepticisme de Hume (Angleterre, XVIIIe s.) ou, de manière peut-être abusive, du scepticisme de Kant (Allemagne, XVIIIe s.), dans la mesure où l'un et l'autre dénient à la raison humaine non pas toute capacité de connaître en général, mais la possibilité de parvenir à un savoir assuré de certaines choses (par exemple, l'existence de Dieu).

En un sens un peu particulier, les philosophes français du XVIIIe siècle, Voltaire et Diderot notamment, emploient l'expression *un sceptique* pour dire un incroyant.

Le stoïcisme

On dit de quelqu'un qu'il est *stoïque*, ou qu'il réagit *stoïquement*, ou avec *stoïcisme*, quand il supporte des épreuves physiques ou morales avec courage et dignité. Le stoïcisme est une doctrine philosophique gréco-romaine (du IIIe s. avant J.-C. au IIe s. après J.-C. environ) qui englobe certainement, parmi les préceptes de vie qu'elle recommande, la fermeté devant les épreuves, mais qui est loin de se réduire à cela.

La philosophie stoïcienne comprend une logique qui enrichit considérablement la logique d'Aristote, et englobe une analyse du langage d'une extraordinaire richesse. Les classes de mots, la classification des cas de la déclinaison, des temps et des modes des verbes sont l'œuvre des Stoïciens ; la notion de signe telle que l'emploie la linguistique moderne est esquissée. Le stoïcisme comprend aussi une physique qui nous apparaît évidemment, aujourd'hui, trop peu fondée, et une morale qui rendit cette philosophie célèbre. Les trois composantes sont articulées en un ensemble systématique (ce qui est relativement nouveau dans la pensée antique).

La morale stoïcienne, c'est-à-dire l'ensemble des règles pour bien vivre, peut se résumer ainsi : le sage doit apprendre à distinguer ce qui relève de sa volonté et ce qui n'en relève pas. Par exemple, il m'appartient de gouverner mes sentiments ou mes désirs, mais ma volonté n'a aucun pouvoir sur le cours de la nature (catastrophes naturelles, maladie, mort, etc.). Sachant que le cours naturel des choses suit un ordre rationnel, le sage consent à ce qui lui arrive indépendamment de sa volonté. Cette distinction et ce consentement fondent la liberté et le bonheur.

On désigne parfois cette attitude par l'expression latine ***amor fati*** (l'amour du destin). C'est une morale pour les temps difficiles, et les vicissitudes du monde antique ont certainement contribué à son développement. Plus tard, la morale stoïcienne s'est dégagée de l'ensemble du système et a conservé de nombreux adeptes, tandis que la physique tombait en désuétude et que la logique était « oubliée » jusqu'à sa réhabilitation, à la fin du XIXe siècle. Le stoïcisme partage avec le platonisme (voir p. 12) le privilège d'avoir deux adjectifs : ***stoïcien,*** qui s'applique à cette philosophie en général et ***stoïque,*** qui s'applique à un comportement, une manière de réagir dans la vie.

On raconte que le stoïcien Épictète (Ier s. après J.-C.), soumis à la torture, dit calmement à son bourreau, qui lui tordait la jambe : « Attention, tu vas la casser. » La jambe cassa. « Que t'avais-je dit ? » remarqua, toujours calmement, le philosophe.

Le stoïcisme est souvent appelé la *philosophie du Portique*. Son nom vient en effet du mot grec *stoa*, qui signifie « portique ». Il rappelle un endroit d'Athènes, le Portique des Peintures, où les premiers Stoïciens donnèrent leur enseignement. Citons parmi les grands Stoïciens : Zénon de Cittium (qu'il ne faut pas confondre avec Zénon d'Élée), Sénèque, Épictète, l'empereur Marc-Aurèle.

La scolastique

La scolastique est la philosophie telle qu'on l'enseignait dans les *écoles* du Moyen Âge. Le mot vient du grec *skholastikos*, « propre à l'école », dérivé de *skholê* dans son sens d' « école philosophique » On pourrait l'appeler « philosophie universitaire ». A partir du XVIe siècle, du fait du prodigieux élan de l'imprimerie, la philosophie se répandit hors de l'Université, par les livres et non plus par la chaire, et cette manière de philosopher périclita. Aucun des grands philosophes du XVIIe siècle n'était professeur.

La scolastique n'est donc pas un système philosophique, mais plutôt une manière de philosopher, qui peut se reconnaître à un certain nombre d'éléments. Un de ceux-ci est la référence permanente à Aristote : l'essentiel de l'activité philosophique consiste à commenter les œuvres du maître antique, et l'on se souvient, par exemple, de cette formule que Molière met dans la bouche de Sganarelle au début de *Don Juan* : « quoi qu'en puisse dire Aristote et toute la Philosophie... »

La scolastique manifestait un intérêt respectueux pour les questions théologiques — allant parfois jusqu'à considérer la philosophie comme la *servante de la théologie*. Elle accordait aussi une importance démesurée à la logique, jusqu'à tomber parfois dans un verbiage totalement détaché de la réalité. Cela n'empêche pas, entre les grands philosophes du Moyen Âge (Abélard, saint Thomas, Dun Scott, Bacon, Guillaume d'Ockam) une très grande diversité de vues et d'analyse.

Le mot *scolastique* a souvent, depuis le XVIe ou le XVIIe siècle, une valeur légèrement péjorative : c'est la philosophie morte ou creuse. Il serait dommage que les philosophes du Moyen Âge pâtissent de cette appellation, car ils ne méritent aucun mépris.

Le thomisme

C'est la doctrine de Saint Thomas d'Aquin (XIIIe siècle), un des plus célèbres philosophes du Moyen Âge. D'une façon très générale, on peut dire qu'il s'agit d'une tentative

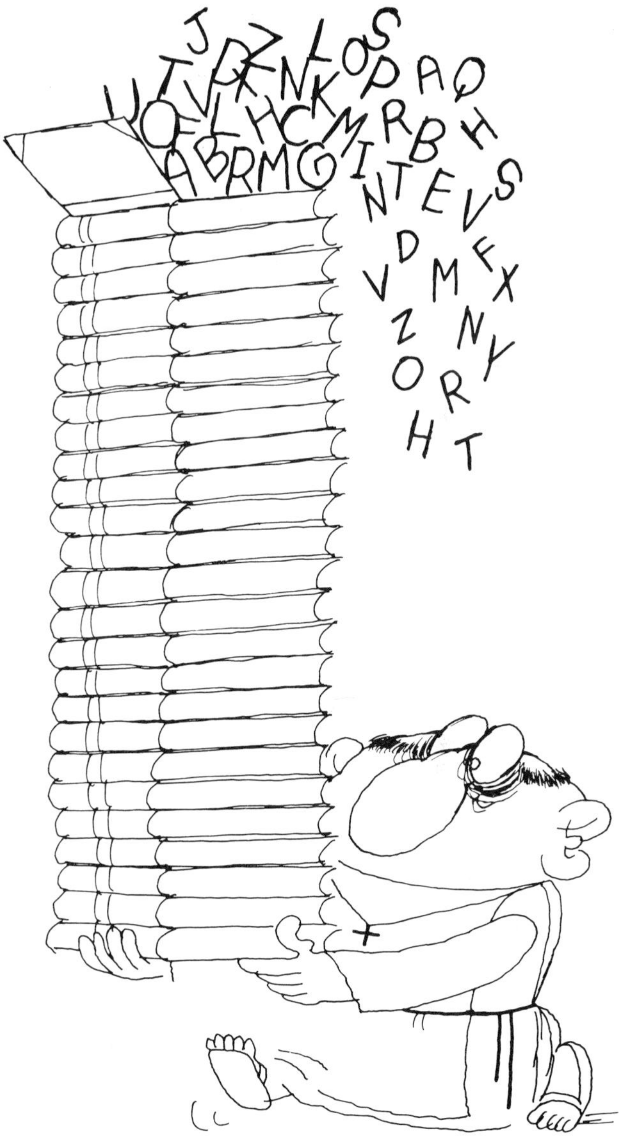

d'harmonisation entre les dogmes chrétiens et la pensée d'Aristote.

On parle de ***néo-thomisme*** depuis la fin du XIXe siècle, quand le pape Léon XIII recommanda aux théologiens et aux penseurs chrétiens de revenir aux idées fondamentales de Saint Thomas en s'efforçant d'intégrer au cadre général de sa pensée les apports de la science contemporaine.

Saint Thomas eut une place si éminente dans la pensée chrétienne qu'on le surnomma « le Docteur angélique ».

L'ÉPOQUE MODERNE

René Descartes (1596-1650) mérite pleinement le prestige dont il jouit dans la conscience occidentale. Avec lui, la philosophie sort de l'immobilisme scolastique et se trouve libérée pour de nouvelles conquêtes. Il eût été heureux d'apprendre que ses principes, judicieusement appliqués par d'autres, serviraient à corriger certaines de ses propres théories.

Le cartésianisme

Ce nom désigne le système philosophique de Descartes. Cette bizarrerie linguistique tient au fait que le nom du philosophe s'écrivait au XVIIe siècle René des Cartes (son père était un petit gentilhomme). Descartes lui-même avait songé, pour l'édition latine de ses *Méditations Métaphysiques*, à latiniser son nom ainsi : *Renatus* (pour René) *Cartesius*. C'est donc sur *Cartes* qu'ont été forgés les dérivés. L'adjectif correspondant est ***cartésien.*** On le trouve, de manière abusive, dans l'expression : « les Français sont cartésiens ». S'il faut en croire cette formule, nous appliquerions dans nos réflexions le souci de méthode dont Descartes se fit le promoteur.

Mais on le trouve aussi dans les expressions ***coordonnées cartésiennes*** et ***repère cartésien :*** il s'agit là d'un système de

repérage sur un plan dont Descartes, qui fut non seulement philosophe, mais aussi géomètre et physicien, est en effet l'inventeur.

Le poêle de Descartes

Parmi les multiples anecdotes qui agrémentent l'histoire de la philosophie, celle-ci est une des plus singulières. Mais sa singularité provient d'un faux-sens. Descartes fut d'abord soldat, et il a rapporté lui-même (*Discours de la Méthode*, IIe partie) comment, au cours des quartiers d'hiver de sa troupe en Allemagne, il a commencé à philosopher :

> Je demeurais tout le jour enfermé seul dans un poêle, où j'avais tout loisir de m'entretenir de mes pensées.

Le poêle est une invention allemande, bien supérieure à la cheminée. Au XVIe siècle, le mot *poêle* désignait l'instrument de chauffage, mais aussi la pièce dans laquelle cet instrument était installé (donc la plus chaude de la maison). On suppose que c'est dans la pièce que Descartes demeurait enfermé...

Cogito

Ou, plus complètement, ***Cogito ergo sum***, c'est-à-dire « Je pense donc je suis. » On peut dire, sans grand risque d'être contesté, que c'est la phrase la plus célèbre de Descartes. Après avoir mis en doute tout ce qu'il croyait savoir, comme l'existence des objets qui l'entourent et même sa propre existence (comment savoir s'il n'est pas en train de rêver ces objets, et même de rêver qu'il existe, lui, Descartes ?), le philosophe découvre une certitude ultime, à savoir qu'*il est en train de penser*. De cela il peut au moins conclure ceci : au moment où il pense, ce moi qui pense existe. A partir de ce sujet pensant, qui seul échappe à l'illusion, Descartes reconstruira pas à pas une nouvelle connaissance.

Le morceau de cire

Ce très ordinaire morceau de cire a reçu de Descartes ses lettres de noblesse philosophiques. C'est un exemple dont se sert le philosophe pour analyser notre perception du monde extérieur. Cette analyse va lui apporter une confirmation de sa première découverte, qu'il est un sujet pensant.

Il prend donc un « morceau de cire qui vient d'être tiré de la ruche ». Il est tout frais, a une certaine odeur, une certaine couleur, une forme particulière. Mais voilà que, rendu distrait par sa réflexion, il a approché ce morceau de cire du feu : l'objet a perdu son odeur, sa couleur, a changé, il a coulé et sa forme n'est plus la même. Pourtant, dit Descartes, je reconnais toujours que c'est un morceau de cire. D'où me vient cette connaissance ? Pas des sens, ni de l'imagination, puisque odeur, couleur, forme ont changé. Et Descartes en conclut que c'est la faculté de juger, c'est-à-dire le travail propre de l'esprit, qui règle la diversité de mes perceptions et me permet de connaître les choses corporelles, malgré la diversité et le changement de leurs formes.

Chapeaux et manteaux

> Si par hasard je (regarde) d'une fenêtre des hommes qui passent dans la rue (...) je ne manque pas de dire que je vois des hommes (...) et cependant que vois-je de cette fenêtre sinon des chapeaux et des manteaux, qui peuvent couvrir des automates mus par des ressorts, mais je juge que ce sont des hommes.

Cette image apparaît en incise du long développement sur le morceau de cire. Elle sert à nous faire comprendre, comme nous venons de le voir, que la perception des objets extérieurs n'est pas une impression passive de nos sens, mais un jugement construit de notre esprit.

Léo Ferré rend hommage au philosophe en chantant dans *Paris, je ne t'aime plus :*

> Paris en manteau noir habillé par Descartes...

Le bon sens...

Le bon sens est la chose du monde la mieux partagée. C'est par cette phrase encourageante que commence *le Discours de la Méthode*. L'autorité du philosophe vous convaincra-t-elle contre votre expérience désabusée des hommes ?

En fait, cette expression n'a pas exactement la valeur que nous lui donnons dans une phrase comme : « ce garçon est plein de bon sens », c'est-à-dire « a l'esprit pratique » ou « juge simplement des choses, sans se laisser emporter par les idées reçues ou le fanatisme ». Descartes, lui, entend par « bon sens » la *raison*, c'est-à-dire la faculté de distinguer le vrai du faux. En ce sens, notre expression courante « il raisonne avec bon sens » serait un pléonasme. Elle est « la mieux partagée », parce que tous les hommes en sont doués, dans la mesure où, quels que soient sa culture ou son degré d'intelligence, la raison est ce qui définit l'homme et le distingue des autres animaux. Quant à l'usage que les hommes font de cette faculté, c'est une autre affaire.

Cela dit, il n'est pas interdit de considérer qu'il y a, de la part de Descartes, quelque malicieuse ironie dans cette formule...

Les animaux machines

Théorie forgée par Descartes et développée par Malebranche, selon laquelle les animaux ne sont que des automates perfectionnés dénués de sensibilité et d'intelligence. Rassurons-nous, les hommes, en ce sens, ne sont pas des animaux (puisqu'il y a le *cogito :* grâce lui soit rendue !).

Les mauvaises langues racontent que Malebranche, pourtant homme d'Église pieux et doux, était tellement convaincu de cette idée qu'il rouait de coups sa chienne sans la moindre émotion. Comme le pauvre animal hurlait et qu'on lui faisait remarquer qu'il devait bien sentir quelque chose, il répondait que les cris aussi étaient mécaniques, de l'air qui passe dans un conduit qui vibre.

La glande pinéale

Pour la philosophie idéaliste, l'âme et le corps sont deux entités radicalement différentes : celui-ci est périssable et matériel, celle-là immatérielle et éternelle. Mais il faut expliquer alors comment une âme peut siéger dans un corps, et, plus précisément, comment les impressions reçues par nos sens (c'est-à-dire notre corps matériel) peuvent passer dans l'âme, où elles seront distinguées et organisées pour devenir sentiments et connaissances immatérielles.

Parmi les grandes élucubrations de l'histoire de la philosophie, il y a la *glande pinéale* de Descartes. Il croit avoir reconnu qu'une « glande fort petite située dans le milieu (du cerveau) est le siège principal de l'âme ». Cette glande existe bel et bien : c'est l'épiphyse ; sa forme a une vague ressemblance avec une pomme de pin (*pinea* en latin), d'où son nom. Mais c'est bien abusivement que Descartes en fait le lieu d'ancrage matériel de l'âme immatérielle, où se réunissent toutes les impressions des sens qui, ainsi unies, passent dans l'âme.

La relation entre l'impression et la connaissance reste une des grandes interrogations de la philosophie. Les biologistes s'y intéressent depuis quelques années, et nous apporteront peut-être quelques lumières (sachant que la question n'est que partiellement biologique, si on ne veut pas se contenter d'une réponse naïve). Il va sans dire que l'hypothèse fantaisiste de Descartes ne suffit pas à discréditer l'ensemble de sa pensée.

Les Lumières ou **la philosophie des Lumières**

On donne ce nom à un vaste courant de pensée (pas seulement philosophique) qui domina l'Europe du XVIIIe siècle (***Aufklärung*** en allemand, ***Enlightenment*** en anglais). Les initiateurs furent anglais, Newton pour les sciences, Locke pour la réflexion politique, mais le mouvement eut pour centre la France (Montesquieu, Voltaire, Rousseau, Diderot, d'Alembert, Buffon, etc.) et trouva son expression exemplaire dans la célèbre *Encyclopédie* dirigée par Diderot et d'Alembert. En Allemagne, Goethe et Kant furent des représentants des Lumières.

Dans le domaine scientifique, la philosophie des Lumières adopta la synthèse des connaissances physiques réalisée par la théorie de la gravitation universelle de Newton (cette synthèse ne sera remise en question que deux siècles plus tard par les travaux d'Einstein). On peut résumer ainsi les thèses épistémologiques qui en sont tirées : les mathématiques sont l'instrument parfait de la connaissance de l'univers ; les connaissances ne sont pas parcellaires, l'univers est un vaste système et ce système est connaissable (ce qui ne signifie pas que les savants du XVIIIe croyaient le connaître complètement).

Dans le domaine politique, économique et social, le mouvement des Lumières lutte pour un ordre nouveau en Europe, contre les monarchies absolues et féodales. Ce qui est déjà réalisé, de ce point de vue, en Angleterre et en Hollande sert d'exemple. Les adeptes des Lumières prônent l'égalité des droits contre les privilèges aristocratiques, la liberté du commerce et du travail contre les douanes et les réglementations corporatives, la libre circulation des idées contre les censures de l'État ou de l'Église, la liberté de religion, le développement de l'éducation.

Ce fut l'idéologie de la bourgeoisie montante. Ce mouvement trouva à la fois sa réalisation et son arrêt dans la Révolution Française : l'ordre politique, économique et social changea certes dans le sens des Lumières, mais la France, centre rayonnant de la civilisation, se lança dans une série de guerres contre ses voisins qui dura plus de vingt ans ! Pourtant, c'est par ces guerres mêmes que la France exporta sa révolution et transmit le flambeau d'une pensée nouvelle.

LES
LUMIÈRES

Le positivisme

Au départ, et en un sens étroit, le positivisme est le nom donné par Auguste Comte (1798-1857) à son système philosophique. Auguste Comte analyse les formes successives prises par la connaissance humaine ; sa description du parcours de l'humanité est connue sous le nom de ***loi des trois états.*** Dans un premier état, ou ***état théologique,*** l'esprit humain

> ... se représente les phénomènes comme produits par l'action directe et continue d'agents surnaturels plus ou moins nombreux, dont l'intervention explique toutes les anomalies apparentes de l'univers.

Dans un deuxième état, l'***état métaphysique,*** l'esprit humain n'imagine plus des forces surnaturelles derrière chaque phénomène, mais il a recours à des entités abstraites dont il n'a aucune expérience : l'Être, l'Un, le Tout, l'Âme, l'Harmonie, etc. La poésie est restée souvent assez proche de cet état métaphysique.

Enfin, notre état actuel est ***l'état positif ou scientifique.*** On peut résumer ainsi la méthode scientifique telle que la décrit Auguste Comte : la connaissance ne se préoccupe plus ni de l'origine ni du but (ou fin) du cours des choses. Le savant observe les faits et des relations invariables observées entre tels groupes de faits, il dégage des *lois* effectives, vérifiées par l'expérience. Ces lois constituent une connaissance relative, mais précise et certaine, qui permet d'agir sur la nature.

Par extension, le *positivisme* a désigné un courant de pensée philosophique et scientifique (au sens large du mot *science,* puisque on peut rattacher à ce courant le biologiste Claude Bernard, mais aussi l'historien Fustel de Coulanges, ou Littré, auteur du fameux dictionnaire). La pensée positiviste fut dominante en Europe dans la deuxième moitié du XIXe siècle. Entre autres caractère, elle était animée par une confiance, qui nous apparaît, rétrospectivement, assez peu fondée, dans les progrès matériels et moraux de l'humanité : maintenant que la science était dotée d'une méthode sûre, elle allait résoudre tous les problèmes des hommes. Les cruelles difficultés du XXe siècle (guerre de 14, crise de 29, etc.) et la complexité croissante des problèmes scientifiques contribuèrent à remettre sérieusement en question ce mythe du progrès.

Le marxisme

Le marxisme englobe à la fois une théorie économique, une théorie de l'histoire et un mouvement politique dont on connaît l'importance depuis un siècle.

Même si Karl Marx a forgé sa pensée d'abord à la lecture des philosophes (Démocrite et Hegel, par exemple), il n'est pas possible de dire que le marxisme soit, à proprement parler, un système philosophique. La partie proprement philosophique de la théorie marxiste a été annoncée par Engels sous le nom de ***matérialisme dialectique***, mais elle n'a finalement jamais été élaborée. Cet *-isme* là n'est donc pas philosophique, en dépit de ce qu'on croit parfois. Cela n'enlève rien à l'importance que peuvent avoir les thèses marxistes pour la philosophie contemporaine : il en va de même des œuvres d'Einstein ou de Freud, qui, elles aussi extérieures à la philosophie, n'ont pas laissé de la marquer.

Le cas du marxisme est toutefois particulier. Marx et Engels ont prétendu que la philosophie était morte, ce qui ne s'est pas vérifié. Ce qui devait la remplacer, le matérialisme dialectique, est resté à l'état de projet. Cette absence a posé d'assez gros problèmes aux marxistes, et certains ont tenté de la combler. L'École de Francfort, un groupe d'intellectuels d'horizons divers (philosophes, économistes, critiques d'art) a essayé entre 1930 et 1960, en Allemagne d'abord, puis après l'exil imposé par le nazisme, aux États-Unis, d'élaborer une théorie critique de la société appuyée sur le marxisme. La richesse des travaux de l'École de Francfort, tout particulièrement en philosophie, a contribué, paradoxalement, à la distinguer du marxisme. D'une manière très différente, le philosophe français Louis Althusser a commencé, dans les années 60-70, de poser les premiers jalons de ce qui pourrait être une véritable philosophie marxiste.

L'existentialisme

L'existentialisme fut une des dernières grandes modes de la philosophie ; mais la philosophie n'est pas faite pour la mode. Le grand public en entendit parler après la guerre. En France, le philosophe existentialiste de service, si l'on ose dire, fut Jean-Paul Sartre. Comme il habitait Saint-

Germain-des-Prés, fréquentait des musiciens de jazz et se mêlait de politique, la grande presse mélangea tout ce monde, y ajouta ses préjugés et présenta l'existentialisme comme une école de débauchés dansant dans les caves et rêvant la destruction de la société. Avec le temps, les passions se sont apaisées. Ce genre de malentendu entre la philosophie et le grand public n'est pas si rare. Est-ce que la philosophie y gagne ou y perd au bout du compte, nous ne saurions le dire. Mais la question est moins futile que certains philosophes le prétendent.

La philosophie ***existentialiste*** est centrée sur l'*existence* et sur l'*homme*. Elle privilégie l'opposition entre *l'existence* et *l'essence* (voir p. 207). Quant à l'homme, il est ce que chacun fait de sa vie, dans les limites des déterminations physiques, psychologiques ou sociales qui pèsent sur lui, mais il n'y a pas une nature humaine, dont notre existence ne serait que le simple développement. C'est en ce sens que Sartre dit :

L'existence précède l'essence.

Cette philosophie a en son cœur la liberté, puisque chacun sera défini, finalement, par ce qu'il aura fait. D'où l'intérêt des existentialistes, français tout au moins, pour la politique : nous sommes responsables de nous-mêmes et de ce qui nous entoure (en particulier de la société), puisque ce qui nous entoure est notre œuvre.

On comprend aussi que l'existentialisme ait, en quelque sorte, débordé sur la littérature. La pensée philosophique, abstraite et généralisante, ne peut saisir l'existence individuelle, c'est-à-dire ce rapport de chacun à soi-même et au monde, dans lequel l'angoisse a une part prépondérante. Le roman ou le théâtre parviennent mieux à le montrer, en faisant vivre des personnages pour notre imagination. En ce sens, il y a une profonde unité, dans l'œuvre de Sartre, entre les romans, le théâtre, les gros ouvrages philosophiques et les textes d'intervention politique.

Êtres et objets remarquables

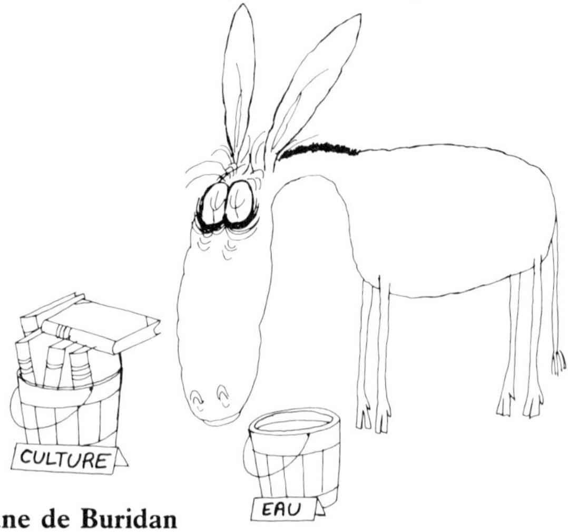

L'âne de Buridan

Buridan est un philosophe français (1300-1360), qui fut recteur de l'Université de Paris. On lui attribue la fable suivante : un âne est placé à égale distance de deux picotins d'avoine rigoureusement identiques. N'ayant aucune raison de choisir l'un plutôt que l'autre, l'âne meurt de faim entre les deux picotins. Variante : si notre âne est placé à égale distance d'un seau d'eau et d'un picotin d'avoine au moment où il a autant faim que soif, le malheureux ne pourra se décider et crèvera.

On ne trouve aucune mention de cette fable dans les œuvres de Buridan. Peut-être y avait-il recours dans son enseignement oral ; peut-être lui a-t-elle été attribuée dans une intention ironique par ses adversaires. Elle semble avoir pour but d'expliquer les contradictions de la liberté : s'il est nécessaire qu'une raison particulière nous fasse choisir ceci plutôt que cela, nous ne sommes plus libres, mais déterminés par une motivation extérieure. Mais si, au contraire, nous avons la faculté de choisir indifféremment entre deux choses qui nous apparaissent absolument égales, notre liberté se confond avec l'exercice du hasard, ce qui est contradictoire avec l'idée que nous nous faisons de la liberté comme capacité de choisir fondée sur la raison.

L'animal politique

Cette expression remonte à une phrase célèbre d'Aristote :

L'homme est un animal politique.

Aristote voulait dire que, par opposition aux autres êtres vivants, l'homme est destiné par sa nature à vivre en cité (en grec *polis*). Cela n'implique pas qu'il ait un goût naturel pour les joutes électorales ou les discussions politiques au sens où nous l'entendons aujourd'hui.

L'arbre de Porphyre

C'est une représentation arborescente destinée à illustrer la subordination des concepts. Porphyre est un philosophe grec tardif (IIIe siècle après J.-C.). Partant du concept le plus général de *substance*, on arrive au concept d' *homme* par les étapes suivantes (l' « arbre » se lit de haut en bas ; on laisse inexplorés les rameaux de droite) :

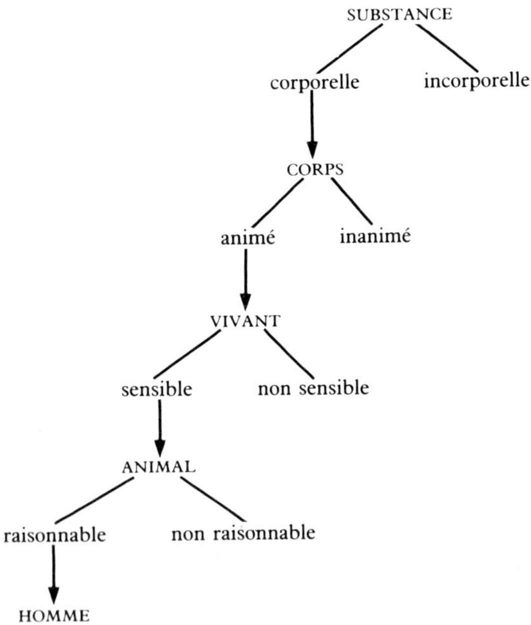

Barbara

Ce n'est ni une jolie femme ni la muse de la philosophie. C'est la formule mnémotechnique du premier mode de la première figure du *syllogisme* (voir p. 55).

Seuls comptent les trois *a* de son nom, qui ont une valeur codée. Barbara a beaucoup d'amis : Bamalip, Baralipton, Baroco, Cesare, Cesaro, etc. Molière s'en amuse, dans le *Bourgeois Gentilhomme*, quand Monsieur Jourdain reçoit son maître de philosophie.

La chouette de Minerve

Minerve chez les Latins, Athéna chez les Grecs, fille de Jupiter-Zeus, est la déesse de la sagesse. C'est elle, notamment, qui protège le rusé Ulysse. Son animal symbolique est la chouette. Dans une image célèbre, Hegel fait de cet oiseau le symbole de la philosophie :

> La chouette de Minerve prend son envol au crépuscule.

Ainsi la philosophie, animal du soir, inspectrice des travaux finis, ne réfléchit aux formes de la vie que quand ces formes de la vie sont mortes.

L'éternel retour

C'est la formule consacrée, en français, pour désigner l'idée mi-philosophique, mi-religieuse du perpétuel retour des choses. Le temps est éternel (il n'y a ni début ni fin des temps) ; chaque chose, au bout d'un nombre considérable d'années, revient comme elle a été, éternellement. On trouve ce thème dans la philosophie antique (il est probablement d'origine orientale) chez Héraclite et les Stoïciens, par exemple. On le retrouve chez Nietzsche (1844-1900), qui en parle sur un ton plus mystique que proprement philosophique. Les commentateurs de Nietzsche ne s'entendent pas sur ce qu'il pensait par là.

Le meilleur des mondes

Cette très célèbre expression abrège, non sans en modifier quelque peu la signification, une formule du philosophe Leibniz. Elle a prêté à bien des contresens.

Dans *Candide,* Voltaire imagine un jeune et naïf héros, le bien-nommé Candide, qui croit, d'après les leçons de son maître leibnizien Pangloss, que notre monde est ***le meilleur des mondes possibles.*** Mais, tout au long du roman, Voltaire s'amuse à faire vivre à Candide une suite d'horreurs et de misères, dont l'évocation est destinée à nous convaincre que la thèse de Leibniz est stupide. *Le Meilleur des Mondes* est aussi le titre français d'un célèbre roman de science-fiction d'Aldous Huxley, qui décrit un monde parfaitement réglé et parfaitement inhumain. Cette traduction est encore une citation ironique de Leibniz, car le titre anglais, *Brave New World,* signifie littéralement « excellent nouveau monde ».

Mais que voulait donc dire Leibniz par cette formule, lorsqu'il prétendait que notre monde est « le meilleur des mondes possibles » ? Il faut partir du problème qu'il se posait : Leibniz considérait d'une part que Dieu, qui a créé le monde, est bon, mais il constatait d'autre part qu'il y a beaucoup de mal et d'imperfection dans ce monde. Comment résoudre la contradiction ? Un monde, remarque-t-il, est un ensemble extraordinairement complexe d'éléments liés les uns aux autres. Dieu, dans son intelligence infinie, a envisagé toutes les combinaisons possibles d'éléments susceptibles de produire un ensemble harmonieux, et il n'a trouvé aucune combinaison qui fût exempte d'imperfections. Comme Dieu est parfaitement intelligent, nous sommes forcés d'admettre qu'une telle combinaison est impossible ; comme il est aussi parfaitement bon, nous ne pouvons pas douter qu'il ait choisi la meilleure parmi les combinaisons possibles.

L'optimisme de Leibniz est un optimiste relatif ; il n'ignore pas plus que Voltaire combien notre monde peut être dur à vivre. Sa formule énonce une thèse métaphysique, et non une position politique ou sociale. La critique de Voltaire s'inscrit dans son combat politique et social pour l'amélioration pratique du monde (par plus de justice, moins de guerres, des travaux utiles pour domestiquer la nature, etc.). Ce n'est pas, à proprement parler, contre la thèse de Leibniz que Voltaire se bat, mais contre l'usage qu'on pourrait en faire : un conservatisme forcené, justifié par la philosophie. En fait, Leibniz et Voltaire emploient la même formule, mais ne parlent pas de la même chose.

La monade

Tiré du grec *monas, monados,* unité, ce mot peut être considéré, à certains égards, comme un synonyme d'*atome ;* mais il n'a pas connu la même fortune et n'a pu s'échapper du vocabulaire philosophique.

Bien qu'il ne lui appartienne pas en propre, le nom de *monade* a surtout été rendu célèbre par Leibniz. La monade leibnizienne est une substance simple et sans parties ; les monades sont les éléments des choses. Toutefois, à la différence de l'atome, la monade n'est pas matérielle : elle participe à la fois de l'idée et de la matière, un peu comme quelque chose qui serait à la fois un point géométrique (totalement immatériel, car c'est seulement le repère abstrait commun à deux droites qui se coupent) et un point physique, matériel (donc mesurable, si petit soit-il).

Chaque monade est unique ; autrement dit, toutes les monades sont différentes les unes des autres. Elle ne subit aucune influence extérieure, mais évolue sans cesse parce qu'elle possède une force interne. Toutes les monades durent autant que l'univers. Malgré cette indépendance totale, les monades évoluent en accord les unes par rapport aux autres, grâce à la volonté intelligente du Créateur, comme plusieurs horloges parfaitement réglées peuvent marcher en synchronie sans qu'il y ait aucune connexion mécanique entre elles. Cette évolution accordée constitue ***l'harmonie préétablie.***

Le pont aux ânes

Peu d'ânes y passent, sauf les cancres d'école, portant bonnet. L'expression s'applique à un problème facile ou banal : « Le théorème de Pythagore, c'est le pont aux ânes. » Même ceux qui ont tout oublié des mathématiques se souviennent de ce théorème ou le comprennent sans peine si on le leur rappelle.

Dans la philosophie médiévale, *le pont aux ânes* désignait le schéma de l'ensemble des règles qui permettent de découvrir les moyens termes pour toute espèce de *syllogisme* (voir p. 55). Ce schéma serait dû à Buridan, qui décidément aime bien les ânes. Mais pourquoi ce schéma a-t-il été appelé « pont aux ânes » ? Les historiens ne peuvent guère émettre que des hypothèses. « Pont », parce que le moyen terme fait le lien entre les deux autres termes du syllogisme. « Ânes », parce que dans cet exercice on peut distinguer les esprits vifs des lourdauds ; ou encore, parce que tout cela est tellement facile que ce schéma n'a d'utilité que pour les ânes. Une troisième interprétation est encore possible : les logiciens du Moyen Âge avaient presque systématiquement recours à l'homme et à l'âne pour forger leurs exemples de syllogismes (« Tout homme est mortel », « Tout âne est têtu », etc.) ; ce seraient donc ces ânes-là.

Le rasoir d'Occam

Guillaume d'Occam, philosophe anglais de la première moitié du XIVe siècle, est un des plus grands esprits du Moyen Âge. Il développa une théorie de la connaissance qu'on appelle le ***nominalisme.***

Son rasoir est une lame qui tranche au plus juste et supprime tout ce qui est inutile. Cette image désigne en fait une règle de méthode qu'on appelle aussi ***principe d'économie,*** et qui s'énonce ainsi : « il ne faut pas multiplier les êtres sans nécessité ». Cela signifie que, pour expliquer un phénomène qui se manifeste à notre expérience, on doit s'efforcer d'en trouver la ou les causes dans d'autres phénomènes que nous connaissons déjà ; on n'aura recours à des principes échappant à notre expérience (essence des choses, volonté divine, miracle, etc.) que si toute autre explication fait défaut.

On est encore loin de la méthode expérimentale proprement dite, à laquelle la chimie, la biologie et, dans une moindre mesure, la physique devront leurs foudroyants progrès à partir du XIXe siècle. Néanmoins, le savoir du Moyen Âge est loin d'être ce fatras superstitieux qu'on se plaît parfois à présenter. Les gens du peuple croyaient peut-être aux lutins, au moine bourru ou au loup-garou, et ils y croiront longtemps ; mais les savants du Moyen Âge, qui ne sont pas seulement les sorciers et les alchimistes des bandes dessinées, avaient déjà construit des principes méthodologiques fondés sur la raison et qui méritent toute notre estime.

Le surhomme

Ce mot, employé par Goethe (***Übermensch***) et rendu célèbre par Nietzsche, n'a rien à voir avec le mutant des bandes dessinées. Il n'a rien à voir non plus avec le bel Aryen S.S. exterminateur de populations, comme une appropriation superficielle et malhonnête de la pensée de Nietzsche par le nazisme a voulu le laisser croire. Le *surhomme* évoque le pas en avant que l'humanité doit accomplir à partir du moment où elle s'est débarrassée de l'idée de Dieu. Car la croyance en Dieu, selon Nietzsche, enfermait l'humanité dans de fausses valeurs morales et limitait sa puissance de connaissance en apportant une réponse apaisante à ses ignorances.

La table rase

Comment, en lisant cette expression, ne pas s'imaginer une table soigneusement débarrassée de ce qui l'encombrait ? En fait, c'est la traduction, plutôt maladroite, du latin *tabula rasa*, qui désigne une tablette de cire raclée de façon à effacer les signes qui y étaient précédemment inscrits.

Cette expression est surtout célèbre depuis Locke et Leibniz. C'est une image qui relève du débat sur l'inné et l'acquis. L'esprit humain est-il, à la naissance, comme une « table rase », et acquiert-il toutes ses connaissances par l'expérience (thèse de Locke) ? Ou bien y a-t-il dans l'esprit des éléments innés (comme l'idée de cause, de comparaison, de nombre, etc.) qui non seulement ne peuvent être tirés de l'expérience, mais permettent de tirer de l'expérience les autres connaissances (thèse de Leibniz) ?

Le troisième homme

L'argument du troisième homme est cité par Aristote, comme quelque chose de bien connu, mais on ne sait qui en est l'auteur. Aristote l'utilise pour critiquer la conception platonicienne des idées (voir p. 12). Voici en quoi il consiste.

Platon admet que, chaque fois qu'on constate l'existence d'un élément commun entre plusieurs choses, il y a une idée qui répond de toutes les choses en question et qui existe réellement et indépendamment de ces choses. Exemple : il y a un élément commun entre un sapin, un peuplier et un pommier : cela prouve qu'il existe une idée qui répond de ces trois végétaux, et qui est l'idée d'arbre. L'objection d'Aristote porte sur le fait que cette idée puisse avoir une existence extérieure à notre esprit. Si tel est le cas, on aura, selon lui, une infinité de ces prétendues réalités.

En effet, dit-il, entre tous les hommes (c'est l'exemple qu'il choisit), il y a quelque chose de commun : l'idée d'homme. L'idée d'homme se profile donc derrière tout homme. Derrière Monsieur Dupont, il y a l'homme en soi, ce qui fait deux hommes. Mais entre l'homme en soi et Monsieur Dupont, il y a bien aussi quelque chose de commun. Nous voilà donc en présence d'un *troisième homme,* qui est l'idée commune à Monsieur Dupont et à l'homme en soi. Or, entre ce troisième homme et, d'autre part, Monsieur Dupont et l'homme en soi, il y a bien encore quelque chose de commun : un quatrième homme. Et ainsi à l'infini.

Les problèmes célèbres

Les paradoxes de Zénon

Zénon d'Élée, philosophe grec (ve siècle avant J.-C.) est resté célèbre pour quelques paradoxes ayant trait au mouvement. Paul Valéry les évoque magnifiquement dans une strophe du *Cimetière Marin :*

> Zénon ! Cruel Zénon ! Zénon d'Élée !
> M'as-tu percé de cette flèche ailée
> Qui vibre, vole, et qui ne vole pas !
> Le son m'enfante et la flèche me tue !
> Ah ! le soleil... Quelle ombre de tortue
> Pour l'âme, Achille immobile à grands pas !

Rappelons-les d'abord :

• ***Achille et la tortue :*** Achille aux pieds légers, comme dit Homère, accepte de se mesurer à la course avec une tortue. Bon prince, il lui laisse une avance. Ils partent en même temps, Achille d'un point A, la tortue d'un point B (= A + n). Quand Achille sera parvenu en B, la tortue aura avancé jusqu'en C (= B + n′). Achille ira en C, mais pendant ce temps, la tortue sera allé en D (= C + n″), etc. La distance qui sépare Achille de la tortue (n, puis n′, puis n″,...) sera sans doute de plus en plus petite, puisqu'il court plus vite qu'elle, mais l'espace étant divisible à l'infini, il y aura toujours une distance entre eux : Achille ne rattrapera jamais la tortue.

• ***La dichotomie :*** pour parcourir une distance D, un mobile doit d'abord parcourir la moitié de cette distance (D/2). Au préalable, il lui faut parcourir la moitié de cette moitié (D/4). Et auparavant encore, la moitié de la moitié de la moitié (D/8) ; ainsi à l'infini. Donc la distance ne sera jamais parcourue.

• ***La flèche immobile :*** soit une flèche en l'air, lancée par un archer vers une cible. Cette flèche est immobile. En effet, un corps est dit en repos ou immobile lorsqu'il occupe à un instant T un espace égal à son volume. Or, à chaque instant de son vol, la flèche occupe bien un espace égal à son volume. Donc elle est immobile.

Ces paradoxes, qui ont pour but de montrer par l'absurde l'impossibilité de penser le mouvement, ont longtemps fasciné les philosophes et les poètes. On rapporte que Diogène le Cynique s'était contenté d'y répondre en se levant et en marchant. D'où l'expression : ***prouver le mouvement en marchant.*** Mais c'est une assez mauvaise réponse : c'est précisément parce que Diogène pouvait marcher qu'il y avait paradoxe. Achille et la dichotomie mettent dans l'embarras la conception d'un espace continu et divisible à l'infini ; la flèche remet en cause la conception inverse d'un espace discontinu composé d'éléments premiers indivisibles. Dans le premier cas, le mouvement est impossible, car toujours renvoyé à une fuyante première distance infiniment petite que le mobile devrait parcourir ; dans le second cas aussi, il est impossible, car une succession d'immobilités ne peut pas constituer un mouvement.

Ces paradoxes ont été levés, au XVIIe siècle, grâce à l'invention du calcul infinitésimal.

Le sorite

On désigne sous ce nom un raisonnement dans lequel on fait admettre une succession de propositions liées les unes aux autres, de façon à mettre en relation, à la fin, la première et la dernière de ces propositions. Le mot vient du grec *sôros*, qui signifie « tas », à cause de l'argument dit « du tas », qu'on trouve chez les Anciens :

— Admets-tu qu'un tas de blé reste un tas de blé si je n'en enlève qu'un seul grain ?

— Oui, évidemment.

— Bon. Suppose que j'ai un tas de 10 000 grains, et que j'enlève un grain : j'aurai donc toujours un tas ?

— Mais oui.

— De ces 9 999 grains, j'en enlève encore un : j'aurai toujours un tas ?

— Oui.

Etc. L'interlocuteur ayant admis la première proposition se voit à la fin forcé d'admettre qu'un seul grain fait un tas.

Le menteur

Quelqu'un dit « je mens ». Que penser de cette phrase isolée ? Si ce qu'il dit est vrai, il est en train de mentir en disant qu'il ment : il n'est donc pas vrai qu'il ment, et ce qu'il dit est faux. Mais si ce qu'il dit est faux, il est donc vrai qu'il ment, et ce qu'il dit est vrai.

Ce paradoxe en forme de cercle vicieux est la forme épurée d'un paradoxe antique connu sous le nom de « paradoxe du Crétois » : Épiménide, qui est Crétois, dit : « Tous les Crétois sont des menteurs ». Si Épiménide dit vrai, il ment, puisqu'il est Crétois ; et s'il ment, il dit vrai en disant que tous les Crétois sont des menteurs. Les logiciens s'amusent beaucoup à forger ce genre d'énoncés paradoxaux. Ils mettent en lumière les ambiguïtés du langage naturel et incitent à rechercher des formalisations non-ambiguës de la pensée.

Voici un autre paradoxe, qui peut permettre de briller en société (il est dû à Brouwer, mathématicien hollandais, 1881-1966). Dans un certain pays, les condamnés à mort sont soit fusillés, soit pendus. La veille de l'exécution, le condamné doit dire une phrase pourvue de sens et vérifiable dans les 24 heures. Si ce qu'il a dit est vrai il est fusillé ; si c'est faux il est pendu. Un jour, un condamné très malin déclare : « Je serai pendu. » La justice de ce pays se trouve devant un étonnant problème. Si on le pend, il aura dit vrai, donc il devait être fusillé. Mais si on le fusille, il aura dit faux, et on aurait dû le pendre. Il n'y a plus qu'à le grâcier. Qui prétend que l'intellignce n'est pas utile à la vie ?

La querelle des universaux

Cette querelle, toute intellectuelle, divisa les philosophes du Moyen Âge. Elle trouve son origine dans l'œuvre d'un commentateur d'Aristote, Boèce (V^e^-VIe siècle après J.-C.), et connut sa plus grande ampleur aux XIIe et XIIIe siècles.

La question en querelle est celle des idées générales ou ***universaux.*** Nous percevons une multitude d'éléments individuels : Pierre, Jacques, Paul, mon chien, celui du voisin, cette grosse vache rousse, cette autre, petite et noire, etc. D'autre part, nous avons des idées générales, qui nous permettent de classer cette multitude en distinguant des caractères communs entre tels et tels individus et des caractères différents entre tels et tels autres. Ainsi, l'idée de genre, qui nous permet de distinguer les êtres inanimés et les animaux ; l'idée d'espèce par laquelle nous distinguons encore plus finement dans le genre animal, l'homme, le chien, etc.

La question est de savoir si ces universaux (par exemple le genre ou l'espèce) sont des réalités qui *existent par elles-mêmes*, bien qu'elles n'aient pas d'incarnation individuelle, ou si ce sont de *simples conceptions de l'esprit.* La première thèse pourrait être qualifiée, assez grossièrement, de platonicienne, la seconde d'aristotélicienne. Selon que l'on adopte l'une ou l'autre thèse, de nouvelles questions se posent à l'esprit, qui mettent en jeu, moins naïvement qu'un aussi bref exposé peut le laisser paraître, toute la théorie de la connaissance.

On peut considérer que la querelle s'est résolue, historiquement, plutôt au profit d'Aristote, mais les questions secondaires ont continué d'agiter la philosophie, bien au-delà du Moyen Âge : si nos idées sont de simples constructions de l'esprit, comment avons-nous pu les construire ? Qu'est-ce qui nous garantit que la connaissance que nous prétendons avoir du monde n'est pas une pure construction fantasmatique, aussi peu fondée qu'un rêve ? Quelle relation y a-t-il entre la connaissance et le monde connu, entre les idées et les choses ? Bref, la querelle des universaux pose bien, sous une forme historiquement déterminée, les problèmes fondamentaux de la philosophie.

Les preuves de l'existence de Dieu

On ne sait au juste depuis quand les hommes croient en Dieu. Aussi loin que peut remonter dans le temps notre connaissance historique (pour les peuples, du moins, qui ont une histoire, c'est-à-dire une écriture), il semble qu'on rencontre cette croyance. S'il s'agit d'un Dieu unique, on parle de *monothéisme*, de plusieurs dieux de *polythéisme*. La plus ancienne forme de monothéisme est, d'après nos connaissances, le judaïsme. L'idée d'un Dieu unique, reprise par le christianisme, puis par l'islam, a gagné des millions d'adeptes dans les dix premiers siècles après Jésus-Christ, mais il existe encore des religions polythéistes (l'hindouisme, par exemple).

Pourtant, croire en un Dieu qu'on ne rencontre jamais peut éveiller quelques doutes dans les esprits. Si ce n'était qu'une fable ? Certains philosophes grecs, puis les philosophes européens, du Moyen Âge jusqu'au XVIIe siècle, tentèrent de démontrer l'existence de Dieu. Il s'agit, selon la religion de ces philosophes, soit d'un Dieu unique, soit d'un Dieu suprême créateur des autres dieux. On distingue traditionnellement trois types de preuves :

1. les preuves physiques

— *Preuve par les causes finales :* le spectacle de la nature nous offre l'évidence d'une harmonie et d'une solidarité générale des éléments. Tout semble avoir un but (on dit aussi une fin) et cela, malgré une variété extraordinaire. Or, ce dessein général auquel semblent obéir tous les éléments de la nature est extérieur à ces éléments eux-mêmes : l'herbe ne désire pas être mangée par l'herbivore, qui ne désire pas être mangé par le carnivore, qui ne désire pas que sa carcasse devienne engrais. On est donc en droit de supposer un grand Architecte, maître de ce dessein et cause intelligente du monde. Voltaire exprime ce sentiment dans deux vers célèbres :

L'univers m'embarrasse et je ne puis songer
Que cette horloge existe et n'ait point d'horloger.

— *Preuve par la contingence du monde :* rien dans la nature n'est cause de sa propre existence. Tout est effet d'une cause qui le précède, elle-même effet d'une cause antérieure. On peut remonter la chaîne à l'infini. Il faut bien, à un moment donné, supposer une cause première, ou cause incausée, c'est-à-dire un être nécessaire qui est cause de sa propre existence. Telle est la théorie d'Aristote.

2. la preuve morale

C'est une preuve naïve, et assez peu philosophique : tous les peuples, s'ignorant les uns les autres à travers l'espace et le temps, ont cru et croient à un être supérieur à l'homme, quelle que soit la forme qu'ils lui donnent. Une telle unanimité non concertée serait-elle possible s'il s'agissait d'une idée fausse ?

C'est, on le voit, une preuve datée (non dans sa forme, elles le sont toutes, mais dans ses arguments) : aujourd'hui tous les peuples se connaissent, et des millions d'hommes ne croient plus en Dieu. D'autre part, l'esprit critique du XVIIIe siècle a établi ce solide principe qu'une croyance serait-elle partagée par l'humanité tout entière, ce seul fait ne suffirait pas à l'établir en vérité.

*3. **les preuves métaphysiques***

Ces preuves sont les plus intéressantes du point de vue philosophique, car elles reposent sur une analyse de la pensée et posent le problème de la cohérence logique des concepts de la raison. En fait, toutes les preuves dites métaphysiques sont des variations sur l'une d'entre elles, qu'on appelle ***l'argument ontologique.***

L'ontologie est la science de l'être. L'argument repose non sur l'expérience du monde, comme dans les preuves précédentes, mais sur l'analyse de l'Être divin lui-même. On peut le rapporter de la façon suivante.

Tous les hommes ont l'idée de Dieu, même ceux qui le nient (on ne saurait nier ce dont on n'a pas l'idée) : c'est l'idée d'un être absolument parfait, ou tel qu'on ne peut imaginer un être qui lui soit supérieur. L'idée d'un tel être implique son existence : sinon, on pourrait imaginer un autre être qui aurait la même perfection que le premier, plus l'existence ; il lui serait donc supérieur, ce qui est absurde. De la seule idée de Dieu se déduit donc que Dieu existe.

Parmi les philosophes qui se sont illustrés dans la démonstration de l'existence de Dieu, citons Aristote, Saint-Anselme, Saint-Thomas d'Aquin, Descartes, Leibniz. Les philosophes ont renoncé à la prétention de prouver l'existence de Dieu depuis Kant. Celui-ci a montré d'abord que toutes les preuves se ramenaient à trois : la ***preuve cosmologique*** ou preuve par la contingence du monde ; la ***preuve physico-théologique*** ou preuve par les causes finales (le grand Architecte) ; enfin la ***preuve ontologique*** (nous avons vu en quoi la preuve morale n'en est pas une, et Kant ne s'en occupe pas). Kant commence par liquider les deux premières de ces preuves en montrant qu'elles se ramènent à la preuve ontologique. En effet, la cause première ou l'intelligence créatrice du monde ne sont pas, en soi, synonymes de

Dieu. Si on prétend les identifier à Dieu, alors leur existence en tant que Dieu n'est pas suffisamment prouvée par l'ordre du monde : il faut admettre en outre qu'elles sont revêtues d'une perfection supérieure qui implique leur existence.

Ayant réduit toutes les preuves au seul argument ontologique, Kant entreprend alors de le démonter. On peut résumer son analyse par l'exemple qui suit. Je peux espérer gagner 1 000 francs au Loto ; je peux aussi avoir 1 000 francs dans ma poche. Entre ces deux sommes il n'y a aucune différence : 1 000 = 1 000. Mais avec 1 000 francs dans ma poche, je suis plus riche qu'avec 1 000 francs attendus du Loto. Il peut donc n'y avoir aucune différence entre la chose et l'idée de la chose, à ceci près que l'existence réelle appartient à la chose et non à l'idée de la chose.

C'est-à-dire que la propriété d'exister attribuée à Dieu est une propriété du concept de Dieu (objet construit par l'esprit). Les philosophes se sont laissé tromper par le contenu de cette propriété : « il existe ». C'est une erreur logique ; cette propriété n'a pas plus de valeur que toutes les autres propriétés comme : « il est bon, il est intelligent », etc., dont on peut démontrer qu'elles appartiennent au concept de Dieu. Car le concept n'est pas la chose ! Vous pouvez avoir dans votre esprit le concept très précis de 1 000 francs : c'est dix foix cent francs, de quoi acheter un billet pour Rome, etc. Mais si vous voulez parler des 1 000 francs réels que vous espérez gagner, vous direz : « *Si je gagne 1 000 francs,* j'aurai dix fois cent francs, de quoi m'acheter un billet pour Rome, etc. » De la même façon, on doit dire, quand on parle de Dieu comme d'un être réel : « *Si Dieu existe,* il est bon, il est intelligent, et... il existe ! » C'est ce qu'on appelle une *tautologie* (voir p. 58).

Précisons que Kant croyait en Dieu, et qu'il était même extrêmement pieux. On pourra donc admirer ici, de façon très pure, la force quasiment technique de son analyse (et entrevoir en même temps ce qu'est la philosophie : le contraire d'un discours habile pour justifier ses opinions). Pour Kant, le problème de Dieu relève de la réflexion morale et non de la réflexion métaphysique. Il est intéressant de noter, d'un point de vue historique, que la réflexion sur Dieu, qui a occupé une part importante de la philosophie jusqu'à Kant, n'y a aujourd'hui presque plus de place.

II. Mots techniques

On envisagera dans ce chapitre un certain nombre de mots qui appartiennent en propre au vocabulaire technique de la philosophie, mais qui émergent parfois dans des discours non philosophiques.

La pensée

MOTS D'ORIGINE GRECQUE

A partir de *gnônai*, connaître

Gnose

C'est une francisation du grec *gnôsis*, connaissance, en un sens particulier, celui de la connaissance des choses religieuses supérieure à la connaissance commune des croyants ou à l'enseignement des Églises. Ce mot apparaît dans ce sens dans les textes grecs chrétiens des Iᵉ et IIᵉ siècles après J.-C., mais il peut se dire d'autres religions : la Cabbale est une gnose judaïque. On le voit par ailleurs assez fréquemment employé comme équivalent de ***gnosticisme***.

Gnostique, gnosticisme

Du grec *gnôstikos*, capable de connaître. En un sens étroit, historiquement daté, on regroupe sous le nom de *gnosticisme* divers courants situés en marge du christianisme, qui apparurent dans les deux premiers siècles de notre ère dans le bassin méditerranéen (Syrie, Palestine, Alexandrie) ; ils furent tous condamnés par l'Église. Ces doctrines, ainsi que leurs adeptes, sont dites *gnostiques*.

Par extension on appelle *gnosticisme* toute doctrine qui prétend qu'il existe une connaissance supérieure ou une explication totale des choses ; dans ce cas, cette connaissance n'est pas forcément liée au domaine de la religion.

> La mathématique, clef de toute intelligibilité, apparaît comme la forme moderne du gnosticisme.
>
> G. Gusdorf

Agnostique, agnosticisme

Ces mots sont récents : ils ont été forgés au siècle dernier avec du matériel grec : la racine *gnô* et le préfixe *a-* indiquant la négation. Un agnostique est quelqu'un qui pense ne pas pouvoir connaître. L'agnosticisme est l'attitude d'esprit qui consiste à considérer que tout ce qui est au-delà des données de l'expérience est inconnaissable.

On identifie parfois *agnostique* et *athée :* c'est un abus, d'une part parce que l'agnostique ne prétend pas que Dieu n'existe pas, mais considère seulement qu'on ne peut affirmer ni nier son existence, d'autre part parce que l'agnosticisme est loin de se réduire à la question de l'existence de Dieu.

Gnoséologie

Du grec *gnôseôs*, génitif de *gnôsis*, connaissance + *logos*, discours. C'est l'étude de la connaissance ; *gnoséologie* est souvent pris comme synonyme d'***épistémologie*** (voir ci-dessous), mais le premier terme est plus large que le second. L'épistémologie est l'étude des sciences, qui ne constituent qu'une partie de la connaissance.

A partir d'*epistêmê*, science.

Épistémologie

Étude de la science. Par étude, on n'entend pas ici le fait d'apprendre telle ou telle science, comme l'étudiant en physique apprend la physique, mais le fait d'examiner comment la science ou telle science sont constituées. Par exemple, la distinction entre sciences exactes (mathématiques, logique), sciences expérimentales (physique, biologie, etc.), sciences humaines (linguistique, histoire, etc.) est une distinction ***épistémologique***.

En un sens étroit, dominant en français, *épistémologie* est synonyme de philosophie des sciences. C'est l'étude philosophique des problèmes (logiques, psychologiques, etc.) sous-jacents à la science en général, ou à telle ou telle science.

En un sens élargi, fréquent chez les Anglo-Saxons, *épistémologie* est synonyme de théorie de la connaissance (ou ***gnoséologie***). C'est en ce sens qu'on parle d'épistémologie à propos des travaux du psychologue Piaget portant sur les processus d'acquisition des connaissances chez l'enfant.

A partir de *noein*, penser.

Noèse, noème

De *noêsis* pensée, *noêma*, pensée, objet de pensée. Ces termes sont utilisés par Husserl et la phénoménologie. La noèse est l'acte même de penser, le noème l'objet de cette pensée. Dans l'opération que constitue la pensée, les deux sont toujours liés : il n'y a pas de noèse sans noème.

Autrement dit, dans le très fréquent dialogue « A quoi penses-tu ? — A rien. », la réponse est soit un mensonge, soit une erreur, car penser à rien est impossible : on peut penser à l'objet *rien*, à l'idée de *rien*, mais c'est un ***noème.***

A partir de *doxa*, opinion.

Philodoxie

De *philodoxia*, littéralement « amour de l'opinion ». Platon oppose les ***philodoxes,*** qui se complaisent aux apparences et à la diversité des choses, aux ***philosophes,*** qui recherchent *l'idée* derrière la diversité sensible.

On retrouve chez Kant le mot *philodoxie*, opposé également à ***philosophie,*** mais l'opposition n'a pas tout à fait le même sens. La philodoxie est chez lui un dilettantisme de la réflexion philosophique, dans lequel on agite des questions philosophiques sans souci de parvenir à une vérité ou à des solutions rigoureuses. Dans les débats télévisés politiques ou culturels, la philodoxie est reine.

Orthodoxe, hétérodoxe

L'orthodoxie consiste à partager l'opinion reçue supposée correcte (*orthos*, correct). ***L'hétérodoxie*** (*heteros*, autre) est le fait d'avoir une opinion différente de l'opinion reçue.

Paradoxe

Du grec *paradoxos*, contraire à l'opinion commune, avec le préfixe *para-*, à côté de, contre.

1) Affirmation qui va contre la pensée commune, soit dans le simple but de briller ou de choquer, soit dans le but plus

intéressant de secouer les idées reçues. Par exemple ce mot du grand comique américain W. C. Fields :

> Une personne qui déteste les enfants et les animaux ne peut pas être vraiment mauvaise.

2) Raisonnement qui aboutit à une conclusion absurde ou contradictoire ; par exemple, les paradoxes de Zénon, ou le paradoxe du menteur (voir pp. 43 et 45).

3) Dans une relation de cause à effet, contradiction apparente entre la cause et l'effet. Par exemple, le *paradoxe du comédien* selon Diderot : moins le comédien est émotif, mieux il sait émouvoir les spectateurs.

A partir de *logos*.

Le nom *logos* est intraduisible, car il réunit en un concept unique et de façon indissociable l'idée de *parole* et l'idée de *raison*. On l'emploie parfois sous sa forme grecque non francisée (voir p. 103), mais on le retrouve surtout dans de nombreux composés.

Syllogisme

De *sullogismos*, raisonnement complexe. Le syllogisme est une forme de raisonnement mise au point par les philosophes de l'Antiquité, et plus particulièrement par Aristote. L'exemple le plus célèbre est le suivant :

> Tout homme est mortel
> Or, Socrate est un homme
> Donc Socrate est mortel.

Aristote le définit ainsi :

> (C'est un raisonnement) dans lequel, certaines choses étant posées, quelque autre chose en résulte nécessairement par cela seul qu'elles sont posées.

Les deux premières propositions, qui posent certaines choses, s'appellent les ***prémisses ;*** la première s'appelle la ***majeure,*** la seconde la ***mineure.*** La troisième proposition, qui exprime le résultat, s'appelle la ***conclusion.***

Chaque proposition met en relation deux éléments, le *sujet* et le *prédicat,* par l'intermédiaire d'une *copule.* Par exemple, dans « Tout homme est mortel » (*sujet :* homme ; *copule :* est ; *prédicat :* mortel).

On aura remarqué qu'à elles deux les prémisses contiennent trois éléments et non quatre, puisqu'elles ont toutes deux un élément commun, appelé ***moyen terme*** (dans notre exemple : *homme*). C'est ce moyen terme qui permet d'établir dans la conclusion une relation nécessaire entre les deux autres termes (*Socrate* et *mortel*). Le moyen terme, par fonction, ne figure donc jamais dans la conclusion.

En considérant la place du moyen terme dans les prémisses, on obtient quatre ***figures :***

1re figure : le moyen terme est successivement sujet, puis prédicat ;
2e figure : il est deux fois prédicat ;
3e figure : il est deux fois sujet ;
4e figure : il est successivement prédicat, puis sujet.

Question : à quelle figure appartient notre exemple ? [1]

Par ailleurs, en considérant la ***qualité*** des propositions (elles sont *affirmatives* ou *négatives*) et leur ***quantité*** (elles sont *universelles* ou *particulières*), on obtient quatre types de propositions possibles, identifiée par quatre voyelles : A, I, E, O. Par exemple :

A, proposition affirmative universelle : « Tout Français est un être humain. »

I, proposition affirmative particulière : « Quelques Français sont nés hors de France. »

E, proposition négative universelle : « Aucun Français n'est allé sur la lune. »

O, proposition négative particulière : « Quelques Français ne sont pas nés hors de France. »

L'ordre des voyelles AIEO est traditionnel et a des raisons mnémotechniques. Il repose sur la formule —*AffIrmo, nEgO*— « j'affirme, je nie ».

Le *quelques* (qui peut être aussi écrit « quelque » et accordé au singulier) n'a pas ici le sens approximatif du langage courant : un peu, un petit nombre. Il signifie précisément : au moins un (≠ aucun), mais pas la totalité (≠ tout). Si j'ai une basse-cour constituée de 99 poules et 1 coq, soient 100 volailles en tout, je dirai également : « quelques volailles sont des poules » et « quelques volailles sont des coqs ».

1. *Réponse :* à la première figure.

Un syllogisme est donc un raisonnement en trois propositions, et il y a quatre types de propositions possibles. Pour le syllogisme « Tout homme est mortel... », la question « quelles sont les voyelles qui caractérisent les propositions ? » serait peut-être une question piège. En effet, bien que Socrate soit « un particulier », la proposition « Socrate est un homme » est du genre universel ; tout ce qu'on dit de Socrate a valeur universelle puisqu'il n'y a pas d'autre Socrate. En mathématique moderne, on dirait que « Socrate » est un ensemble constitué d'un élément « Socrate », ce qu'on appelle un *singleton*. Notre exemple est donc du ***mode*** A-A-A.

Par souci mnémotechnique, les logiciens du Moyen Âge ont inventé des noms fantaisistes avec tous les groupes possibles de trois voyelles : Barbara (A-A-A), Celarent (E-A-E), Darii (A-I-I), Ferio (E-I-O) pour la première figure ; Cesaro, Camestres, Festino, Baroco pour la deuxième figure, etc. Les étudiants apprenaient ces noms par cœur. L'ensemble donne tous les modes possibles de syllogisme.

Paralogisme

Du grec *paralogismos*, avec le préfixe *para-*, à côté, contre. C'est un raisonnement faux, mais sans intention de tromper. Le paralogisme se distingue ainsi du ***sophisme***, raisonnement faux (dont la fausseté est habilement dissimulée) élaboré dans le but de tromper (voir ***sophistes***, p. 8).

Panlogisme

Formé avec le mot grec *pan*, tout. Doctrine selon laquelle le réel est totalement intelligible. On a qualifié de panlogisme la philosophie de Hegel (à qui l'on rapporte la formule : « tout ce qui est rationnel est réel, tout ce qui est réel est rationnel »), et la métaphysique de Leibniz. Le panlogisme serait la forme extrême de ***l'idéalisme*** (voir p. 122), puisque à la limite, on pourrait, selon cette doctrine, déduire la totalité du monde réel des seules lois de la pensée rationnelle.

Les mots en *-logie, -logique* évoquent tous une activité de l'esprit. Ils sont extrêmement nombreux en français. Quelques-uns désignent des formes de raisonnement.

Tautologie

Du grec *tautologia*, action de redire la même chose, avec *tauto*, la même chose.

Proposition dans laquelle le sujet et le prédicat sont un seul et même concept, qu'il soit exprimé par les mêmes mots ou non. Si je dis : « Les hommes sont des mammifères », je mets en relation deux concepts différents ; mais si je dis : « Les hommes sont des humains », je mets en relation un concept avec lui-même, sous deux noms différents. Les modèles de tautologie sont : « A est A » ou « L'être est ce qui est ». Le langage familier en fait un usage fréquent : « Un sou, c'est un sou », « Une femme est une femme », « Je sais ce que je sais ».

Le mot *tautologie* s'emploie souvent péjorativement : c'est une *pétition de principe* (voir p. 79) particulièrement grossière. Exemple, cette formule d'un de ses contemporains que cite Pascal pour s'en moquer : « La lumière est un mouvement lumineux des corps lumineux. » On croit expliquer en répétant la même chose.

Toutefois, en logique proprement dite, le mot *tautologie* n'est pas péjoratif, et la notion est fondamentale.

Examinons d'abord une des phrases de la sagesse des nations : « Un sou est un sou. » C'est l'exemple-type de la tautologie. Pourtant cette phrase n'est pas vide de sens. Le même objet « sou » y est considéré de deux points de vue : dans le sujet, « sou » est la plus petite quantité d'argent, qu'on serait tenté de dédaigner ; dans le prédicat, cette plus petite quantité apparaît comme l'unité sans laquelle aucune addition n'est possible — et l'addition, appliquée à la finance, c'est l'enrichissement.

Il est une autre sentence, tout aussi prudhommesque : « Puisque c'est vrai, ce n'est pas faux. » Cette parfaite tautologie est une des lois essentielles de la logique, à savoir le principe de non-contradiction. On en tire la conclusion que la négation de la négation équivaut à l'affirmation, car si le vrai ne peut pas être non-vrai (ou faux), le vrai est non-non-vrai (ou non-faux). Réduit à cette simple expression, ce principe paraît assez pauvre ; il est pourtant indispensable à tous les raisonnements, et en particulier aux mathématiques.

En logique, tous les jugements a priori (voir p. 111) sont des tautologies : la simple considération du premier terme permet de déduire le second, sans vérification expérimentale. Or, c'est précisément sur ce type de jugements que les logiciens travaillent ; au point qu'un logicien a pu déclarer :

> La logique, c'est la recherche des tautologies.
>
> Robert Blanché

En effet, par une légère extension de sens, certains logiciens du XXe siècle (Wittgenstein et Russell, notamment) ont proposé d'appeler *tautologie* toute proposition qui reste vraie formellement en toutes circonstances. La logique et les mathématiques sont des disciplines ***tautologiques***, non parce qu'elles sont un tissu de plates répétitions, mais parce que les propositions qui les composent sont toujours vraies.

Par exemple, « Il est trois heures ou il n'est pas trois heures » est toujours vrai, quelle que soit l'heure à laquelle est énoncée cette proposition. De même, l'identité remarquable bien connue :

$$(a + b)^2 = a^2 + 2ab + b^2$$

est une tautologie. En effet,

— on y dit deux fois la même chose. Mais cette répétition n'est ni inutile, ni vide de sens. Le second terme est, si l'on veut, le développement du premier et, bien qu'il ne dise rien de nouveau à proprement parler, cette équivalence rend des services considérables dans maintes démonstrations ;

— cette équivalence est toujours vraie, quelles que soient les valeurs numériques qu'on attribue à a ou b. Tant que la raison sera la raison, sous quelque climat, à quelque époque, sous quelque régime politique que nous vivions, cette équivalence sera vraie.

On est loin, on le voit, de la ridicule redite qui immobilise la pensée.

Cependant, la plupart des mots en *-logie,* dans notre langue, désignent des activités savantes ayant pour objet la connaissance d'un secteur particulier de la réalité. Ainsi la *zoologie* étudie les animaux, l'*ophtalmologie* étudie l'œil, etc. Quelques-unes de ces préoccupations appartiennent spécifiquement à la philosophie.

Téléologie

Mot composé récemment au moyen de l'adjectif grec *teleos,* final. C'est l'étude ou la science des fins, de la finalité. Elle repose sur une doctrine selon laquelle l'évolution du monde ne se fait pas seulement par un enchaînement de causes mécaniques, mais poursuit une certaine fin. La téléologie est souvent associée à la croyance en un Dieu intelligent, maître de cette finalité, mais elle n'implique pas nécessairement cette croyance.

Eschatologie

Composé récent avec l'adjectif grec *eskhatos*, extrême, dernier. C'est l'étude des « fins dernières », soit pour chaque homme individuellement (la vie après la mort), soit pour l'humanité (le jugement dernier). Ce terme, qui n'avait de sens, à l'origine, que pour une pensée religieuse, a été transposé dans la philosophie de l'histoire : il y désigne une réflexion sur la fin de l'histoire, le moment, s'il existe jamais, où tous les hommes seront débarrassés des guerres, de l'opposition entre riches et pauvres, etc.

Ontologie

Mot formé avec le grec *on, ontos,* participe présent du verbe « être ». C'est la science ou l'étude de l'*être*. Ce mot est relativement récent ; il apparaît aux XVIIe et XVIIIe siècles, puis son usage se répand dans le vocabulaire philosophique comme un synonyme partiel de *métaphysique*.

> Les êtres, tant spirituels que matériels, ayant quelques propriétés générales comme l'existence, la possibilité, la durée, l'examen de ces propriétés forme cette branche de la philosophie (qu')on nomme l'ontologie, ou science de l'être, ou métaphysique générale.
>
> D'Alembert, *Encyclopédie*

L'adjectif ***ontologique*** signifie « qui relève de l'ontologie » ou, plus simplement, « qui relève de l'être ». Ainsi dans l'expression ***la preuve ontologique*** de l'existence de Dieu (voir p. 49).

On trouve parfois cet adjectif opposé à un autre adjectif tiré du grec *on*, l'adjectif ***ontique.*** Est alors ontologique ce qui a trait à l'Être en général, et ontique ce qui a trait aux êtres particuliers.

Sociologie

La sociologie a été conçue par Auguste Comte, qui a forgé le mot en associant au grec *logos* le latin *socius* signifiant « qui fait partie d'une même société ». C'est l'étude des phénomènes sociaux et la recherche des lois qui les régissent. Fondée par un philosophe, la sociologie est devenue peu à peu une science tout à fait indépendante de la philosophie.

A partir de *theôrein*, contempler, et *theôria*, contemplation.

Ces deux mots grecs évoquaient primitivement l'idée de *regarder* (à la même racine se rattachait le mot *theatron*, qui a donné *théâtre*). Ils ont par la suite désigné non plus le regard de l'œil, mais celui de la pensée qui se fixe sur un objet. Le français leur doit, bien sûr, le mot *théorie*, que nous verrons plus loin (p. 154), mais aussi des termes plus techniques comme les deux mots suivants.

Théorétique

De *theôrêtikos*, qui concerne la contemplation (ou regard de l'esprit). Cet adjectif est parfois employé en un sens calqué sur celui de son modèle grec. On parle de ***vie théorétique*** pour désigner ce qu'on appelle, dans un français plus clair, « vie contemplative ».

Les traductions françaises d'Aristote emploient l'expression ***sciences théorétiques***, par laquelle Aristote désigne la mathématique, la physique et la théologie, c'est-à-dire les sciences qui ont trait à la connaissance, par opposition aux sciences poétiques ou aux sciences pratiques.

Dans un usage plus récent, *théorétique* qualifie ce qui a pour objet la *théorie*. Une réflexion *théorique* appartient à une certaine théorie et porte sur un domaine à connaître (par exemple le fonctionnement de l'univers, en physique), alors qu'une réflexion *théorétique* n'appartient pas à une théorie, mais porte sur une théorie. Par exemple, un épistémologue peut mener une réflexion théorétique sur la théorie des ensembles (comment cette théorie est-elle constituée ?), qui reste totalement extérieure à cette théorie.

Théorème

Du grec *theôrêma*, ce qu'on peut contempler, d'où objet d'étude. Un théorème est un type de proposition qui joue un rôle considérable en mathématiques, mais certains philosophes (Spinoza, Descartes, Kant) ont également exprimé certaines de leurs pensées sous forme de théorèmes. Ce qui caractérise le théorème, c'est d'être une proposition *démontrable*, qui découle soit d'*axiomes* ou de *postulats* (voir p. 78) posés antérieurement, soit d'autres théorèmes. On citera comme exemple le plus célèbre de tous, le ***théorème de***

Pythagore : « Dans le triangle rectangle, le carré de l'hypoténuse est égal à la somme des carrés des deux autres côtés. »

Ce théorème, qui fait l'objet d'une démonstration classique, pourra lui même servir de point d'appui dans d'autres démonstrations ; on trouvera alors des formules du type : « en vertu du théorème de Pythagore... ».

A partir de *heurein*, trouver.

A force de contempler, on trouve. Le célèbre « *Eurêka* » d'Archimède signifie « J'ai trouvé ». Le dérivé *heuristikos*, qui sert à trouver, a fourni l'adjectif suivant.

Heuristique

Ce terme, qui n'est pas propre à la philosophie, signifie « qui sert la découverte ». Une hypothèse est dite heuristique quand on ne s'occupe pas de sa vérité ou de sa fausseté, mais uniquement de son utilité pour faire une découverte : elle aura servi de point de départ au chercheur, mais pourra être ensuite abandonnée dans l'exposé de sa découverte. On dit aussi ***hypothèse de travail.*** Dans l'enseignement, la méthode heuristique consiste à faire découvrir par l'élève l'objet enseigné : la ***maïeutique*** socratique (voir p. 11) est par excellence une méthode heuristique.

On ne confondra pas *heuristique* avec *éristique,* du grec *eristikos,* qui aime la dispute, la controverse. L'éristique est l'art de la discussion, l'art de manier dans un débat les subtilités logiques. Ce terme est plutôt péjoratif.

Il arrive aussi qu'on ne trouve pas et qu'on reste dans le plus grand embarras. Cet embarras, cette absence d'issue se nommait en grec *aporia.* On en a tiré le mot suivant.

Aporie

Ce terme est très employé par les philosophes. Une aporie est une difficulté logique insurmontable dans un raisonnement, une objection ou un problème insoluble : tout ce qui fait que la pensée ne peut plus avancer.

Par exemple, les liens entre l'esprit et le corps sont une aporie de la plupart des doctrines philosophiques. Les doctrines matérialistes ne répondent qu'imparfaitement à la question : « D'où vient la pensée ? ». Les doctrines idéalistes ne répondent qu'imparfaitement à la question : « Pourquoi l'esprit est-il associé à un corps ? »

MOTS D'ORIGINE LATINE

Plusieurs mots latins désignant des activités de l'esprit ont également contribué à construire le vocabulaire de la philosophie.

Intellegere, comprendre. Ce verbe s'explique par *inter-legere,* c'est-à-dire cueillir (*legere*) une chose entre (*inter*) plusieurs autres. L'idée de départ est donc celle de *discernement.* Le participe présent *intellegens,* qui comprend, a donné en français *intelligent ;* le dérivé *intellegentia* a donné *intelligence.*

A un autre dérivé *intellectus,* faculté de comprendre, nous devons les trois mots suivants.

Intellect

Faculté de penser par idées générales ou concepts. Traditionnellement, à cette francisation du latin *intellectus,* les philosophes préfèrent ***entendement*** (voir page suivante).

Intellection

Exercice de la faculté qu'est l'intellect.

Intellectualisme

Ce mot apparaît parfois dans la langue courante comme un dérivé d'*intellectuel.* L'intellectuel est celui qui se consacre, par profession, à la pensée (écrivain, savant, philosophe, professeur). Si ce mot n'est pas, par lui-même, péjoratif, le mot *intellectualisme* l'est : c'est une sorte de déformation professionnelle de l'intellectuel, qui fait qu'il se coupe du commun des mortels en ne s'intéressant qu'aux choses compliquées, en n'étant plus capable d'aborder les problèmes simplement, etc.

Le sens philosophique a peu ou n'a rien à voir avec ce sens courant. Le mot *intellectualisme* y désigne

— en un sens général, toute doctrine selon laquelle l'intellect domine la vie de l'esprit (par opposition à l'imagination, aux sentiments, à la volonté).

— en un sens plus métaphysique, la doctrine selon laquelle la totalité du réel est saisissable par l'intellect ou, à la limite, se confond avec la connaissance que nous en avons.

Intendere, tendre (son esprit) vers, a donné *entendre*, qui a fini par remplacer l'ancien *ouïr*. Pendant longtemps cependant, *entendre* a continué à signifier « comprendre ». C'est encore le cas dans des expressions comme « Qu'entendez-vous par là ? », ou encore dans la tournure pronominale *s'entendre*, qui a plus trait à l'esprit qu'à l'oreille : s'entendre, c'est s'accorder, donc se comprendre. Et c'est à ce sens de « comprendre » qu'il faut associer celui du mot suivant.

Entendement

Guère employé dans la langue courante sinon dans la formule « Cela dépasse l'entendement ! », ce mot désigne, en philosophie, la faculté de comprendre ou de penser par idées générales ou concepts, et non par images.

Descartes en donne un bon exemple : je puis concevoir, par l'entendement, un chiliogone (polygone à mille côtés), bien que je ne puisse en avoir aucune image précise. Encore faut-il préciser que le chiliogone peut être construit, et que je pourrai donc en mettre un exemple sous mes yeux : je ne verrai jamais ses mille côtés distinctement en même temps, mais au moins en aurai-je une image imprécise.

En allant plus loin, on peut évoquer la géométrie moderne. Nous vivons dans un univers à trois dimensions (verticale, horizontale, profondeur), et nous ne pouvons absolument pas avoir d'image d'un objet qui serait situé dans un univers à plus de trois dimensions. Cela n'empêche pas les géomètres et certains astrophysiciens de raisonner rigoureusement sur des univers à plus de trois dimensions. Sans doute, la plus grande partie de notre pensée, même dans des domaines aussi abstraits que les mathématiques ou la philosophie, s'appuie-t-elle sur des images ; mais la partie la plus avancée, si l'on peut dire, de notre pensée peut (et parfois doit) se passer d'images. C'est cette partie qui constitue, à proprement parler, *l'entendement*.

Concipere signifiait littéralement « prendre entièrement », « contenir ». En est issu en français le verbe *concevoir*. Le participe passé *conceptus* est à l'origine du mot suivant.

Concept

C'est un terme clé de la philosophie. Un concept est une idée abstraite et générale sous laquelle on peut unir divers éléments particuliers.

Par exemple, je connais deux personnes qui ont des caniches nains ; l'un est un mâle blanc, de 18 mois, nerveux ; l'autre est une femelle noire, de 8 ans, empâtée. Voilà deux chiens différents, ayant des traits physiques et des comportements différents ; pourtant, je les unis tous deux sous la même appellation de caniche nain. A un degré supérieur, le caniche nain et le dogue allemand ne se ressemblent pas ; il y a encore le bouledogue, le setter, le berger allemand, le lévrier, etc. J'unis pourtant toutes ces races différentes sous la même appellation de *chien* car j'ai l'idée abstraite générale, le *concept*, de chien.

Selon que vous êtes plus ou moins expert en zoologie vous reconnaîtrez ou non les diverses races de chiens, mais il ne vous est certainement jamais arrivé, dans des conditions de visibilité normale et à jeun, de confondre un chien avec un chat ou avec un escargot.

Toutefois, *concept* n'est qu'un synonyme partiel d'***idée***. Le mot *idée*, d'abord, est beaucoup plus vague, sauf quand il reçoit, chez tel ou tel philosophe un sens précis et étroit. Une idée, à la limite, c'est tout ce qu'on peut penser : « J'ai une idée ! » D'autre part, le mot *idée* peut contenir une appréciation personnelle : c'est ce que vous pensez de telle

ou telle chose. Vous pouvez avoir votre idée de l'homme (il est naturellement bon, mais rendu mauvais par la civilisation ; ou bien, il est naturellement méchant, mais rendu à peu près fréquentable par la civilisation, etc.), tandis que le concept d'homme ne vous appartient pas : c'est l'ensemble des caractères sur lesquels tous les esprits s'entendent quand ils parlent de l'homme : mammifère bipède, doué de langage et de raison.

Le concept est donc une idée abstraite construite par l'esprit, et les éléments qui entrent dans cette construction sont explicites. On distingue la ***compréhension*** et l'***extension*** du concept. La compréhension est l'ensemble des caractères qui constituent la définition du concept (l'homme, c'est un mammifère, bipède, etc.) ; autrement dit, c'est la liste des caractères que *comprend* le concept (comprendre au sens de contenir, être formé de : « ce livre comprend trois parties »). L'extension est l'ensemble des éléments particuliers qui correspondent à ce concept (il y a à l'heure actuelle environ 3,5 milliards d'êtres appelés hommes) ; autrement dit, c'est l'ensemble des êtres auxquels s'*étend* ce concept.

L'extension et la compréhension sont dans un rapport inverse : plus un concept comprend de caractères, moins nombreux sont les éléments concrets auxquels il s'étend, et réciproquement. Ainsi, le concept d'animal a une compréhension plus restreinte que le concept d'homme : il faut moins de caractères pour définir le concept d'animal que pour définir le concept d'homme, puisque le concept d'homme reprend tous les caractères du concept d'animal, *plus* quelques caractères propres. Par conséquent, le concept d'animal a une extension plus grande que le concept d'homme : il s'applique à tous les animaux, en plus des hommes, qui sont des animaux.

Signalons enfin qu'une interrogation permanente et fondamentale de la philosophie porte sur la genèse des concepts c'est-à-dire sur la façon dont ils se forment dans notre esprit. Les philosophes se demandent si tous les concepts sont *a posteriori*, c'est-à-dire sont des idées générales construites par notre esprit à partir des perceptions diverses des objets réels, ou bien s'ils sont *a priori*, c'est-à-dire appartiennent à notre esprit indépendamment des perceptions des objets réels.

Introspicere avait un sens tout à fait concret, et signifiait « regarder à l'intérieur (de quelque chose) ». C'est par une sorte de métaphore que le langage philosophique en a dérivé le mot suivant.

Introspection

C'est l'observation que chaque individu peut faire de sa propre conscience, éventuellement l'analyse de ses sentiments, soit en vue de se mieux connaître, soit pour en tirer des connaissances générales sur l'âme humaine.

Ce terme, courant en anglais, n'est utilisé en français que depuis le XIXe siècle, mais l'introspection, même avant la lettre, fut pendant des siècles la méthode fondamentale de la psychologie. Sa critique par les psychologues ne date guère que du début du XXe siècle. Le point essentiel de cette critique est que, dans l'introspection, on est à la fois juge et partie ; les connaissances que l'on peut tirer de l'observation de soi-même doivent donc être traitées avec beaucoup de prudence.

L'introspection a également joué et continue de jouer un très grand rôle dans la littérature, par exemple dans les œuvres de Gide, Proust, etc.

C'est encore à un usage métaphorique qu'ont été soumis certains composés du verbe *ducere*, mener, conduire. Le verbe *inducere* signifiait « amener », « faire entrer ». On lui a donné le sens de « faire apparaître une réalité par le raisonnement ». *Deducere* signifiait « mener de haut en bas », « faire descendre ». Il a servi à désigner l'acte de tirer les conséquences qui *découlent* d'un fait. En français, ces deux verbes ont donné *induire* et *déduire*, et leurs dérivés *inductio* et *deductio* les noms suivants.

Induction, déduction

L'un de ces mots nous est familier, l'autre beaucoup moins.

Dans le langage courant, *déduire* et *déduction* évoquent bien le raisonnement. On pense aux cellules grises d'Hercule Poirot ou aux prouesses de Sherlock Holmes : comme le meurtre du rabbin a eu lieu un samedi, nous pouvons en déduire que son assassin n'est pas un juif pratiquant. Élémentaire, mon cher Watson ! Par contre, le langage courant ne connaît pas ou guère *induction*, et *induire* n'évoque pas le raisonnement, mais l'action de pousser à : induire en tentation, induire en erreur.

Dans le vocabulaire philosophique, *induction* et *déduction* désignent deux modes de raisonnement.

Au sens strict, une déduction est une opération logique : une ou plusieurs propositions étant reconnues vraies, on en tire la ou les conséquences. Le modèle en est le syllogisme (voir p. 55) ou le raisonnement mathématique : s'il est vrai que les hommes sont mortels, et s'il est vrai que Socrate est un homme, alors on en *déduit* que Socrate est mortel. Ou encore, si $A = B$ et si $B = C$, alors $A = C$. En ce sens étroit, la déduction n'est donc que la formulation de tautologies (voir p. 58) ; elle n'existe que dans les disciplines formelles comme la logique ou les mathématiques.

On appelle *induction* un raisonnement qui n'est pas une déduction en ce sens étroit. A partir d'un nombre qu'on estime suffisant d'observations, on tire une vérité générale.

> Ainsi lorsqu'on a éprouvé sur beaucoup de mers que l'eau en est salée, et sur beaucoup de rivières que l'eau en est douce, on conclut généralement que l'eau de la mer est salée et celle des rivières douce.
>
> *Logique* de Port-Royal

Ce type d'induction s'appelle ***induction amplifiante :*** on passe de l'observation d'un certain nombre de faits particuliers à l'énoncé d'une loi générale, qui aura un degré de certitude très fort, mais pas absolu. On la distingue de ***l'induction formelle,*** qui consiste à établir une affirmation générale par énumération : on recense tous les cas particuliers qu'on peut concevoir pour un phénomène donné, et on montre qu'ils ne contredisent jamais la loi générale. Alors, à supposer qu'on n'ait oublié aucun cas particulier, le degré de certitude est absolu. Cette induction formelle peut d'ailleurs être appelée une déduction. Elle ne diffère de la déduction au sens étroit que dans la mesure où elle part d'observations de faits réels, et non de lois logiques.

Exemple d'induction formelle : les ethnologues estiment aujourd'hui qu'il n'y a plus aucun groupe de population qui nous soit inconnu (peuplade isolée n'ayant jamais rencontré d'étranger, etc.). Or, toutes les peuplades rencontrées avaient un langage oral (mais pas forcément d'écriture). On en conclut donc que le langage est une faculté générale des hommes en société, mais que ce n'est pas le cas de l'écriture.

N.B. En mathématiques, *induction* est synonyme de *raisonnement par récurrence*. Sans entrer dans les détails, cela consiste à généraliser à un ensemble de nombres une propriété qu'on n'a établie que pour certains d'entre eux.

Transduction

Mot forgé récemment sur le modèle des deux précédents avec le préfixe latin *trans-*, au-delà. Il désigne une opération de l'esprit, caractéristique des enfants avant 6-8 ans, qui consiste à mettre en relation des faits particuliers sans passer par une loi générale.

Par exemple, un enfant qui voit la statue d'une déesse nue, dans un parc, un jour de pluie, pourra dire : « elle a froid » ou « elle va s'enrhumer ». Il transporte la relation température-sensation, propre aux êtres animés, sur un être inanimé, dans la mesure où il n'a pas fait la distinction générale animé/inanimé.

Dans la construction du vocabulaire philosophique occidental, le latin a fourni tout particulièrement les mots qui traitent la pensée comme un mouvement, un déplacement dans l'espace. Aux trois mots précédents, ajoutons celui-ci :

Discursif

Adjectif forgé sur *discours*, d'après le modèle latin *discursus*, littéralement « course à travers », puis « action de parcourir

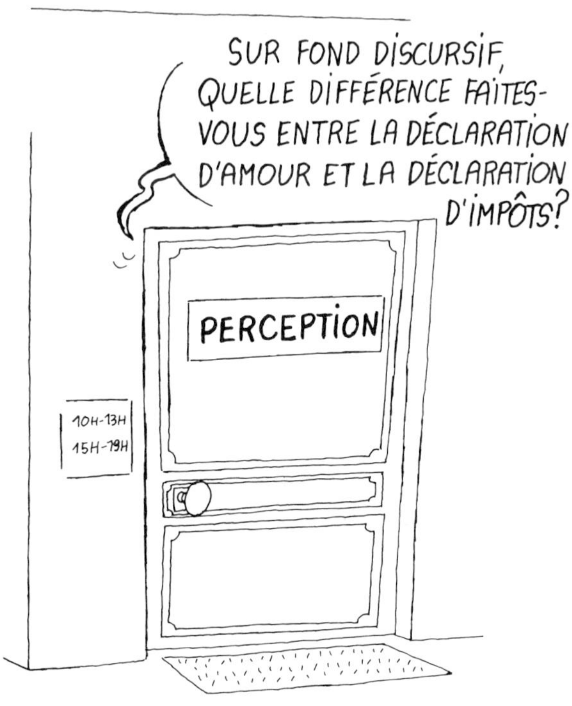

par la parole ». L'emploi philosophique du mot *discours* le fait revenir à sa signification étymologique. Le *discours* n'est pas une suite de paroles, mais un mode de pensée qui s'oppose à l'intuition. Comme ce sens est trop différent du sens courant, les auteurs modernes emploient plutôt l'expression ***pensée discursive***. C'est cette pensée qui est en œuvre dans le raisonnement : elle suit un parcours, et atteint son but par une série d'étapes intermédiaires. Elle s'oppose à la pensée intuitive, qui est immédiate et globale.

Médiat

Dérivé du latin, *medius* qui est au milieu. La langue courante ignore *médiat*, bien qu'elle emploie beaucoup de mots de la même famille : *médiation*, *médiateur*, *intermédiaire*, *immédiat*.

On se gardera de confondre *médiat* et *media ;* ce dernier terme, emprunté directement au latin (c'est le pluriel neutre de *medius*, moyen) nous arrive par le franglais. Il appartient bien à la même famille étymologique, mais se trouve aujourd'hui cantonné dans le sens de « moyens de communication des informations » (livres, disques, télévision, etc.).

Médiat ne s'emploie que par opposition à son contraire *immédiat* (*in-* privatif, comme dans *moral*/*immoral*). Un phénomène est dit médiat si son apparition dépend d'un autre phénomène : *médiat* est alors synonyme de *consécutif*, et *immédiat* de *premier*.

Exemple : l'écriture est un phénomène médiat par rapport au langage ; de cette apparente évidence, on n'a pas toujours tiré les conséquences convenables : cela fait à peine plus de cent ans que les linguistes étudient les langues comme un phénomène essentiellement oral, et très accessoirement écrit.

Une relation est dite médiate si, pour aller de A à C, je dois passer par un intermédiaire B. *Médiat* serait alors synonyme d'*indirect* et *immédiat* de *direct*. Le syllogisme est une relation médiate : pour relier *Socrate* à *mortel* je suis obligé de passer par l'intermédiaire du moyen terme *homme* (voir p. 56).

Médiation

Action de servir d'intermédiaire. On peut dire, par exemple, que la pensée ne peut se constituer que par la médiation du langage, signifiant par là que, entre nos perceptions relativement grossières et particulières et nos idées abstraites et généralisantes, le passage ne peut se faire que par l'intermédiaire de cet instrument spécifiquement humain qu'est le langage.

Médiatiser

Ce verbe signifie parfois « servir de moyen par rapport à une fin » : le langage médiatise la pensée. En ce sens, le substantif correspondant est bien *médiation*.

Il signifie plus fréquemment, chez les philosophes contemporains, « rendre médiat » ou « considérer comme médiat » (c'est-à-dire second ou indirect) quelque chose qui était ou paraissait immédiat. On dira, par exemple, que la peinture médiatise notre perception du monde : cela ne signifie pas que nous avons besoin de la peinture pour voir le monde, mais que la vision de certains tableaux change notre perception du monde en orientant notre attention ou en influençant notre jugement.

Ainsi, l'idée qu'une tempête en mer puisse être quelque chose de beau est relativement récente dans la culture occidentale. Parmi d'autres, les tableaux de Turner (ou les descriptions de Victor Hugo, si l'on ajoute la littérature) ont modifié notre regard : il n'est plus direct, mais indirect. L'art s'interpose entre la mer et nous, comme le feraient des lunettes ou un filtre de couleurs. A ce sens de *médiatiser* correspond un substantif au second degré : ***médiatisation.***

Le discours

Deux couples d'opposés posent le problème des relations entre les concepts et les choses :

Connotation, dénotation

Au départ, ce sont des termes de la logique scolastique. La *dénotation* est la propriété que possède un concept de désigner tous les êtres qui appartiennent à l'ensemble défini par ce concept. Le concept d'homme, c'est aussi le *nom* que je peux donner à tous les êtres qui satisfont à la définition de ce concept, soit à l'heure actuelle environ 3,5 milliards d'individus.

La *connotation* est la propriété que possède un concept de désigner un ou plusieurs caractères qui font partie de sa définition. Le concept d'homme connote animal et mammifère. En effet, quand je parle de l'homme, j'ai sans doute à l'esprit plutôt ses caractères propres (doué de raison et de langage), mais je sous-entends aussi animal et mammifère, puisqu'il n'y a pas d'homme qui ne soit animal et mammifère. De même, le concept de citoyen connote homme, puisque seuls les hommes sont concernés par la citoyenneté.

On peut donc considérer que *dénotation* et *connotation* sont des synonymes, respectivement, d'***extension*** et ***compréhension*** (voir p. 67). Pour être plus précis, on peut dire que la *dénotation* et la *connotation* désignent la façon dont l'extension et la compréhension du concept se réalisent au moment où nous employons, en pensée et en langage, tel concept.

Ces termes ont été repris en linguistique, dans un sens qui a légèrement évolué.

La *dénotation,* c'est le ou les éléments qui servent de référence objective pour définir un mot. Le rouge, c'est une certaine couleur, définie par une certaine place sur le spectre de la lumière. La dénotation correspond donc à une sorte de définition neutre du mot.

La *connotation* est l'ensemble des idées évoquées par un mot. Rouge = danger, ou sang, ou communisme, ou baiser, etc. La connotation correspond donc à la charge affective que chacun ajoute aux mots qu'il emploie.

BLA BLA BLA BLA
BLA BLA BLA BLA BLA
BLA BLA BLA BLA BLA
BLA BLA BLA BLA
BLA
BLA BLA
BLA
BLA
IL EST SOUVENT
HORS-SUJET

Univoque, équivoque

Du latin scolastique *univocus*, littéralement « ce qui ne nomme qu'une chose », d'où « qui n'a qu'un sens ».

Une des propriétés des langues naturelles (le français, l'anglais, etc.) est l'ambiguïté : elles sont constituées d'un grand nombre de mots qui ont chacun plusieurs sens, et seul le contexte, c'est-à-dire la situation dans laquelle ces mots sont employés, nous permet de choisir, à chaque fois, le sens qui convient.

Le problème se pose avec acuité en philosophie, dans la mesure où celle-ci a pour but la précision de la pensée, mais pour moyen les langues naturelles ambiguës. La philosophie se refuse, en effet, à recourir à un langage entièrement fabriqué pour les besoins de sa cause, comme les langages des mathématiques, de la logique moderne, de la chimie, etc. Il est donc important, pour le philosophe, de préciser si un terme ou un concept, appliqué à des objets différents, garde toujours le même sens (il est dit alors *univoque*), ou bien change de sens (il est dit alors soit ***équivoque***, soit ***analogique***).

Ces termes sont très techniques, et s'emploient traditionnellement dans un exemple classique, celui du concept d'*être* appliqué à Dieu et aux créatures. En effet, nous ne connaissons par l'observation que le monde qui nous entoure, c'est-à-dire les créatures ; cependant, nous raisonnons sur Dieu. Ce raisonnement est-il légitime, ou est-ce un tissu de mots creux ?

- Si, appliqué à Dieu et appliqué aux créatures, le concept d'*être* garde le même sens, il est ***univoque ;*** cela signifie que l'être de Dieu est identique à l'être des créatures. Cette thèse implique que Dieu n'est pas transcendant à sa création, mais se confond avec elle : c'est ce qu'on appelle le panthéisme.
- Le concept d'*être* est ***équivoque,*** si le concept d'*être* appliqué à Dieu et le concept d'*être* appliqué aux créatures sont en fait deux concepts différents. L'obligation dans laquelle nous nous trouvons de recourir au même mot *être* est trompeuse et regrettable. Cette thèse implique une différence si absolue entre Dieu et les créatures que celles-ci ne peuvent rien savoir de lui : c'est ce qu'on appelle l'agnosticisme.
- Le concept d'*être* est ***analogique*** si, lorsqu'on l'applique à

Dieu et lorsqu'on l'applique aux créatures, il change de sens, mais sans qu'on ait vraiment affaire à deux concepts différents. Le recours au même mot *être* n'est pas une regrettable imperfection du langage, mais se justifie. Sur cette thèse repose la plupart des religions transcendantes : tout en distinguant Dieu de sa création, nous pensons pouvoir légitimement raisonner sur l'être de Dieu, par analogie avec l'être des choses.

Un certain nombre de termes d'aspect savant distinguent différentes sortes de ***propositions*** (voir ce mot p. 129).

Apophantique

Du grec *apophantikos*, qui fait voir, qui fait connaître. Une proposition apophantique est soit une affirmation, soit une négation.

Exemples : « Paul est grand » ou « Paul n'est pas grand ».

C'est donc une déclaration (affirmative ou négative), par opposition à un ordre, un souhait, une interrogation.

Assertorique

Du latin *assertio*, action d'affirmer. Une *assertion* est une proposition affirmative ou négative (donc apophantique) donnée comme vraie. Une proposition *assertorique* est vraie en fait, et non par nécessité (par opposition à *apodictique*) (voir ci-dessous).

Exemple : « Napoléon est mort à Sainte-Hélène » (c'est vrai, mais il aurait pu mourir ailleurs) ; « Balzac n'a jamais écrit de poèmes » (c'est vrai, mais il aurait pu en écrire).

Apodictique

Du grec *apodeiktikos*, qui démontre, qui prouve. Un jugement apodictique présente des caractères d'universalité et de nécessité absolues. Une proposition apodictique est une proposition apophantique nécessairement vraie, où que vous soyez.

Exemple : « Un cercle est une courbe fermée dont tous les points sont équidistants du centre. »

Équipollence, équipollent

Du latin *aequipollens*, qui a une valeur égale. C'est un synonyme un peu savant d'*équivalent*.

Deux propositions équipollentes ont exactement même signification.

Exemple : « Tout le monde a au moins une qualité » et « Il n'est personne qui n'ait au moins une qualité » sont deux propositions équipollentes.

Axiome

Du grec *axiôma*, ce qui paraît juste. Dans l'exposition d'un système, et particulièrement dans les mathématiques, un axiome est une proposition de départ, indémontrable, mais qu'on décide de tenir pour vraie parce qu'elle paraît évidente.

Exemples : « Le tout est plus grand que la partie » ; « Deux quantités égales chacune à une même troisième sont égales entre elles. »

Postulat

Le verbe latin *postulare* signifiait « demander ». Le participe passé *postulatum* signifiait donc « chose demandée ». Un postulat est une proposition qui intervient dans le cours d'un raisonnement et qu'on ne sait pas démontrer ; on n'affirme pas son évidence, comme on le fait d'un axiome, mais on demande d'admettre qu'elle est vraie.

Exemple : le ***postulat d'Euclide :*** «Par un point on peut mener une parallèle à une droite, et on ne peut en mener qu'une seule. »

Les propositions qui, dans la suite du raisonnement, découlent d'un axiome ou d'un postulat, doivent, elles, être démontrées : ce sont les ***théorèmes*** (voir p. 62). Les définitions distinctes que nous venons de donner appartiennent à l'histoire des mathématiques ; depuis la fin du XIXe siècle, la distinction entre axiome et postulat tend à s'effacer chez les mathématiciens, ces deux notions étant englobées dans la notion plus générale d'***hypothèse*** (voir p. 117).

Prémisse

Du latin *praemissa*, participe féminin de *praemittere*, mettre devant ou mettre en tête. Les prémisses sont les propositions qui précèdent la conclusion, notamment la majeure et la mineure du syllogisme (voir p. 55).

Par extension, et toujours au pluriel, les *prémisses* désignent les premiers éléments d'une étude : « poser les prémisses théoriques de telle discipline » ; ou encore un ou plusieurs faits d'où découle une certaine conséquence :

> Ces deux faits (...) devaient être les prémisses de l'attentat actuel.
>
> Balzac

Pétition de principe

C'est littéralement l'action de demander comme principe (du latin *petere*, demander). L'expression désigne une erreur logique qui consiste à tenir pour principe acquis ce qu'il s'agit précisément de démontrer ou d'expliquer.

Exemple : « Le dogme de l'infaillibilité pontificale est vrai parce qu'il a été proclamé par le pape, qui est infaillible. »

Des instruments pour décrire le monde

Commençons par citer deux noms à l'aspect particulièrement mystérieux.

Hypostase

Du grec *hupostasis*, chose qui se place dessous, base, fondement. On y reconnaît les mots *hupo*, sous, et *stasis*, action de se fixer.

Le terme grec *hupostasis* apparaît dans le vocabulaire

philosophique à partir de Plotin (IIIe siècle après J.-C.). Il sera remplacé par le mot latin *substantia*, qui le transcrit exactement (*sub* = *hupo ; stantia* = *stasis*), et qui donnera notre *substance*.

Sans entrer dans des détails trop techniques, on peut considérer qu'*hypostase* est un synonyme de *substance* (voir p. 152).

Le verbe dérivé ***hypostasier*** est d'emploi plus fréquent. Il signifie considérer comme une chose en soi ce qui n'est qu'un phénomène (exemple : la température) ou une relation (exemple : la grandeur). Le langage courant ne distingue pas les choses d'une part, les phénomènes ou les relations d'autre part : il ne nous offre qu'une seule classe de mots pour les désigner : le nom (que les grammairiens appellent *substantif*). Nous disons *la* température, comme nous disons *la* maison. Aux yeux des philosophes, le langage courant a donc une tendance marquée à hypostasier.

Nous pensons *le* plaisir ou *la* douleur comme des réalités extérieures à nous, alors que ce ne sont que des réactions de notre organisme à des excitations internes ou externes. Notre organisme peut être considéré comme une chose, mais nos sensations ne sont pas des choses.

Entéléchie

Du grec *entelekheia :* activité, énergie agissante. On reconnaît dans ce mot grec les mots composants : *telos*, fin, finalité ; et *ekhein*, tenir, avoir à sa disposition. Littéralement cela signifie à peu près le fait d'avoir sa fin (au double sens du terme) en soi-même, donc d'être dans un état d'achèvement, c'est-à-dire de perfection.

Ce mot se trouve surtout chez Aristote et chez Leibniz. Chez le premier, l'entéléchie s'oppose à la puissance (comme ce qui est accompli s'oppose à ce qui n'est que virtuel). Chez le second, les monades (voir p. 39) sont des entéléchies, en ce sens qu'elles se suffisent à elles-mêmes et ont en elles-mêmes la source de leurs actions internes.

Genèse

Du grec *genêsis*, génération, production, origine. Dans son emploi le plus connu, en nom propre, la *Genèse* désigne le premier livre de la Bible, où l'on raconte la création du monde et la vie des premiers hommes jusqu'au départ de la famille de Jacob pour l'Égypte.

Mais c'est aussi un nom commun. La genèse d'un être, d'une institution, d'un quelconque objet d'étude, c'est l'ensemble des étapes par lesquelles il est arrivé, depuis son origine, jusqu'à l'état dans lequel on le considère.

Par exemple, la genèse du langage chez l'enfant, c'est la suite des étapes de l'apprentissage du langage par l'enfant, depuis sa naissance (voire depuis la vie intra-utérine du fœtus) jusqu'au moment où l'on considère qu'il sait parler.

Récurrence

Du latin *recurrere*, revenir en courant. Au sens général : répétition ou caractère de ce qui se répète. On distingue plusieurs sens particuliers :

1) *Récurrence* est synonyme de *répétition*. Exemple : l'émergence de chefs providentiels est un phénomène historique ***récurrent.***

2) *Récurrence* signifie « retour sur soi » : c'est le sens le plus fréquent en philosophiee; il est aussi plus proche de l'étymologie. On parle de l'***action récurrente*** d'un effet sur une cause quand, une cause ayant produit un certain effet, cet effet modifie la cause qui l'avait produit. Ce phénomène est fréquemment observé dans les sciences humaines : la connaissance d'un domaine étudié modifie ce domaine (dans la mesure où les objets étudiés sont des hommes et non des objets inanimés). Par contrecoup, cette connaissance doit se modifier pour s'adapter aux modifications qu'elle a provoquées.

Exemple : les connaissances les mieux établies de la psychologie sociale ne sont pas restées la propriété des chercheurs; un certain nombre de gens agissant dans la société (publicitaires, hommes politiques, policiers, magistrats, directeurs du personnel des entreprises, etc.) les ont apprises et les utilisent dans leur action. Des phénomènes autrefois imprévisibles (réaction individuelle à tel environnement, telle situation) sont aujourd'hui prévisibles et évités ou provoqués sciemment. La psychologie sociale ne peut plus analyser ces phénomènes comme autrefois : elle est donc modifiée par son propre effet.

3) En logique, on appelle *récurrence* le fait qu'une proposition, prise globalement, puisse être elle-même l'objet de ce qu'elle énonce.

Exemple : « Toute vérité doit être démontrée. » Si cette proposition prétend être une vérité vraie, elle doit être démontrée : elle commencera donc par s'appliquer à elle-même (le *paradoxe du menteur* — voir p. 45 — est un cas de récurrence logique).

Surdétermination

Ce mot est d'usage récent en philosophie ; il est synonyme de *détermination multiple*.

Si l'on considère, par exemple, un jeune homme de vingt ans qui réussit brillamment ses études, on pourra expliquer cette réussite par l'environnement : ses parents ont bien su s'occuper de lui, il a eu de bons professeurs. Ou bien on pourra l'expliquer par une disposition innée : il est doué, c'est une affaire de gènes. Ces deux explications ont recours chacune à une détermination simple. On préfère recourir aujourd'hui à la notion de surdétermination : la réussite de ce jeune homme procède de l'association complexe d'une disposition congénitale favorable et d'un environnement fécond.

Cette notion apparaît surtout dans la psychanalyse et dans la philosophie de l'histoire.

Dans la psychanalyse, Freud parle de la surdétermination des images du rêve. Chaque élément de notre rêve est l'expression déformée d'une pensée cachée. L'interprétation d'un rêve consiste à mettre en relation chacun des éléments apparents du rêve avec chacune des pensées cachées qu'il exprime. La difficulté de l'interprétation provient de ce que chaque élément apparent du rêve peut être ***surdéterminé :*** il est alors l'expression de plusieurs pensées cachées, qui se condensent en un seul élément.

Le philosophe marxiste Louis Althusser a repris la notion de surdétermination pour l'appliquer à l'analyse des processus historiques. Le marxisme a repris à Hegel l'idée de mouvement dialectique : à un moment donné, deux processus entrent en contradiction, et cette contradiction se résoud en produisant une nouvelle situation. Par exemple, à la fin du XIXe siècle, la France et la Grande-Bretagne dominaient un grand nombre de peuples africains et asiatiques. Mais les colonisateurs eurent besoin des colonisés pour diverses tâches. Pour les y former, ils leur permirent d'acquérir des connaissances, à partir desquelles les colonisés purent analyser plus clairement, puis remettre en cause la situation de domination qui leur était imposée. La contradiction ne pouvait se résoudre que par une nouvelle situation, le retour à l'indépendance ou la création de nouveaux États indépendants.

Nous avons affaire là à une contradiction apparemment simple. Althusser fait remarquer que si nous regardons plus précisément chaque situation concrète, les choses sont plus complexes. La plupart du temps, sinon toujours, nous sommes en face de contradictions complexes, et la situation nouvelle qui apparaît comme la résolution de cette contradiction est *surdéterminée*. L'histoire ne présente jamais la répétition mécanique de mêmes causes produisant les mêmes effets ; ce que nous pouvons repérer, lorsque nous considérons plusieurs situations qui se ressemblent, c'est la présence de *contradictions principales* identiques, mais associées chacune à des *contradictions secondaires* différentes. Le processus global de décolonisation a certes concerné, à la même époque, un grand nombre de pays ; mais le rythme, les modalités, le résultat ont été très différents d'un pays à l'autre. Le processus global de décolonisation n'impliquait, par lui-même, ni la guerre d'Algérie, ni la prolongation de la guerre d'Indochine en guerre du Vietnam. Ce sont, à l'intérieur du processus de décolonisation, des contradictions secondaires qui ont surdéterminé le processus et l'ont orienté vers ces formes particulières : en Algérie, forte et ancienne présence d'une population française ; en Indochine, fixation géographique temporaire de la guerre froide dans cette zone du monde.

La notion de *surdétermination* est donc un instrument d'analyse assez fin, qui évite notamment l'application dogmatique de la pensée marxiste.

Substrat

Substratum signifie en latin « ce qui est étendu dessous ». C'est, dans le vocabulaire philosophique, la traduction exacte du terme grec *hupokeimenon* (chez Platon et Aristote). C'est une notion très subtile de la métaphysique classique, voisine de la substance, mais qui n'en est pas l'exact synonyme.

Supposez que vous ayez à décrire un être quelconque. Vous décrirez en fait ses qualités : c'est quelqu'un ou quelque chose qui est grand, petit, gros, mince, mobile, immobile, de telle couleur, etc. Essayez maintenant, par l'imagination, de supprimer toutes ces qualités ; que reste-t-il ? La notion de substrat tente de résoudre ce problème : on peut concevoir tout être comme l'association d'un substrat et de qualités ; les qualités manifestent et définissent cet être, tandis que le substrat est la réalité indéfinie qui supporte ces qualités.

Par extension, on emploie *substrat* pour désigner quelque chose qui sert de base à autre chose. Exemple : la division du travail constitue le substrat de l'organisation sociale.

Entité

Du latin scolastique *entitas*, dérivé de *ens*, participe présent bas-latin du verbe *esse*, être.

Chez les scolastiques et jusqu'au XVIIe siècle, l'*entité* désigne l'*être* d'une chose, sa réalité totale. « L'entité ou être de la chose », écrit Descartes.

Ensuite ce mot a pris un sens plus vague : « un “ quelque chose ”, un objet de pensée que l'on conçoit comme un être dépourvu de détermination particulière » (Lalande). A la limite, on pourrait dire qu' « une entité » est un synonyme savant d' « un truc », « un machin ».

Aséité

Du latin scolastique *aseitas*, nom dérivé de l'expression latine *a se :* par soi.

Au sens propre, l'aséité caractérise Dieu : il est par soi, c'est-à-dire qu'il ne tient son existence que de lui-même (alors que tous les autres êtres tiennent leur existence de quelqu'un ou de quelque chose d'autre). Par extension, *l'aséité* désigne l'existence propre d'une chose, indépendamment de celui qui la perçoit.

Eccéité

Du latin scolastique *ecceitas*, dérivé de l'adverbe latin *ecce :* voici, voilà.

Dans la philosophie scolastique, l'*eccéité* signifie ce qui fait qu'un individu est lui-même, distinct de tous les autres.

On trouve les synonymes ***haeccéité*** (forgé sur le démonstratif latin *haec :* celle-ci) et ***ipséité*** (forgé sur le démonstratif latin *ipse :* soi-même). On pourrait traduire ces termes par ***individualité.***

Le mot *eccéité* a été repris au XXe siècle par les existentialistes, en référence au ***Dasein*** allemand de Heidegger. L'eccéité est alors le *fait d'être là* (dans le monde).

Quiddité

Du latin scolastique *quidditas,* dérivé du pronom interrogatif *quid,* quoi ? (c'est quoi ? qu'est-ce ?).

La quiddité d'une chose, c'est ce qu'elle est ; elle s'exprime dans sa définition. Exemple : « Socrate est un homme. » *Quiddité* est souvent synonyme d'*essence.*

La réalité reste un mystère. Armée de ses concepts toujours plus subtils et mieux adaptés, la philosophie se heurte aujourd'hui encore au même problème : comment penser le monde ? En lui appliquant une grille de principes abstraits ? Ou en se repliant sur la position selon laquelle nous ne pouvons connaître le monde, mais seulement notre pensée du monde ? Les termes qui suivent illustrent ces différentes attitudes.

Monisme

Du grec *monos*, unique (cf. monogamie, etc.). Se dit de toute doctrine qui considère que le monde est régi par un principe fondamental unique. L'idéalisme extrême est un monisme : tout est pensée ; le matérialisme est un monisme : tout est matière.

Le *monisme* s'oppose au *dualisme* (il y a deux principes) ou au *pluralisme* (il y a plusieurs principes).

Dualisme

Du latin *dualis*, au nombre de deux. Se dit de tout système de pensée, dans quelque domaine que ce soit, qui reconnaît deux principes ou deux réalités irréductibles : Le Bien et le Mal dans le manichéisme (religion prêchée par Mani, au IIIe siècle, en Perse), la nature et la grâce dans certains courants chrétiens (calvinistes, jansénistes) ; la matière et l'énergie dans la physique du XIXe siècle, etc.

En philosophie, *dualisme* est souvent employé en référence à Descartes, dont le système philosophique repose sur le dualisme de la pensée et de l'étendue.

Dyade

Du grec *duados*, au nombre de deux, couple. Ce mot ne s'emploie guère que pour traduire (ou plus exactement franciser) le grec *duas*, en référence à Platon ; il désigne un couple de contraires, par exemple l'Un et le multiple.

Universaux

Le nom d'*universaux* a été donné aux *idées générales* par les scolastiques, qui se sont particulièrement attachés à analyser ce qu'ils appelaient les ***quinque voces,*** en latin les « cinq voix » ou « cinq mots ». Ils désignaient ainsi la liste des cinq universaux par lesquels on définit un être :

1) ***l'espèce :*** l'ensemble auquel appartient l'être que l'on considère ;

2) ***le genre :*** l'ensemble d'extension supérieure auquel appartient l'espèce ;

3) ***la différence :*** ce qui distingue une espèce des autres espèces du même genre ;

4) ***le propre :*** ce qui appartient en propre à l'espèce considérée ;

5) ***l'accident :*** un caractère secondaire, qui peut disparaître sans modifier l'être considéré.

Exemple : Socrate appartient à l'*espèce* homme ; donc, comme tous les hommes, au *genre* animal ; en tant qu'homme il est doué de raison, ce qui le *différencie* des autres animaux ; il est capable de faire de la géométrie, ce qui est *propre* aux hommes ; par *accident* il vit à Athènes.

Ces notions viennent d'Aristote, mais la mise en forme de cette liste est due au philosophe grec Porphyre. On notera que la distinction entre la différence et le propre n'est pas très simple ; elle a donné lieu à de subtiles analyses jusqu'au XVIIe siècle. Le propre est un caractère plus étroit que la différence et il résulte de la différence.

Exemple : dans le genre « figure géométrique », ce qui *différencie* l'espèce cercle, c'est que tous les points du cercle sont équidistants du centre ; il en résulte une *propriété* du cercle : le rapport du périmètre au diamètre, quelles que soient leurs mesures, est toujours π (3,1416).

Schème ou schéma

Le nom grec *skhêma* signifiait « forme », « figure extérieure ». La forme *schéma* est passée dans la langue courante, mais non la forme *schème*. Ou distingue un sens général et un sens proprement kantien.

• Sens général : un schème, ou schéma, est une figure simplifiée. Dans le langage ordinaire, c'est un dessin élémentaire ou un diagramme. Dans le langage philosophique, cela désigne plutôt une représentation fonctionnelle, soit qu'elle est décrite par le langage (et non plus dessinée), soit qu'elle est supposée être dans l'esprit. Ainsi, les psychologues parlent du ***schéma corporel*** pour désigner la représentation et la maîtrise que nous avons de notre corps dans l'espace (elles s'acquièrent progressivement au cours de la petite enfance) : conscience d'être constitué d'une tête, d'un tronc et de quatre membres, et conscience de vivre dans un univers à trois dimensions, c'est-à-dire avec trois axes de direction possibles : devant-derrière, gauche-droite, haut-bas.

• Sens kantien (on dit alors plutôt *schème* que *schéma*). Kant avait à résoudre le très vieux problème de la métaphysique : comment l'esprit, constitué d'idées abstraites (existence, unité, cause, etc.) peut-il connaître le monde, masse matérielle informe ? C'est à peu près le mariage de l'eau et du feu. Entre les idées abstraites très générales ou *catégories* et nos perceptions (c'est-à-dire la réaction brute de nos sens aux excitations du monde extérieur), Kant conçoit des éléments intermédiaires ou *schèmes*. Par exemple, le nombre est le schème de la quantité. Par l'intermédiaire du nombre, l'idée très générale de quantité peut s'appliquer au monde, c'est-à-dire mettre en ordre (en comptant, comparant, etc.) la multiplicité des éléments sensibles.

Le terme ***schématisme*** qui, dans le langage courant, désigne une simplification abusive, ne s'emploie, en philosophie, qu'en référence au schème kantien : c'est donc la fonction intellectuelle qui permet de remplacer les idées générales ou catégories par des schèmes. Sans cette fonction, il n'y aurait pas de phénomènes (toujours au sens kantien, bien entendu), puisque les sensations resteraient une matière brute et ne recevraient pas de forme.

Eidétique

Du grec *eidos,* aspect extérieur, forme d'une chose. Ce terme est d'usage récent ; il est employé par quelques psychologues, et surtout par la phénoménologie. L'éidétique est la *science des formes des choses dans l'esprit,* par opposition aux choses elles-mêmes.

En simplifiant, cela signifie ceci : lorsque vous pensez à un arbre, alors que vous n'avez plus cet arbre sous les yeux, que se passe-t-il ? Vous avez dans l'esprit un objet de pensée tout à fait particulier : ce n'est pas vraiment une image (puisque vous pouvez vous représentez cet arbre sous toutes ses faces, alors que vous ne pourriez jamais le voir sous toutes ses faces en une seule vision ; mais inversement, vous pourriez compter les feuilles de l'arbre si vous l'aviez encore sous les yeux, tandis que vous ne pouvez les compter sur cet arbre dans votre esprit). Ce n'est pas non plus le concept général d'arbre, car le concept d'arbre est une pure abstraction de langage et ne correspond à aucun arbre que vous auriez pu voir. Cet objet de pensée est appelé un *eidos,* ou forme de la chose, ou essence de la chose, et l'éidétique a pour but d'étudier ces formes.

Nominalisme

Le mot est à rattacher à *nom.* Il s'agit d'une doctrine qui a pris diverses formes dans l'histoire de la philosophie, et dont on peut résumer la thèse centrale ainsi : les idées ne sont que des noms. On distingue deux nominalismes.

• Le ***nominalisme classique,*** soutenu par les Cyniques, et par certains philosophes du Moyen Âge, comme Guillaume d'Occam (voir p. 40), avance que

— non seulement les idées n'ont pas d'existence réelle (je peux voir un cheval ou des chevaux, mais je ne rencontrerai jamais l'idée de cheval)) ;

— mais encore les idées ne sont pas des constructions logiques spécifiques de l'esprit. Il n'est pas vrai de dire que notre esprit fabrique une idée de cheval à partir d'autres idées, comme quadrupède + ayant des sabots, etc. Il n'y a que le mot « cheval ». Cela ne signifie pas que c'est un mot creux qui ne veut rien dire, mais il évoque seulement une image d'un cheval possible parmi les milliers de chevaux qui peuplent la terre. Pour le dire de façon spécifiquement philosophique, le nominalisme n'utilise les concepts qu'en extension, et non en compréhension (voir p. 67).

> Les nominalistes (...) ne retenant de l'idée générale que son extension, voient simplement en elle une série ouverte et indéfinie d'objets individuels.
>
> Bergson

En caricaturant légèrement, on pourrait dire que, si vous demandez à un nominaliste : « Qu'est-ce qu'un cheval ? », il vous répondra en vous citant des exemples de chevaux que vous pouvez connaître : « Vous vous souvenez de cette chose qui courait très vite, sur laquelle était monté Yves Saint-Martin à Auteuil, dimanche dernier ? Eh bien voilà un cheval. »

• ***Le nominalisme scientifique*** est un point de vue épistémologique qui date de la deuxième moitié du XIXe siècle. Pour lui la science ne décrit pas le monde tel qu'il est (cette prétention est hors de notre portée et n'a pas de sens). Elle

construit seulement un discours cohérent, purement conventionnel, sur le monde.

Là non plus, cela ne signifie pas que c'est un discours creux, ou qu'on y raconte n'importe quoi. Une théorie physique, par exemple, est juste dans la mesure où ce qu'elle avance est vérifié expérimentalement, c'est-à-dire qu'elle décrit correctement, à l'avance, ce qui va se passer dans telle ou telle expérience. On sait donc, grâce à la physique, construire des ponts gigantesques qui tiennent, des avions qui volent, produire de l'électricité en désintégrant la matière, etc. Mais deux descriptions physiques d'un même phénomène, très différentes l'une de l'autre, qui auraient reçu la même vérification expérimentale, seraient aussi justes l'une que l'autre.

C'est ce qui est arrivé avec l'analyse de la lumière : la théorie corpusculaire (la lumière est faite de photons) et la théorie ondulatoire (la lumière est faite d'ondes), aussi justes l'une que l'autre, ont coexisté longtemps, avant qu'on parvienne à une synthèse : la mécanique ondulatoire. Autrement dit, d'un point de vue nominaliste, la physique ne prétend pas que la lumière est « réellement » une onde, ou qu'elle est « réellement » constituée de corpuscules microscopiques ; elle se contente de constater que, si l'on admet que c'est une onde ou si l'on admet que ce sont des corpuscules, quoique ces deux hypothèses soient contradictoires, elles permettent, l'une et l'autre, de fournir des explications satisfaisantes d'un certain nombre de phénomènes lumineux (rayonnement, réfraction, etc.).

Conceptualisme

C'est la doctrine selon laquelle les idées générales qui nous servent à organiser notre connaissance (le genre, l'espèce, *l'*homme, *le* cheval, etc.) sont des instruments intellectuels forgés par notre esprit, et n'existent pas en dehors de lui.

Le conceptualisme s'oppose quelque peu au nominalisme : il considère que les idées générales sont bien des constructions logiques qui correspondent à des opérations spécifiques de l'esprit humain, et non de simples étiquettes qui nous servent à désigner de la même façon plusieurs individus (comme le mot « cheval », dans l'exemple donné page 91).

Solipsisme

Du latin *solus*, seul, et *ipse*, soi-même. Attitude d'esprit qui, caricaturant l'idéalisme en le poussant à l'extrême, ne conçoit pas d'autre réalité que le sujet pensant lui-même. Puisque je pense, j'existe ; de cela je suis sûr, mais le monde et les autres êtres humains ne sont peut-être que des représentations de mon esprit, ils n'ont pas plus d'existence que les images de mes rêves. « Il n'y a que moi qui existe ! » Aucun philosophe ne prône à proprement parler une telle conception, mais on trouve des tendances solipsistes chez certains philosophes idéalistes.

Subsumer, subsomption

Du latin scolastique *subsumere*, littéralement : prendre sous. Ces mots désignent une opération intellectuelle qui consiste à faire appartenir un individu à une espèce, une espèce à un genre, ou à voir dans un fait particulier l'application d'une loi plus générale. Ainsi, l'espèce humaine est *subsumée* sous le genre animal, la loi de la chute des corps est *subsumée* sous la théorie de la gravitation universelle.

Dieu

Mots dérivés du grec *theos*, dieu.

Théisme

Toute doctrine qui admet l'existence d'un dieu personnel et distinct du monde. En principe, on réserve l'emploi de ce mot à la désignation d'une attitude philosophique, et non religieuse, ce qui n'empêche pas un théiste d'avoir par ailleurs des sentiments religieux et d'accomplir des rites religieux.

Monothéisme, polythéisme

Ces mots désignent des formes de religion, non des doctrines philosophiques.

Le monothéisme (avec le grec *monos*, un seul) est la croyance en un Dieu unique (comme dans le christianisme, le judaïsme, l'Islam).

Le polythéisme (avec le grec *polus*, nombreux) est la croyance en plusieurs dieux (comme dans les religions grecque et romaine anciennes, l'hindouisme etc.).

Panthéisme

Avec le grec *pan*, tout. Ce mot désigne plutôt une doctrine philosophique ou une croyance selon laquelle tout est Dieu, c'est-à-dire que Dieu n'est pas un être personnel et distinct du monde qu'il a créé (dieu transcendant), mais qu'il se confond avec le monde (dieu immanent).

Athéisme

Avec *a* privatif. Doctrine philosophique ou simplement attitude d'esprit consistant à nier l'existence de Dieu. Il est bon de s'en tenir à cette stricte acception du mot *athéisme*. Cela n'a malheureusement pas toujours été le cas, historiquement, dans les polémiques philosophiques ou religieuses. Trop de doctrinaires ont eu tendance à traiter d'athées ceux qui avaient seulement une autre conception de la divinité qu'eux : le panthéisme de Spinoza ou le déisme du XVIIIe siècle furent longtemps qualifiés d'athéisme par l'Église.

Théologie

Littéralement : science ou étude de Dieu. La théologie étudie tout ce qui a trait à Dieu et à la foi. De ce fait, elle est amenée aussi à s'intéresser au rôle des hommes dans l'histoire, à la morale, etc. On distingue essentiellement la ***théologie révélée***, qui s'appuie sur ce qu'elle considère être la parole même de Dieu, c'est-à-dire les textes de la Bible, et la ***théologie naturelle***, qui s'appuie sur l'expérience et la raison humaine.

Si la théologie n'a plus aujourd'hui qu'un rôle modeste et marginal dans le développement du savoir, il n'en a pas toujours été ainsi. Depuis la fin de l'Empire romain jusque vers le XIVe siècle, la philosophie et une partie des sciences se sont perpétuées et développées en Europe à l'ombre de la théologie.

Théodicée

Mot forgé par Leibniz, d'après les mots grecs *theos*, dieu, et *dikê*, justice, justification, comme titre d'un de ses ouvrages. Il l'entendait au sens strictement étymologique : justification de Dieu. Par extension, ce mot a désigné au XIXe siècle la partie de la philosophie qui s'occupe de la nature et de l'existence de Dieu.

Sur le mot latin *deus*, dieu, a été forgé le mot suivant.

Déisme

On appelle ainsi le fait de croire en Dieu, indépendamment d'une religion particulière. Soit on croit seulement à l'existence d'un Dieu créateur, soit il s'y ajoute la croyance à l'immortalité de l'âme et à l'universalité de la morale. Dans tous les cas, ce Dieu ne saurait être l'objet d'aucun culte, mais il n'est pas exclu qu'on puisse le prier. Pascal, dans les *Pensées* avait très bien perçu combien le déisme pouvait être dangereux pour la religion : il oppose « le Dieu d'Abraham, d'Isaac et de Jacob » au « Dieu des philosophes et des savants ». De fait, plusieurs philosophes français du XVIIIe siècle furent à la fois déistes et ennemis acharnés de l'Église ; Voltaire en est le plus illustre exemple.

Les notions de *déisme* et de *théisme* ont pris leur signification au XVIIIe siècle, même si le mot *déisme* apparaît à une époque un peu antérieure (fin XVIIe siècle). Comme certains philosophes du XVIIIe siècle sont qualifiés de *théistes*, on a parfois quelque peine à distinguer ce qui relève de l'une ou de l'autre notion. Disons que le véritable déiste tient pour inutile et superstitieux tout ce qui peut ressembler à un acte religieux. Ainsi, les autorités qui instituèrent, pendant la Révolution Française, le culte de la déesse Raison étaient des théistes, non des déistes.

Fidéisme

Après plusieurs siècles de progrès des connaissances, les hommes ont commencé à mieux percevoir tout à la fois la puissance et les limites de la raison. Peu à peu, ils ont ainsi admis que la raison n'était d'aucun secours pour répondre à certaines grandes questions comme l'existence de Dieu ou

l'immortalité de l'âme, et qu'une réponse affirmative à ces questions ne pouvait reposer que sur la foi.

Fidéisme vient du latin *fides,* foi. On pourrait dire que le fidéisme consiste à faire des limites de la raison une vertu. Le fidéiste privilégie la foi sur la raison, soit dans les questions religieuses, soit, plus généralement, dans tout ce qui a trait à la connaissance du monde. Il prétend alors que la science n'explique que les apparences et qu'on ne peut atteindre la vérité qu'en se plaçant à un point de vue supérieur, révélé. Le ***fidéiste*** est nécessairement croyant ; il est souvent mal vu des Églises, tout au moins de l'Église catholique, qui tient à garder à la raison une valeur éminente, tant pour expliquer le monde que pour fonder la croyance en Dieu.

La morale et l'action

Nihilisme

Du latin *nihil,* rien. Ce mot a divers emplois : on distingue plusieurs nihilismes.

• ***Le nihilisme métaphysique :*** doctrine selon laquelle il n'y a aucune réalité solide extérieure à nous. Le monde extérieur n'existe pas en tant que tel, mais n'est qu'une succession d'apparences pour nos sens. Cette doctrine est attribuée au sophiste grec Gorgias (ve siècle avant J.-C.).

• ***Le nihilisme critique :*** doctrine selon laquelle nous ne pouvons rien connaître du réel.

• ***Le nihilisme moral :*** refus de reconnaître une quelconque vérité morale ou une hiérarchie des valeurs. Nietzsche a dénoncé dans la décadence de l'Europe au XIXᵉ siècle ce nihilisme : à propos de tout, les hommes se disent « à quoi bon ? », et ne trouvent pas de réponse à cette question. Il met en relation cette attitude avec la mort de Dieu, mais laisse entendre qu'elle est une étape nécessaire vers un niveau supérieur d'humanité (voir *surhomme*, p. 41).

Historiquement, le nom de *nihilisme* a été donné à un courant anarchiste russe du XIXᵉ siècle, qui a abouti à une pratique terroriste (attentats contre les membres de la famille impériale ou des hommes politiques). En nommant *nihilistes* les membres de ce courant, on leur prêtait — ce qui n'était pas complètement faux — une attitude désespérée : plutôt le néant que la société telle qu'elle existe.

Utilitarisme

Au sens large, toute doctrine qui fait de l'utile la valeur fondamentale, aussi bien dans le domaine de l'action et de la morale que dans le domaine de la connaissance. Il faut entendre *utile* en un sens assez large : tout ce qui favorise le bonheur, mais aussi l'accroissement de nos connaissances ; cela s'oppose au sens étroit d'intérêt. Particulièrement, l'utilitarisme est la doctrine morale et politique des philosophes anglais Bentham (fin XVIIIᵉ-début XIXᵉ siècle) et Stuart Mill (XIXᵉ siècle).

Bien que toutes ses pensées et ses actions soient motivées par l'idée de l'utile et la recherche du plus grand bonheur, l'utilitariste n'est pas un égoïste à courte vue. La réflexion le conduit à découvrir, en effet, que son bonheur dépend étroitement du bonheur des autres. Stuart Mill, par exemple, qui jouissait d'une situation privilégiée (riche, cultivé, appartenant au meilleur monde) combattit toute sa vie pour l'amélioration de la condition sociale des ouvriers et le développement de la démocratie.

Il ne faut pas confondre la notion morale et psychologique d'utilitarisme avec la notion métaphysique d'***ustensilité.*** Ce mot cherche à traduire l'allemand ***Zeughaftigkeit,*** tel que l'emploie Heidegger. L'ustensilité d'une chose est l'usage que nous en faisons, le but pratique pour lequel nous l'utilisons, considérés par opposition à la valeur propre et a l'existence intime de cette chose. Nous nous asseyons plusieurs fois par jour sur des chaises ; il est rarissime (sauf chez les philosophes ou chez quelques enfants) que nous nous préoccupions de l'être de la chaise.

Hédonisme

Du grec *hêdonê*, plaisir, jouissance. Doctrine selon laquelle le plaisir est la valeur suprême. L'hédonisme peut être tout à fait étranger à la morale : on dira qu'il est amoral (sans morale) plutôt qu'immoral (contre la morale). Mais il peut aussi se constituer en morale : le bien c'est le plaisir, donc la morale consiste dans la recherche du plaisir.

L'hédonisme peut s'entendre dans le sens étroit d'une pensée égoïste et jouisseuse : le phénomène actuel de la consommation, qui s'accompagne souvent d'une paresse intellectuelle et morale, peut en donner une idée. Mais il peut prendre des formes plus nobles, selon ce qu'on appelle plaisir : l'hédonisme de Montaigne dans ses dernières années, qui consistait en un amour paisible de la vie et une reconnaissance des bienfaits de la nature, n'a rien de méprisable.

On associe souvent *hédonisme* et *épicurisme :* c'est un contre-sens qu'il faut éviter (voir p. 18).

Eudémonisme

Du grec *eudaimonia*, bonheur. Doctrine selon laquelle la morale consiste dans la recherche du bonheur, puisque le bonheur se confond avec le bien ou la vertu. Bien que la limite entre plaisir et bonheur puisse sembler ténue, les deux doctrines (hédonisme et eudémonisme) ne se confondent pas.

Éthique

Nom et adjectif, du grec *êthikos*, qui concerne les mœurs. Ce mot est souvent synonyme de *morale*. En français, la plupart des philosophes s'entendent pour distinguer les deux termes. La morale serait plutôt un ensemble de prescriptions destinées à assurer une vie en commun juste et harmonieuse ; par exemple : il ne faut pas tuer, il ne faut pas voler, etc. L'éthique serait plutôt la réflexion sur les raisons de désirer la justice et l'harmonie, et les moyens d'y parvenir ; par exemple, on y examine des questions comme : qu'est-ce que le bien ? qu'est-ce qu'un devoir ? sur quoi peut-on fonder une obligation morale ? etc.

Parénèse

Du grec *parainesis*, exhortation. Le mot désigne la partie de la morale qui donne des conseils pratiques (par opposition à l'éthique). La parénèse consiste donc à composer des discours ou des écrits dont l'effet doit être d'entraîner leur public à pratiquer le bien. Un texte de cette nature est dit ***parénétique.***

En version originale

Le langage philosophique français est parsemé de mots qui n'ont été ni traduits ni adaptés dans notre langue. Ils proviennent essentiellement de trois langues étrangères : le grec parce que la Grèce est le berceau de la philosophie ; le latin parce que, pendant des siècles (jusqu'au XVIIe), la philosophie occidentale a parlé latin ; l'allemand, parce que l'Allemagne a fourni, depuis le XVIIe siècle, les philosophes les plus nombreux et les plus éminents.

MOTS GRECS

Catharsis

Nom féminin signifiant « purification », « purgation ». A l'origine, ce terme désigne les rites de purification auxquels devaient se soumettre les candidats à l'initiation, dans certaines religions.

Par extension, et sans s'en tenir à l'étape de l'initiation, on peut dire que toute purification à caractère religieux est une catharsis : la confession dans la religion catholique, le jeûne du Ramadan dans l'Islam, etc.

Aristote emploie ce terme à propos de la tragédie au théâtre : la présentation sur le théâtre de la violence des passions humaines (amour, haine, vengeance, meurtre, etc.) nous purge, c'est-à-dire nous débarrasse de l'envie d'en faire autant dans la vie.

Hubris ou hybris.

Nom féminin qui désignait, chez les Grecs, toute sorte de démesure ou d'excès dans le comportement d'une personne (orgueil, insolence, emportement, etc.). Ce terme est assez souvent employé dans la philosophie morale : il s'oppose à *mesure*.

Lexis

Nom féminin signifiant « action de parler, parole ». En logique, ce mot désigne une proposition susceptible d'être vraie ou fausse : elle est donnée comme pure proposition, mais on n'en affirme pas la vérité. Par exemple, « il y a de la vie dans l'univers sur d'autres planètes que la Terre » est une lexis. On emploie parfois le mot latin ***dictum,*** qui en est l'exact synonyme.

Logos

Nom signifiant à la fois « parole » et « raison ». Dans la philosophie occidentale, l'expression *le logos,* souvent *le Logos* avec majuscule, symbolise la Raison, centre de la pensée, maîtresse de nos connaissances et de la vérité. Cette raison prend la forme soit de la philosophie, soit des sciences.

Le terme *Logos* était également employé dans les textes théologiques grecs pour désigner la deuxième personne de la Trinité, conçue comme la Parole de Dieu évoquée par l'Ancien Testament et incarnée dans le Christ. Les Latins l'ont traduit par *Verbum,* parole, qui est devenu en français *Verbe.* L'Évangile de Jean commence donc ainsi :

> Au commencement était le Verbe (...) et le Verbe s'est fait chair, et il a habité parmi nous.

Praxis

Nom féminin signifiant « action ». On le trouve surtout chez les penseurs qui se réfèrent au marxisme, au sens suivant : ensemble des activités matérielles et intellectuelles qui ont pour effet de transformer la réalité sociale et, bien que d'une façon différente, la réalité physique.

Exemple : les différences énormes qui existent, dans de multiples domaines, entre l'Europe du XVe siècle et l'Europe du XXe siècle, ne sont pas le résultat d'une évolution naturelle (changements géologiques, climatiques, etc.), mais du travail de générations d'hommes, c'est-à-dire de leur praxis.

MOTS LATINS

Conatus

Terme latin de la philosophie de Spinoza, qu'on peut traduire par « effort ».

> Chaque chose, autant qu'il est en elle, s'efforce de persévérer dans son être,

dit Spinoza. Cet effort, ou *conatus,* rapporté à l'âme seule, prend la forme de la volonté. Rapporté à l'âme et au corps, il prend la forme de l'appétit. Le désir, c'est l'appétit conscient de lui-même, et qui se rapporte généralement aux hommes. Spinoza ajoute cette remarque : ce n'est pas parce que nous jugeons une chose bonne que nous nous efforçons vers elle, la voulons ou la désirons, c'est au contraire parce que nous nous efforçons vers une chose, la voulons ou la désirons que nous la jugeons bonne. Le *conatus* n'a pas la célébrité du *cogito* cartésien, mais l'analyse qu'en a faite Spinoza a une grande importance dans l'histoire de la philosophie, et les philosophes emploient fréquemment ce mot pour y faire allusion.

Fatum

Terme latin, participe passé du verbe *fari*, parler. Littéralement : ce qui a été dit (au sens où l'on dit encore : « c'était écrit » ou « c'est écrit dans le ciel »). Ce mot a désigné assez tôt chez les Latins l'idée de destin ou de *fatalité* (où l'on retrouve un composé de *fatum*). Ce mot a surtout été utilisé par les Stoïciens romains dans leur doctrine morale.

Mais on retrouve le terme chez Nietzsche, qui reprend aux Stoïciens l'expression ***amor fati***, littéralement « l'amour du destin ». Nietzsche désigne par là la joie et le désir du philosophe pour ce qui doit arriver, l'avenir.

Vi formae, vi materiae

Expressions latines signifiant littéralement « par la force de la forme, formellement » ; « par la force de la matière, matériellement ». Elles s'appliquent à la vérité des raisonnements, et plus particulièrement aux syllogismes. Un raisonnement peut être vrai matériellement (*vi materiae*) quoiqu'incorrect formellement (*vi formae*).

Exemple : les hommes sont des mammifères ; or les serpents ne sont pas des hommes ; donc les serpents ne sont pas des mammifères. Cette conclusion est vraie *vi materiae*, mais, dans ce raisonnement précis, elle a été tirée abusivement. Remplacez seulement « serpents » par « chiens » et vous verrez le résultat.

Inversement, un raisonnement peut être vrai formellement (*vi formae*) et aboutir à une conclusion fausse matériellement (*vi materiae*).

Exemple : tous les métaux sont solides ; or le mercure est un métal ; donc le mercure est solide. Ce raisonnement est irréprochable dans sa forme, mais comme la première prémisse est fausse matériellement (il y a justement un métal qui fait exception, le mercure), la conclusion l'est aussi.

Aufhebung

Nom féminin, dérivé du verbe *aufheben;* ramasser, lever, élever, abolir, supprimer. Ce verbe a donc en allemand deux groupes de sens ; le premier véhicule l'idée de conservation ou de saisie (ramasser) ; le second, l'idée d'abolition. On peut trouver, à un moindre degré, la même ambivalence dans les emplois du verbe « lever » en français. « Lever l'ancre », « lever le pont-levis » ont pour effet de les ramener à soi : on les reprend. Inversement, « lever le siège », « lever le camp », « lever la séance », c'est les faire cesser.

Hegel se sert de ce terme allemand, en jouant de son ambivalence, pour désigner, dans le mouvement dialectique, le passage d'un état à un autre. Tout nouvel état naît de la négation de l'état précédent : il vise donc à l'abolir. Mais en même temps, il le conserve d'une certaine façon.

Par exemple, l'adolescent renie l'enfant qu'il a été, il voudrait n'avoir plus rien à voir avec son enfance ; pourtant, il garde en lui, d'une certaine façon, l'enfant qu'il a été (même négativement, puisqu'il se révolte contre ce qu'il a été ; or sa révolte serait différente s'il avait été un autre).

Dasein

Terme parfois employé tel quel en français, parfois traduit littéralement par ***être-là.*** C'est un synonyme partiel d'***existence,*** qu'on trouve surtout chez Heidegger. Le Dasein désigne plutôt le fait d'exister que l'idée d'existence, mais il ne s'applique proprement qu'à l'homme. En effet, l'idée de Dasein implique une conscience de son existence et une ***présence intentionnelle*** au monde : j'existe dans le monde, je suis conscient d'exister en percevant le monde et en agissant sur lui. Il n'y aurait aucun sens à parler du Dasein d'un arbre.

Erlebnis

Nom neutre, tiré du verbe *erleben,* éprouver quelque chose (dérivé de *leben,* vivre). Cet emprunt est d'usage récent en français ; il est apparu, semble-t-il, dans la mouvance de l'existentialisme. Il est parfois remplacé par une traduction approximative : « le vécu ». C'est l'expérience intime de l'individu, supposée indicible. *Erlebnis* ou *vécu* tendent ainsi à s'opposer à « connaissance uniquement intellectuelle ».

Exemple : un Européen né après 1945 peut parfaitement connaître les horreurs de la guerre (par les livres, les souvenirs de sa famille, les reportages de la télévision, etc.). Il n'en a pas cependant la même connaissance que ses parents, ou qu'un Libanais de son âge, qui vit au Liban depuis 1970.

Umwelt

Nom signifiant « monde alentour, environnement ». En psychologie animale, *Umwelt* désigne ce qui, dans la totalité du monde, est perçu spécifiquement par chaque espèce et constitue *son* monde.

Par exemple, un chien domestique et son maître, vivant dans les mêmes lieux, n'ont pas le même Umwelt : un feu rouge est un système de messages pour le maître, c'est un poteau comme un autre pour le chien ; telle trace au pied d'un arbre, qui est source d'informations pour le chien, ne sera même pas perçue par le maître.

Ce mot a été repris dans la phénoménologie de Husserl pour désigner la partie du monde extérieur à notre conscience que nous partageons avec les autres consciences.

Weltanschauung

Nom féminin fréquemment utilisé dans la langue du XIXe siècle. De *Welt,* monde, et *Anschauung,* vision, action de regarder. On le rend parfois en français par *vision* ou *conception du monde.* C'est la manière globale dont chaque individu conçoit la vie et le monde. C'est donc un ensemble assez flou d'idées, de sentiments, de thèmes de préoccupation pas toujours rigoureusement explicités. On pourra dire, par exemple, que la France, la grandeur, et le temps sont quelques-uns des éléments essentiels de la *Weltanschauung* du général de Gaulle.

III. Mots usuels issus de la philosophie

Les mots que nous avons mentionnés au chapitre précédent ne font que de timides percées hors de la philosophie, et toujours dans les niveaux supérieurs du langage. Ceux qui figurent dans ce chapitre sont nés au cœur de la réflexion philosophique, mais sont devenus le bien commun de tous. Manipulés sans trop d'égards, ils ont vu leur sens subir des glissements inattendus, sans jamais, toutefois, perdre le souvenir de leurs origines. Ce sont des mots à double visage : leur sens paraît familier et puis, sans crier gare, ils apparaissent parfois revêtus de leur valeur technique primitive.

Analogie

> Je ne saurais trouver quelle forme, quelle analogie, quel rapport secret a pu me faire voir dans cette fleur une beauté illimitée, l'expression, l'élégance, l'attitude d'une femme heureuse et simple dans toute la grâce et la splendeur de la saison d'aimer.
>
> Senancour

Dans son usage le plus commun, ce mot est une sorte de synonyme de « similitude », « ressemblance ». Toutefois, il a tendance à s'appliquer plus précisément à des objets qui se ressemblent par leur agencement, leurs proportions. Le mot vient en effet du grec *analogia*, proportion mathématique. L'égalité de deux rapports (par exemple $2/3 = 6/9$), qu'on appelle aujourd'hui *proportion*, était appelée *analogia* chez les Grecs.

On parle quelquefois de ***raisonnement par analogie***. On entend par là le fait de conclure d'une ressemblance observée à une ressemblance inobservée.

Exemple : mon ami Pierre est provençal et très affable ; on me présente Paul, qui est aussi provençal ; je m'attends à ce qu'il soit très affable.

En ce sens, l'analogie est beaucoup moins rigoureuse que l'***induction*** (voir p. 69). C'est une supposition assez rapide, qui peut être un bon instrument d'invention si l'on s'en sert avec prudence et si on ne la confond pas avec une démonstration. La sagesse des nations dit justement : « Comparaison n'est pas raison. »

Analyse, synthèse

> En fait de sucre, aux toutes dernières analyses, on n'a pas trouvé trace de diabète dans les urines lumineuses de votre cher petit San-Antonio.
>
> San-Antonio

On rencontre le mot *analyse* dans la langue courante, entre autres choses à propos de médecine : analyse de sang, d'urine, etc. On prend une matière complexe, et l'on observe, par une série de réactions physiques ou chimiques, de quoi elle se compose et en quelles quantités. La *synthèse*, inversement, en pharmacie, en chimie, dans l'industrie, consiste à produire, à partir d'éléments simples, un corps complexe qui existe ou qui n'existe pas dans la nature :

l'alcool *synthétique*, le nylon produit à partir du pétrole, etc.

Les deux mots viennent du grec : *analusis*, action de désagréger, et *sunthesis*, action de poser ensemble, de composer. Ils sont arrivés en français par la philosophie. Le sens qu'ils ont pris en chimie ne s'est guère écarté de leur sens philosophique.

Appliqué à un phénomène ou à un concept, *l'analyse* consiste à le décomposer en ses parties, en montrant comment elles s'enchaînent.

Exemple : le concept d'homme comprend les caractères suivants : animal, raisonnable, doué de langage, vivant en société, ayant la mémoire de ses ancêtres, etc. La liste n'est pas limitée, mais ce point est secondaire. Car l'important n'est pas d'additionner des caractères, mais de comprendre quel caractère dépend de quel autre et comment : la raison suppose l'animal, mais c'est elle qui distingue l'homme des autres animaux (et non le fait de marcher ou la façon de se reproduire). La mémoire que l'homme garde de ses ancêtres semble une conséquence à la fois du langage et de la vie en société, mais est-ce que le langage est une conséquence de la vie en société ou l'inverse ? est-ce que la raison est une conséquence du langage, ou l'inverse ? etc. L'analyse n'est pas simple description, mais explication raisonnée.

Le mot *synthèse* a deux sens légèrement différents. Il peut désigner la démarche par laquelle l'esprit tire d'une proposition admise la proposition qui en découle : si tous les animaux savent marcher, mais que seul l'homme est doué de raison, c'est la raison et non la marche qui distingue l'homme des autres animaux. Dans ce sens, synthèse et analyse se distinguent assez mal, et parfois même se confondent.

Synthèse peut désigner l'organisation, dans un nouvel ensemble, d'éléments jusque-là séparés, ou associés différemment. Toute notion nouvelle, dans l'histoire des idées, est le résultat d'une synthèse. Par exemple, le concept de plus-value, créé par Marx, est la synthèse d'éléments classiques de l'économie : travail, production de biens, salaire, bénéfice.

Si les notions évoluent sans qu'on ait forcément recours à des mots nouveaux, c'est que sous les mêmes mots on désigne en fait de nouvelles synthèses. Ainsi les trois historiens, Hérodote (ve s. av. J.-C.), Fustel de Coulanges (XIXe s.) et Fernand Braudel (XXe s.), s'ils pouvaient dialoguer ensemble, ne s'entendraient que partiellement sur le sens du mot *histoire*.

En un sens technique, on appelle ***proposition analytique*** une proposition dans laquelle le prédicat appartient nécessairement au sujet : « tout corps est étendu ». En analysant le sujet « corps », on trouvera nécessairement parmi ses caractères, celui d' « étendu » : on ne peut pas concevoir un corps qui ne soit pas étendu. On appelle ***proposition synthétique*** une proposition dans laquelle le prédicat ajoute quelque chose au sujet : « les démocraties ne fonctionnent bien que dans les pays riches ». Le fait d'être riche ou pauvre n'appartient pas à la définition de la démocratie. Une proposition analytique est une tautologie, une proposition synthétique ne l'est pas.

A priori, a posteriori

> En tout cas, un wagon de première classe cessa d'être considéré a priori comme plus beau que Saint Marc de Venise.
>
> Marcel Proust

Ce sont deux expressions latines, passées telles quelles en français. Elles comportent la préposition latine *a*, à partir de, et les deux comparatifs latins *prior* et *posterior*, signifiant respectivement « antérieur » et « postérieur ». Ces expressions se traduisent donc littéralement : à partir de ce qui précède, à partir de ce qui suit.

Elles sont employées dans la langue courante, dans un sens assez vague et chronologique. *A priori* signifie à peu près « avant d'avoir jugé », d'où « apparemment, à vue de nez ». Parfois cette expression prend le sens de « sans fondement, arbitraire » : « C'est un jugement a priori. » *A posteriori* signifie « après coup, avec le recul » : « A posteriori, j'ai compris que..., j'ai regretté de... »

En logique, ces expressions ont un sens beaucoup plus précis et assez différent. L'antériorité et la postériorité sont considérées d'un point de vue logique et non chronologique.

Un ***jugement a priori*** est indépendant de l'expérience et n'a pas besoin d'être vérifié par une expérience. Si mon fils est dans son lit, je peux juger *a priori* qu'il n'est pas dans la cour (à supposer, bien entendu, que son lit n'est pas dans la cour), c'est-à-dire que je n'ai pas besoin d'aller voir dans la cour. L'***antécédent*** « mon fils est dans son lit » suffit pour établir la vérité du jugement.

Un ***jugement a posteriori,*** au contraire, ne peut s'établir que par l'expérience. Que mon fils soit dans son lit ne suffit pas à m'assurer qu'il dort : si je veux le savoir avec certitude, il faut que j'aille vérifier. C'est donc la vérification du terme ***postérieur*** (qu'il dort) qui permet seule d'établir que ce jugement est vrai. Alors que dans le jugement *a priori* « mon fils est au lit, donc il n'est pas dans la cour », la vérification du terme ***antérieur*** suffit.

Les jugements a posteriori sont des jugements de fait : il est vrai qu'il dort, mais il pourrait se détendre ou rêvasser dans son lit. Les jugements a priori sont des jugements nécessaires : sachant que son lit est dans une chambre et qu'il n'a pas le don d'ubiquité, il ne peut pas être dans la cour.

Les propositions ***apodictiques*** expriment des jugements a priori, les propositions ***assertoriques*** des jugements a posteriori (voir p. 77).

Catégorie

> Je me fais vieux, gémissait-il,
> Et durant le cours de ma vie
> J'ai vu bon nombre de nombrils
> De toutes les catégories.
>
> Georges Brassens

Dans la langue courante, ce mot signifie « regroupement, ensemble distinct » : « Il y a plusieurs catégories d'immeubles », « un joueur de troisième catégorie », « viande de première catégorie », etc. En philosophie, le mot a deux sens techniques différents, en référence à deux philosophes.

• Chez Aristote, les catégories sont les attributs très généraux auxquels on a recours pour parler des êtres. Il en comptabilise dix : la substance ou essence, et les neuf accidents de la substance : quantité, qualité, relation, temps, lieu, situation, action, passion (au sens de subir), avoir. Autrement dit, sans entrer dans les détails de chacune de ces catégories, si vous voulez décrire le plus complètement possible un être, quel qu'il soit, vous répondrez à des questions qui correspondent à ces catégories : où est-il ? quand ? que fait-il ? etc. Aristote a choisi pour exprimer cette notion le nom grec *katêgoria*, qui signifie « ce qu'on dit de quelque chose ou de quelqu'un ».

• Chez Kant, les catégories concernent non plus les êtres, mais la connaissance. Ce sont les concepts a priori de l'entendement, c'est-à-dire les idées qui ne nous viennent pas de l'expérience, mais sans lesquelles nous ne pourrions pas organiser nos connaissances. Il en distingue douze : il y a quatre classes de jugements, ou, si l'on veut, quatre points de vue du jugement ; dans chacun de ces points de vue, trois jugements sont possibles. D'où la table :

QUANTITÉ	QUALITÉ	RELATION	MODALITÉ
unité	réalité	substance et accidents	possibilité/ impossibilité
pluralité	négation	causalité et dépendance	existence/ non-existence
totalité	limitation	réciprocité	nécessité/ contingence

On pourrait donc dire schématiquement que, pour la langue courante, une catégorie est un groupe constitué, tandis que pour la langue philosophique, c'est plutôt une qualité ou un point de vue qui permet de constituer un groupe.

Catégorique signifie à peu près, dans la langue courante, « qui ne souffre pas la discussion », « assuré » : « Mon opinion là-dessus est catégorique » ; « il a été catégorique : le travail sera terminé samedi ».

Le sens philosophique n'est pas très éloigné, mais il est plus précis. *Catégorique* s'oppose à *conditionnel*.

En logique, un ***jugement catégorique*** est une assertion qui ne comporte ni condition, ni alternative : « J'irai au cinéma » ; et non : « J'irai au cinéma s'il pleut », « J'irai au cinéma ou je regarderai la télévision ».

En morale, le célèbre ***impératif catégorique*** de Kant est une règle qui doit être respectée pour elle-même, sans considérations extérieures qui la justifieraient : « Respectez vos parents » ; et non : « Respectez vos parents parce qu'ils le méritent » ou « Respectez vos parents si vous voulez que vos enfants vous respectent à leur tour », etc.

Dialectique

> Il n'était pas mauvais homme, au fond, et croyait à la puissance dialectique d'une bouteille de porto.
>
> André Maurois

Ce mot est aujourd'hui si employé qu'il est difficile de s'entendre sur son sens. Le plus sûr est sans doute de tracer une rapide histoire de ses emplois.

Du verbe grec *dialegesthai :* discuter, discourir, dérive *dialektikos :* qui concerne la discussion ; les Grecs ont forgé l'expression *hê dialektikê tekhnê,* l'art de la discussion.

C'est donc d'abord l'art du dialogue. Chez Platon, plus précisément, c'est une méthode consistant à discuter par questions et réponses (l'essentiel de la philosophie de Platon est exposé de cette manière). Comme il ne s'agit pas, pour le philosophe, de parler pour parler, mais de penser, la dialectique prend un sens plus précisément philosophique : c'est l'art de classer les idées, de diviser logiquement les concepts. Platon tend à en faire l'art suprême du philosophe. Pour Aristote, au contraire, c'est une technique inférieure à la logique, car, bien que menée avec rigueur, elle s'applique à des opinions probables et non à des vérités démontrées.

Dès l'Antiquité, le mot *dialectique* avait donc reçu une double valeur :
— un sens positif, plutôt platonicien : raisonnement serré ;
— un sens légèrement péjoratif, plutôt aristotélicien : subtilité d'esprit plus brillante qu'utile.

Ce mot fut repris chez les modernes.

• Par Kant, d'abord, un peu dans le second sens antique. Il appelle dialectique un raisonnement illusoire. Les éléments du raisonnement sont emboîtés les uns dans les autres avec rigueur, mais l'ensemble du raisonnement est sans fondement, car il porte sur des objets qui échappent à l'entendement humain, comme, par exemple, lorsqu'on raisonne sur la nature de Dieu. La dialectique est donc associée, par Kant, à cette métaphysique creuse qu'il a entrepris de combattre.

• Par Hegel, surtout, dans une acception positive, mais avec un sens nouveau. La dialectique est toujours pour Hegel une méthode d'analyse, mais elle n'est plus seulement cela. Elle est une propriété commune de la pensée et des choses qui consiste à aller toujours d'un mouvement ternaire : la *thèse* ou affirmation ; l'*antithèse* ou négation ; enfin, la *synthèse* qui conserve en une unité nouvelle ce que contenaient de juste (pour l'idée) ou de nécessaire à l'évolution (pour les choses) la thèse et l'antithèse.

Donnons un exemple assez simple : l'enfant adopte d'abord tous les modes de pensée et toutes les valeurs morales de ses parents (*thèse*). Il devient adolescent en se révoltant contre ses parents, en refusant leurs valeurs, voire en les provoquant (*antithèse*). Enfin, il devient adulte indépendant en retrouvant avec ses parents des relations paisibles, en reprenant à son compte une partie au moins de leurs valeurs morales, combinées à d'autres, qu'il a adoptées pendant son adolescence (*synthèse*).

Dans la mesure où elle affirme une propriété commune de la pensée et des choses, la dialectique hégélienne se donne comme la clé du savoir absolu : du seul mouvement de la pensée, nous pourrons déduire le mouvement du monde ; donc la pensée humaine peut connaître la totalité du monde. Cette prétention au savoir absolu donne à la dialectique hégélienne un caractère essentiellement métaphysique.

Marx et Engels ont repris à Hegel cette conception de la dialectique, mais l'ont « débarrassée de sa gangue mystique », selon leur expression. C'est-à-dire qu'ils retiennent l'idée d'un mouvement ternaire des choses, mais ils n'admettent pas que du seul mouvement de la pensée on pourrait déduire le mouvement des choses. Si la pensée obéit aussi aux lois de la dialectique, c'est parce qu'elle est une partie des choses, le produit d'un organe matériel (le cerveau) et de situations matérielles (le monde dans lequel nous vivons et pensons), d'où l'expression : ***matérialisme dialectique.***

Le mot *dialectique* n'appartient plus exclusivement à la philosophie. Le sens grec originel d' « art du dialogue » a pratiquement disparu, au profit d'un sens plus ou moins inspiré de Hegel et de Marx : tout phénomène d'interaction dans une évolution sera qualifié de dialectique. On parlera par exemple de la « dialectique des relations entre patrons et ouvriers » : au XIXe et au début du XXe siècle, les patrons sous-payaient leurs ouvriers, et les traitaient de fainéants dès qu'ils protestaient ; les ouvriers ne se souciaient aucunement de leur usine, qui était pour eux un bagne. Cette opposition, d'abord totale, est devenue au XXe siècle une relation dialectique : le patronat voit l'intérêt d'avoir des ouvriers correctement payés et des syndicats pour les représenter ; les ouvriers et leurs syndicats voient l'intérêt d'une gestion rigoureuse de l'entreprise. Cela ne signifie pas qu'il n'y a plus de conflits, mais la situation n'étant plus analysée de la même façon, les conflits ne sont plus menés de la même façon.

Dogme, dogmatique, dogmatisme

C'est la profonde ignorance qui inspire le ton dogmatique.

La Bruyère

Le mot grec *dogma* signifiait « ce qui paraît bon », « décision », et aussi « opinion philosophique ». Actuellement, le mot *dogme* évoque le plus souvent un fait religieux. Exemples : les dogmes de la Trinité ou de l'Immaculée Conception. Ce sont des vérités établies par l'Église comme fondamentales et incontestables, même si elles défient la raison. L'acceptation de ces dogmes est obligatoire pour appartenir à l'Église.

Par extension, on appelle *dogme*, avec une nuance péjorative, toute vérité qui se donne comme incontestable et prétend échapper à l'examen ou à la remise en question. Exemple : le dogme de la dictature du prolétariat, dans certains courants marxistes.

En philosophie, un dogme est un point de doctrine, une opinion propre à telle école philosophique ; le mot est employé sans valeur d'autorité, donc sans nuance péjorative.

Le ***dogmatisme*** s'entend le plus souvent en relation avec le deuxième sens de *dogme :* c'est une attitude d'esprit intransigeante et péremptoire.

Le sens philosophique traditionnel est, là aussi, légèrement différent : le *dogmatisme* s'oppose au *scepticisme* (voir p. 19). C'est une attitude philosophique qui consiste à admettre la possibilité, pour l'esprit humain, de parvenir à des vérités assurées.

Hypothèse

Bref, l'hypothèse qu'il est cocu prend corps aussi brillamment que la théorie de Galilée.

Jules Romains

Le mot est tiré du grec *hupothesis*, action de poser dessous, ce qu'on pose dessous, d'où principe, base (d'un raisonnement). Le meilleur équivalent français est *supposition*, qui, étymologiquement, signifie la même chose. On peut distinguer deux sens du mot *hypothèse*.

- Un sens mathématique et logique : une hypothèse est une proposition qu'on adopte afin d'étudier les conséquences logiques qu'on devra en tirer.

Exemple : si une droite A est parallèle à une droite B (ces deux droites n'existent que dans mon esprit et leur parallélisme est donc une pure décision de mon esprit), alors une droite C perpendiculaire à A sera aussi perpendiculaire à B. Les mathématiciens modernes ont généralisé la notion d'hypothèse et l'ont étendue aux axiomes et aux postulats. Les idées d'évidence (axiome) ou de demande (postulat) disparaissent, et l'on ne considère plus qu'une proposition arbitraire dont on examine ce que seraient les conséquences si elle était vraie.

Exemple : « Si j'admets que le tout est plus grand que la partie, alors... » ; ou « Si j'admets que la partie peut être égale au tout, alors... »

• Dans un second sens, utilisé dans les sciences expérimentales et dans les sciences humaines, l'hypothèse est une *supposition explicative*. Sa vérification permettra de passer de la simple perception d'un phénomène à son explication.

Une anecdote pourra le faire comprendre. Le grand médecin hongrois Semmelweiss (XIXe siècle) travaillait dans la maternité dépendant de la faculté de médecine, à Vienne. Un plus grand nombre de femmes y mouraient d'infection en accouchant que dans les maternités ordinaires. On attribuait ces morts à des agents internes (germes présents dans le corps de ces femmes) et ce grand nombre à un hasard. Semmelweiss, peu satisfait de cette explication, émit l'*hypothèse* apparemment scandaleuse que les médecins eux-mêmes étaient responsables de cette mortalité exceptionnelle. Avec ce fil conducteur il étudia le fonctionnement de la maternité (cuisine, blanchisserie, emploi du temps des personnels, etc.). Il remarqua, par exemple, que les mêmes médecins autopsiaient des cadavres avec leurs étudiants, puis allaient accoucher leurs patientes, transportant ainsi sur eux des germes redoutables. Il organisa une asepsie rigoureuse, remplaçant notamment le trop faible savon par le chlorure de chaux : la mortalité tomba de 18 à 1,2 %. Son *hypothèse* était juste.

On remarquera que, dans le premier sens (mathématique et logique), on dit plutôt : « *poser l'hypothèse* (ou : *poser comme hypothèse*) que... » ; mais dans le second sens (sciences expérimentales) : « *émettre l'hypothèse* que... »

On appelle ***hypothético-déductif*** un raisonnement ou une recherche qui procèdent par déduction à partir d'hypothèses. En gardant notre exemple : je suppose (hypothèse) que la cause de la mortalité exceptionnelle est le milieu hospitalier. Donc, j'augmente l'hygiène pour aseptiser ce milieu. Si mon hypothèse est juste, le taux de mortalité devrait baisser ; s'il ne baisse pas, c'est qu'elle est fausse, ou insuffisante, ou que je n'en ai pas tiré toutes les conséquences, etc.

Idée

> Paule eut un petit rire : « Toi, quand tu as une idée dans la tête ! »
>
> Simone de Beauvoir

Ce mot se prête, dans la langue courante, à de multiples emplois, dont il n'est pas aisé de préciser le sens : « J'ai mon idée sur la question » (= avis, opinion) ; « Je me réjouis à l'idée de vous revoir » (= perspective, représentation anticipée) ; « un homme plein d'idées » (= projets, suggestions) ; « l'histoire des idées » (= opinions, théories) ; « une certaine idée de la France » (= modèle, image)...

Le nom grec *idea* signifiait « ce qu'on voit », « forme visible ». Platon l'a employé pour désigner des formes abstraites.

Les emplois techniques du mot *idée* sont divers. On peut distinguer plusieurs types de sens.

• Des sens étroits :

— *Idée* est synonyme de *concept :* « l'idée de triangle », ce n'est pas l'image d'un triangle particulier dont les côtés et les angles seraient mesurables, mais l'ensemble des propriétés qui définissent le triangle.

— *Idée* est synonyme de *modèle :* « l'idée de justice », ou « l'idée de liberté » ne correspondent pas à des concepts précis, mais ne désignent pas non plus des réalisations particulières. Ce sont des objets mentaux assez vagues, vers lesquels on tend.

• Un sens large : on appelle *idée* tout objet de pensée. Ce terme englobe alors aussi bien les représentations de la mémoire ou de l'imagination que les concepts ou les modèles. *Idée* se distingue seulement de *sentiment* ou d'*acte :*

> Quelques-unes (de mes pensées) sont comme les images des choses, et c'est à celles-là seules que convient proprement le nom d'idée ; comme lorsque je me représente un homme, une chimère, ou un ange, ou Dieu même. D'autres, outre cela, ont quelques autres formes, comme lorsque je veux, que je crains, que j'affirme ou que je nie.
>
> Descartes

• Des sens particuliers

— Chez Platon : voir ***univers des idées***, p. 12.

— Kant distingue les représentations sensibles, les notions, et les idées.

La couleur, le chaud et le froid sont des objets de l'esprit, mais sans les sens, l'esprit n'aurait pas pu former ces objets : ce sont des ***représentations sensibles.***

L'unité, la totalité, la causalité sont des objets que l'esprit n'a pas tiré de l'expérience, mais qui correspondent à quelque chose dans l'expérience. Ainsi, nous voyons des successions de phénomènes que notre esprit met en relation grâce à la causalité : pour Kant, ce sont là des ***notions,*** ou ***concepts de l'entendement,*** grâce auxquelles notre esprit peut organiser en une connaissance les informations fournies par nos sens.

Enfin, l'âme ou Dieu sont des objets de l'esprit qui ne viennent pas de l'expérience, ni ne correspondent à rien dans l'expérience : les sens ne nous ont jamais fourni aucune information qu'on puisse traiter sous le nom d' « âme », ou de « Dieu » : ce sont, à proprement parler les *idées,* ou les ***idées transcendentales.***

— Hegel distingue le *concept* et l'*idée :* le concept est subjectif, c'est une construction de l'esprit humain ; l'idée est objective, c'est la synthèse du concept et de la réalité que le concept représente.

Idéal

Mot employé dans la langue courante comme adjectif : « un appartement, un mari idéal ». Il est synonyme de *parfait.* Comme nom, il a soit le même sens : « C'est l'idéal », « L'idéal serait de... », soit un sens légèrement différent : « La société moderne manque d'idéal ». Il désigne une aspiration élevée qu'on s'efforce de réaliser. Le nom a été très employé, en ce sens, par les artistes du XIXe siècle (Baudelaire, Mallarmé). Il connotait alors les idées d'insatisfaction et de malheur dans le monde réel, et d'aspiration à un monde pur.

On rencontre rarement le nom l'*idéal* dans le langage philosophique, et l'adjectif *idéal* a un sens tout à fait technique : ce qui n'existe qu'à titre d'idée. Ainsi, le point géométrique est idéal, puisqu'il n'est susceptible d'aucune mesure, par opposition au point physique, qui est toujours mesurable, si petit soit-il. Pour éviter les contresens, le néologisme ***idéel*** est parfois utilisé, à la place d'*idéal,* par les philosophes modernes.

Idéalisme

> Les appétits matériels les plus furieux se formulent inconsciemment par des élans d'idéalisme.
>
> Flaubert

Ce mot s'oppose à ***matérialisme*** et à ***réalisme***. Pour la langue courante, ce sont là trois attitudes d'espoir qu'on peut résumer ainsi : le réalisme consiste à voir les choses comme elles sont ; l'idéalisme à voir comment les choses pourraient être et à aspirer à leur amélioration ; le matérialisme à se préoccuper des bien dits « matériels » et à en rechercher la jouissance ou la possession. Les sens respectifs de ces trois termes dans le vocabulaire philosophique n'ont à peu près rien à voir avec leurs sens dans la langue courante.

> Idéalisme : mot très vague qu'on ne doit guère employer sans l'expliquer.
>
> Edmond Goblot

L'opposition fondamentale, en philosophie, est entre *idéalisme* et *matérialisme*. Pour l'idéalisme, l'univers se réduit soit à deux principes hétérogènes, la matière et la pensée ; soit à un seul principe, la pensée. Dans ce cas, les objets que nous appelons matériels ne sont que des représentations de notre esprit. Que l'idéalisme accorde ou non une existence à la matière, on peut le définir comme la doctrine selon laquelle l'être des choses, c'est l'idée que l'esprit possède de ces choses. On distingue plusieurs idéalismes.

• ***L'idéalisme absolu,*** qui prend lui-même deux formes :

1. ***l'immatérialisme :*** les êtres matériels n'existent pas, ce ne sont que des idées de notre esprit. Seuls existent l'esprit qui a ces idées, et Dieu, qui a mis ces idées dans notre esprit. C'est la doctrine de Berkeley.

Le grand danger, pour l'immatérialisme, est d'aboutir au ***solipsisme :*** puisque seul existe le moi pensant, dès que je cesse de regarder ou de penser à un objet, l'objet n'existe plus. Le solipsisme est un immatérialisme naïf ; les philosophes n'ont jamais réduit l'esprit à leur esprit individuel, et aucun philosophe ne croit que, quand il mourra, la totalité du monde sera plongée dans le néant. Un humoriste anglais, Ronald Knox, a écrit une jolie fable sur ce grave problème :

Il y avait un jeune homme qui disait : « Seigneur, je trouve ceci extrêmement étrange : cet arbre que je vois continue à être quand il n'y a personne dans la cour. » Réponse : « Cher Monsieur, votre étonnement est étrange : Je suis toujours dans la cour. Et c'est pourquoi l'arbre continue à être, parce qu'observé par

Votre affectionné, Dieu. »

2. ***l'idéalisme rationaliste :*** la seule chose que nous puissions connaître c'est la pensée, et la connaissance des lois de la pensée est par elle-même connaissance du monde. La matière n'est pas niée ou réduite au statut de fantôme, mais elle n'a pas d'existence autonome : les lois de la nature sont identiques aux lois de la pensée, et le développement du monde n'est que le développement des lois de la pensée. C'est la doctrine de Hegel. On peut l'exprimer en disant que la métaphysique se réduit à la théorie de la connaissance.

• ***L'idéalisme relatif.*** C'est la doctrine selon laquelle nous ne pouvons pas connaître le monde extérieur autrement que par les idées de notre esprit, qui le représentent. Mais, alors que l'idéalisme rationaliste soutient que le monde extérieur est identique à la représentation que s'en fait notre esprit, l'idéalisme relatif considère que rien ne nous autorise à soutenir une telle idée : le monde est conçu par nous d'une certaine façon, mais il existe aussi autrement, en dehors de notre esprit, d'une façon que nous ne pouvons pas connaître. C'est la doctrine de Kant, parfois appelée ***idéalisme trancendantal.***

A partir de l'opposition fondamentale *idéalisme/matérialisme*, on peut remarquer une nouvelle opposition, interne à l'idéalisme, entre *idéalisme* et *réalisme*. Les relations entre les doctrines, dans l'histoire de la philosophie, sont assez compliquées : du point de vue de l'idéalisme absolu, les doctrines réalistes apparaissent comme non idéalistes ; cependant, si on les considère du point de vue du matérialisme, elles apparaissent comme des formes d'idéalisme.

Ainsi, le ***réalisme critique*** de Kant : par rapport à l'idéalisme absolu, il se reconnaît lui-même comme non-idéaliste :

L'idéalisme consiste à soutenir qu'il n'y a pas d'autres êtres que les êtres pensants (...) Moi, je dis le contraire : des objets nous sont donnés, objets de nos sens et extérieurs à nous, mais nous ne savons rien de ce qu'ils peuvent être en eux-mêmes, nous n'en connaissons que les phénomènes, c'est-à-dire les représentations qu'ils produisent en nous en affectant nos sens. (...) Peut-on bien appeler cela idéalisme ? Mais c'en est tout juste le contraire !

Néanmoins, Kant appelle lui-même sa doctrine de la connaissance *idéalisme transcendantal ;* il s'agit d'un idéalisme relatif, précisément parce qu'il est réaliste.

On peut donc considérer qu'idéalisme relatif et *réalisme critique* sont des synonymes. S'il ne s'agissait que d'une querelle de mots techniques, nous ne nous en occuperions guère ici, mais l'ensemble des idées que désignent ces mots est loin d'être négligeable, et déborde largement le cadre de la philosophie.

Dans l'ensemble, les savants contemporains sont plutôt ***idéalistes,*** mais c'est à cet *idéalisme relatif* qu'ils adhèrent. On ne comprend pas toujours clairement le rôle des philosophes dans la société. L'aspect le plus important de leur travail est peut-être d'offrir aux hommes, pour un certain temps, un cadre général de pensée. La science contemporaine est kantienne, c'est-à-dire que la plupart des savants considèrent que le cadre de pensée constitué par le réalisme critique est, à l'heure actuelle, le plus satisfaisant. Les savants s'accordent donc à peu près aujourd'hui sur un ensemble d'idées héritées de Kant : il n'est pas possible de douter que le monde existe indépendamment de notre esprit ; nous pouvons connaître ce monde, et nos connaissances ne sont pas des illusions gratuites, car, grâce à elles, nous pouvons agir efficacement sur le monde ; mais ces connaissances ne sont que des représentations que nous nous faisons du monde.

Un grand physicien prétendait que la seule définition précise qu'il pût donner de l'atome, était : « L'atome, c'est un système d'équations. » Or, ce n'est pas la nature qui fait des équations, mais l'homme. Pour expliquer les phénomènes, nous avons recours à des constructions intellectuelles auxquelles nous donnons le nom de ***modèles.*** Nous appelons alors vrai le modèle qui explique le plus de choses, de la façon la plus précise et la plus efficace possible.

D'une façon plus générale, quelque chose d'aussi ordinaire qu'une pomme ne sera pas le même objet pour le chimiste, le peintre, le jardinier, le gourmet. Ces quatre personnes ont chacune un savoir sur la pomme, mais leurs savoirs ne se recoupent qu'en partie, ou pas du tout. Aucun de ces quatre savoirs n'est la pomme elle-même, chacun n'est qu'une certaine description de la pomme ; et l'addition de ces quatre savoirs n'est que la somme de quatre savoirs, elle ne devient pas, par on ne sait quelle opération du Saint-Esprit, la pomme elle-même.

Ce point de vue relatif, qui distingue les choses et ce que nous savons des choses, n'est pas un constat d'impuissance. Un nouveau scepticisme à la mode conclut complaisamment de ce cadre de pensée kantien qu'au fond nous ne savons rien, puisque nous n'arrêtons pas de remettre en cause nos connaissances antérieures. C'est un contresens naïf, qui voudrait nous faire croire qu'il n'y a le choix qu'entre l'omniscience définitive de Dieu et l'ignorance totale. Si l'on distingue, au contraire, modestement, notre savoir sur une chose et cette chose, il n'y a aucune peine à comprendre que notre savoir d'aujourd'hui pourra être critiqué demain. Il n'est pas nul, puisqu'il nous permet d'agir sur le monde, mais une certaine description est toujours susceptible d'être remplacée par une description meilleure. Quant aux choses décrites, elles continuent d'exister telles qu'en elles-mêmes...

On comprend sans peine que, dans le vocabulaire philosophique, l'adjectif ***idéaliste*** signifie simplement « qui admet l'idéalisme » (pour un penseur), « qui appartient à, qui a les caractères de l'idéalisme » (pour une doctrine) — mais jamais, comme dans la langue courante « rêveur généreux qui aspire à l'amélioration des choses ».

Idéologie

Qu'est-ce que tu veux qu'ils foutent, tous ces précurseurs qui attendent l'heure de l'action ? Ils parlent ! Ils s'enivrent d'idéologie !

Roger Martin du Gard

Devant la fortune de ce mot, on se prend à douter qu'il soit d'invention si récente. C'est un penseur français aujourd'hui tombé dans l'oubli, Destutt de Tracy, qui l'a forgé, vers 1800, pour désigner l'étude des idées. Sous le Premier Empire, un groupe philosophique et politique s'intitula « les Idéologistes » ou « les Idéologues ». Ce mot fut repris par

Marx et Engels dans un ouvrage célèbre, l'*Idéologie Allemande*, avec un sens assez particulier : une idéologie est une pensée qui croit se développer librement, alors que, sans que le penseur s'en rende compte, elle reflète les faits sociaux et économiques qui pèsent sur lui. Il y a désaccord plus ou moins grand entre ce que l'homme fait et ce qu'il croit faire. Cette sorte d'illusion, c'est à proprement parler l'idéologie.

Par exemple, il y a un peu plus de cent ans, en France, la majorité de la population trouvait absurde que les femmes fissent des études prolongées. On croyait sincèrement que les femmes étaient, par nature, plus sentimentales qu'intellectuelles, et que les professions qui reposent sur un savoir abstrait assez important, ingénieur, médecin, professeur, savant, etc., ne pouvaient être pratiquées que par les hommes. On sait aujourd'hui qu'il n'en est rien : cette pensée n'était donc qu'une illusion ; pourtant elle était sincère, se croyait libre, alors qu'en fait elle reflétait un certain état de la société, dans laquelle les hommes dominaient totalement les femmes. En interdisant aux femmes les études supérieures, les hommes ne pensaient pas les dominer, ils croyaient agir selon le bon sens et organiser une société harmonieuse fondée sur les différences naturelles entre l'homme et la femme.

C'est ce sens, d'inspiration marxiste, qui prévaut dans l'usage philosophique actuel du mot *idéologie*. On trouve parfois ce mot dans un sens plus vague : ensemble de pensées plus ou moins cohérent propre à un groupe social (un peuple, une classe sociale, un parti politique, etc.) — sans qu'il soit fait référence à l'idée d'illusion, qui est fondamentale dans l'acception marxiste du terme. C'est par rapport à ce sens vague qu'on entend le substantif ***idéologue***. Par exemple, « Monsieur Untel est l'idéologue du parti Truc », c'est-à-dire celui qui est chargé de mettre en forme les idées de base du parti Truc.

Intrinsèque, Extrinsèque

> C'est d'une très grande beauté et d'une sobriété monumentale. Ça bouleverse votre conception intrinsèque du comportement second.
>
> San-Antonio

Intrinsèque est tiré du latin *intrinsecus*, au-dedans, intérieurement ; et *extrinsèque* de *extrinsecus*, du dehors, de l'extérieur. Une qualité est dite intrinsèque quand elle fait partie de la définition de l'objet qu'on considère ; dans le cas contraire, elle est extrinsèque. Par exemple, le fait d'avoir un système pileux discontinu et réparti sur certains endroits du corps fait partie de la définition zoologique de l'homme : c'est une qualité *intrinsèque*. La nature (crépu ou raide) ou la couleur (noir, châtain, blond, roux) de ce système pileux est, par contre, une qualité *extrinsèque ;* mais si l'on considérait non l'espèce humaine, mais un sous-groupe racial de cette espèce, la nature ou la couleur du système pileux pourrait être alors une qualité intrinsèque.

Logique

> Elle était certainement très naturelle, très logique avec elle-même ; seulement sa logique devenait de la pure démence aux yeux des voisins.
>
> Émile Zola

Bien que *la logique* soit une chose extrêmement savante, le mot *logique* n'est pas un mot savant ; tout le monde l'emploie et le comprend (ou du moins comprend quelque chose en l'entendant). Voyons donc quelques emplois de ce mot dans la langue courante.

— « C'est logique » signifie à peu près : « c'est clairement compréhensible, c'est évident, c'est la conclusion qui s'impose ».
— « Être logique avec soi-même » : être cohérent, ne pas se contredire.
— Une histoire ou un discours « ne sont pas logiques » ou « n'ont pas de logique », quand les éléments de cette histoire ou de ce discours ne s'enchaînent pas clairement, ou bien quand ils échappent au bon sens.

Dans tous les cas, ce mot renvoie à l'esprit ; soit qu'on considère les facultés de l'esprit (compréhension, bon sens) ; soit qu'on considère le jugement que l'esprit porte sur les choses (cohérence, non-contradiction). Le sens philosophique n'est pas radicalement différent, disons qu'il est plus précis.

Au sens général, la logique est la science qui a pour objet les jugements par lesquels on distingue le vrai du faux. Elle étudie essentiellement la forme des raisonnements, indépendamment de leur contenu. Par exemple de la proposition « Tous les A sont des B », bien que j'ignore totalement quels objets réels correspondent à A et B, je peux déduire, sans risque d'erreur, que « Quelques B sont des A », mais pas que « Tous les B sont des A » !

La logique a pris dans l'histoire deux formes.

— La première, dont la mise en forme est l'œuvre d'Aristote, se développa dans l'Antiquité et au Moyen Âge. On l'appelle ***logique classique,*** ou ***formelle,*** ou ***aristotélicienne.*** C'est une partie constitutive de la philosophie. Elle est consacrée, pour l'essentiel, à l'étude du syllogisme.

— La seconde est née des insuffisances de la première. Ce souci commence à se manifester au XVIIe siècle, chez Leibniz, notamment. La nouvelle logique trouva sa forme au XIXe siècle, grâce aux mathématiciens et logiciens anglais Boole et De Morgan. On l'appelle ***logique mathématique*** ou ***logique symbolique*** ou ***logistique,*** ou encore ***logique moderne.*** Nombre de philosophes s'y consacrent encore, mais elle est plutôt sœur des mathématiques. Un trait de société est révélateur à cet égard : en France, la philosophie s'enseigne dans les facultés des lettres, mais la logique moderne s'enseigne dans les facultés des sciences.

Il n'est pas inutile, à propos de la logique, de mentionner quelques-uns des termes essentiels de son vocabulaire.

• ***Le jugement,*** en logique, signifie l'affirmation ou la négation d'un certain rapport entre deux termes.

Exemples : « Pierre est grand » ou « Pierre n'est pas grand ».

• La ***proposition*** est l'expression de ce jugement. Proposition et jugement apparaissent sous la même forme : « Pierre est grand », mais le point de vue n'est pas le même : le jugement est une opération de l'esprit, la proposition est un morceau de langage.

Dans la logique classique, le modèle pour toute proposition est « Socrate est mortel ». On considère que toute proposition est susceptible d'être ramenée à ce modèle. Ainsi, « Pierre marche vers l'école » sera transformée en « Pierre est marchant vers l'école ».

Ce type de proposition se compose donc toujours de trois éléments :

— le ***sujet :*** c'est le même en logique qu'en grammaire ; c'est l'être dont on parle. Exemples : Socrate, Pierre ;

— le ***prédicat :*** du latin *praedicare,* proclamer, affirmer. C'est un synonyme d'*attribut :* ce qu'on dit du sujet, la qualité qu'on lui attribue ou qu'on lui dénie. Exemples : *mortel,* pour Socrate ; *grand* (ou *pas grand*) pour Pierre ;

— la ***copule :*** du latin *copula,* lien. La copule est le lien entre le sujet et le prédicat. Elle prend la forme du verbe *être.* Toutefois, il ne s'agit pas du verbe *être* en tant qu'il affirme l'existence de quelqu'un ou de quelque chose, comme dans « Dieu est » ou « Il était une fois une princesse qui... », mais simplement en tant qu'il établit une relation entre le sujet et l'attribut.

Par exemple, dans « Pierre est grand » ou « La licorne est blanche », la copule *est* ne prétend apporter aucune indication sur l'existence ou la non-existence de ce Pierre ou de la licorne.

• La ***relation.*** Cette notion nous permettra de jeter quelque lumière sur le passage de la logique classique à la logique moderne. La logique classique distingue deux types de jugements :

— le ***jugement prédicatif*** ou ***jugement d'inhérence***, qui affirme une qualité d'un sujet : « Pierre est grand », « Socrate est mortel », etc. ;

— le ***jugement de relation***, qui affirme seulement qu'une certaine qualité est attribuée à un sujet par comparaison avec un autre sujet : « Pierre est plus grand que Paul ».

Dans la proposition « Pierre est grand », la qualité « grand » est *inhérente* à Pierre, elle lui appartient en propre, sans autre considération. Dans la proposition « Pierre est plus grand que Paul », la qualité « grand » n'est pas inhérente à Pierre : on ne sait pas si Pierre est grand ou non, il est même possible qu'il soit tout petit ; on sait seulement qu'il existe au moins un être plus petit que lui, le dénommé Paul.

La logique moderne a généralisé cette notion de relation, au point d'en faire l'essentiel de son étude. Voyons d'abord pourquoi.

La logique moderne a voulu disposer d'un meilleur instrument d'analyse des propositions. Elle a considéré notamment qu'il n'était pas satisfaisant de ramener toute phrase au modèle simplifié : « Socrate est mortel. »

Exemple : la proposition « Pierre reçoit une lettre du facteur » peut être transformée classiquement en « Pierre est recevant une lettre du facteur ». Le prédicat est donc « recevant une lettre du facteur » et cette longue suite de mots ne pourra être étudiée que globalement, exactement comme le mot unique « mortel ». Cette proposition peut être vraie ou fausse, mais on voit tout de suite les limites de la logique classique : elle ne peut étudier la vérité ou la fausseté de cette proposition que globalement, alors qu'il serait intéressant de l'étudier plus finement. Il se peut en effet que

— Pierre ait bien reçu une lettre, mais pas du facteur (un voisin a déposé une enveloppe non timbrée dans sa boîte aux lettres) ;

— Pierre ait bien reçu quelque chose du facteur, mais pas une lettre (un paquet, un avis de passage, etc.).

La logique moderne s'est donc efforcée de construire des modèles de propositions ou ***fonctions propositionnelles***, en distinguant particulièrement les propriétés et les relations.

Une ***fonction unaire*** exprime une propriété : « X est grand », « X est un mammifère », etc. Les autres fonctions expriment des relations ***binaires :*** « X mange Y », « X est plus grand que Y », « X est le frère de Y », etc. ; ***ternaires :*** « X donne Y à Z », « X est entre Y et Z », etc. ; ***quaternaires :*** « X transforme Y en Z au moyen de T » ; etc.

L'analyse des propositions devient l'objet d'un calcul, le ***calcul des propositions,*** qui est construit sur le modèle de l'algèbre.

Alors que la logique classique étudie surtout les propriétés des êtres (tel sujet a telle ou telle qualité), la logique moderne étudie surtout les propriétés des relations. Étudions un exemple assez simple de relation binaire. Une proposition comme « Pierre est le frère de Paul » pourrait être analysée, dans la logique classique, comme un jugement prédicatif, et non comme un jugement de relation :

— *sujet :* Pierre ; *copule :* est ; *prédicat :* frère de Paul.
Ce qu'on pourrait paraphraser ainsi : « Pierre a, parmi d'autres qualités, celle-ci : frère de Paul. »

La logique moderne propose une tout autre analyse :
— *élément 1 :* Pierre ; *relation :* être le frère de ; *élément 2 :* Paul.

Là où la logique moderne va plus loin que la logique classique, c'est qu'elle étudie la relation « être le frère de » elle-même, indépendamment des éléments reliés. On observe alors qu'il y a divers types de relations, qu'on peut classer suivant leurs propriétés :

« Être frère de » est une relation
— ***symétrique :*** si X est frère de Y, alors Y est frère de X ;
— ***transitive :*** si X est frère de Y, et si Y est frère de Z, alors X est frère de Z.

« Être supérieur à » est une relation
— ***transitive :*** si $X > Y$, et si $Y > Z$, alors $X > Z$;
— mais ***non symétrique :*** si $X > Y$, $Y > X$ est faux.

« Être fils de » est une relation ni symétrique (si X est fils de Y, alors Y est père de X, ce qui n'est pas la même relation), ni transitive (le fils du fils est le petit-fils, ce qui n'est pas non plus la même relation).

• La ***valeur.*** Le mot a, en logique, deux sens différents.
1. Quand une proposition comporte des éléments dont le contenu n'est pas précisé : « Tout A est B », « $(a + b)^2 = a^2 + 2ab + b^2$ », etc., on appelle ces éléments des ***variables.*** La valeur d'une variable est le nombre (en mathématiques) ou le terme particulier (en logique) qu'on substitue à cette variable. Par exemple, si je remplace « Tout A est B » par « Tout homme est mortel », *homme* est la valeur de la variable A, *mortel* est la valeur de la variable B.

2. Si l'on considère non plus les termes de la proposition, mais la proposition elle-même, la valeur d'une proposition est la qualité « vrai » ou « faux » qu'on attribue à la proposition en fonction de la valeur de ses variables.

Exemple : la proposition « A est un mammifère » aura la valeur « vrai » si la variable A reçoit les valeurs « l'homme », « Socrate », « le cheval blanc d'Henri IV » ; elle aura la valeur « faux », si la variable A reçoit les valeurs « le serpent », « la chouette de Minerve », « la tour Eiffel ».

Cette valeur d'une proposition (est-elle vraie ou fausse ?) s'appelle, plus explicitement, ***valeur de vérité.*** On distingue diverses sortes de logiques selon le nombre de valeurs de vérité qu'elles admettent. Deux adjectifs dérivés de *valeur* servent à les désigner :

— ***bivalent*** (préfixe latin *bi-*, deux) signifie « qui a deux valeurs ». La logique classique est bivalente, elle n'admet que deux valeurs, vrai et faux ;

— ***plurivalent*** (du latin *plus, pluris,* une plus grande quantité) signifie « qui a plus de deux valeurs ». Certaines branches de la logique moderne sont des logiques plurivalentes. Elles acceptent les valeurs vrai, indécidable, faux.

• Les ***principes logiques.*** Au sens large, on appelle *principe,* en logique, toute proposition initiale dans un raisonnement, dont on peut tirer une autre proposition appelée *conclusion.* Par exemple, *principe :* « Le soleil est toujours soit jaune, soit orange, soit rouge » ; *conclusion :* « Le soleil n'est jamais noir. »

En un sens plus étroit, on appelle *principes logiques* un certain nombre de propositions qui sont à la base de tous les raisonnements et dont on admet qu'elles sont vraies, quoiqu'on ne puisse pas toujours les démontrer.

1) Le ***principe d'identité*** affirme qu'une chose est elle-même : A = A.

Si j'affirme que mon frère Pierre est gros, et que mon frère Pierre est souple, je pourrai dire : « Mon frère Pierre est souple, bien que gros », ou « Mon frère Pierre est gros, mais il est souple », etc. Il s'agit en effet d'une seule et même personne, mon frère Pierre, et non de deux personnes, Pierre le gros et Pierre le souple. Sans ce principe tout à fait élémentaire, nous ne pourrions pas rapporter plusieurs qualités à un même sujet.

2) Le ***principe de contradiction*** affirme que le contraire du vrai est faux. On présente aussi ce principe sous l'appellation de *principe de non-contradiction :* une même proposition ne peut pas être à la fois vraie et fausse.

3) Le ***principe du tiers exclu*** ou ***du milieu exclu*** affirme que de deux propositions contradictoires, l'une est vraie, l'autre est fausse.

Exemple : « Tous les Français sont catholiques », « Quelques Français sont catholiques ». L'une de ces deux propositions est nécessairement vraie, et l'autre fausse. *Tiers* signifie « troisième » (cf. Tiers État, Tiers Monde) et ce principe indique qu'il n'y a pas de troisième point de vue possible, tel, par exemple, que « Ces deux propositions sont vraies en même temps », car nous nous heurterions alors au principe de non-contradiction.

4) Le ***principe du syllogisme*** affirme que si A implique B, et si B implique C, alors A implique C.

• L'***inférence***. C'est le nom qu'on donne à toute opération de l'esprit par laquelle on tire d'un fait connu ou d'une proposition admise la conséquence qui en découle. Le mot *inférence* a un sens très général. Les logiciens l'emploient par commodité : tout raisonnement logique est une inférence. De même, les philosophes englobent sous le nom générique d'*inférence* des types de raisonnement distincts comme la déduction ou l'induction (voir p. 69).

• Les ***opérateurs logiques***. Ce sont les éléments par lesquels
— on associe deux termes ou deux propositions ; exemples : *et, ou ;*
— on marque négativement un terme ou une proposition ; c'est l'élément *non-* dans *non-mortel, non-blanc,* etc.

La négation existe dans la langue courante, mais l'opérateur logique *non-* est plus précis : il permet de distinguer à tout moment la négation totale et la négation partielle.

Exemple : « Il est riche, mais pas généreux » (= « Il est riche et non généreux ») est une phrase tout à fait claire. Mais considérons celle-ci : « Il n'est pas parti hier ». Cela signifie-t-il qu'il n'est pas parti du tout, ou bien qu'il est parti, mais un autre jour (avant-hier, ce matin, etc.) ? Le ton de la voix, en général, indique le sens ; quand on craint trop l'ambiguïté, la langue courante offre des tournures emphatiques du type « Ce n'est pas hier qu'il est parti ». La logique n'a pas ce genre de problème, puisqu'on ne peut pas confondre :

— « Il n'est pas parti hier » ou, plus rigoureusement : « Non- (il est parti hier) » ; en ce cas, toute la proposition « Il est parti hier » est fausse ;
— « Il est parti non hier » ; en ce cas, c'est seulement « hier » qui est faux.

Bien que ces éléments soient parfois empruntés à la langue courante (*et, ou, non*), ils expriment des opérations rigoureusement définies, comme les opérateurs arithmétiques (+, −) et non des liens ambigus.

Il y a seize opérateurs dits binaires (associant 2 éléments). A titre d'exemples, nous en examinerons quatre :

1) la ***conjonction :*** c'est l'association de deux termes ou de deux propositions par l'opérateur logique *et*. Elle est définie ainsi : la conjonction est vraie si les deux termes sont vrais. On la représente par ce qu'on appelle un ***tableau de vérité.***

Exemple : « S'il est beau et intelligent, il réussira. »

	beau	intelligent	beau et intelligent
1	V	V	V
2	V	F	F
3	F	V	F
4	F	F	F

(V = vrai ; F = faux.)

Dans le cas 1 seulement, la conjonction est vraie, et notre héros réussira : il a les deux qualités à la fois ;

2) la ***disjonction :*** c'est l'association de deux termes par l'opérateur logique *ou*. Elle est définie ainsi : la disjonction est vraie, si un des deux termes au moins est vrai.

Exemple : « S'il est beau ou intelligent, il réussira. »

	beau	intelligent	beau ou intelligent
1	V	V	V
2	V	F	V
3	F	V	V
4	F	F	F

Dans les trois premiers cas, notre héros réussira : il a au moins une des deux qualités ou les deux.

On distinguera la *disjonction* de l'*incompatibilité* et de l'*exclusion réciproque.*

3) ***l'incompatibilité*** (symbole / ; A/B se lit : « A est incompatible avec B ») : elle est vraie si au moins un des deux termes est faux (ou les deux).

Exemple : la mention, sur un menu, « fromage ou dessert ».

	je prends du fromage	je prends du dessert	fromage et dessert sont incompatibles
1	V	V	F
2	V	F	V
3	F	V	V
4	F	F	V

Dans les cas 2 (vous ne prenez qu'un fromage), 3 (vous ne prenez qu'un dessert) et 4 (vous ne prenez rien), vous serez en règle avec la serveuse ;

4) l'***exclusion réciproque*** (symbole *ex*) : elle est vraie si un terme est vrai et l'autre faux. Exemple : « Tout texte est en vers ou en prose. »

	ce texte est en vers	ce texte est en prose	ce texte est forcément soit en vers soit en prose
1	V	V	F
2	V	F	V
3	F	V	V
4	F	F	F

Le cas 1 est faux : le texte ne peut être à la fois en vers *et* en prose. Le cas 4 aussi : s'il n'y a pas d'autre forme que le vers ou la prose, le texte ne peut pas être *ni* vers *ni* prose.

• L'***inclusion :*** C'est la relation entre deux ensembles dont l'un est inclus dans l'autre. Exemple : l'espèce homme est incluse dans le genre mammifère.

La relation d'inclusion peut correspondre à l'*extension* du concept : l'ensemble des êtres appelés « hommes » est inclus dans l'ensemble plus vaste des êtres appelés « mammifères ».

Elle peut aussi correspondre à la *compréhension* du concept. Alors les termes sont inversés : *mammifère* est inclus dans *homme*. C'est-à-dire que l'ensemble des caractères qui définissent le mammifère est inclus dans l'ensemble des caractères qui définissent l'homme. Ainsi s'explique qu'on puisse dire : « dans les mammifères, il y a l'homme », mais aussi « dans l'homme, il y a le mammifère ».

Métaphysique

La métaphysique est en l'air. Nous ne pouvons que l'y laisser.

Georges Clemenceau

Le mot désigne une des parties de la philosophie, à côté de la morale, de l'épistémologie, de la philosophie politique, etc. La partie la plus noble, selon les uns, la plus creuse, selon les autres ; en tous les cas, sans doute, la moins facile à définir.

L'histoire du mot est intéressante. Ayant entrepris de classer les ouvrages d'Aristote, un critique alexandrin, Andronicos de Rhodes, au Iᵉ siècle avant J.-C., regroupa les quatorze livres portant sur ce qu'Aristote avait appelé « la philosophie première », en leur donnant le nom purement classificatoire « *ta meta ta phusika (biblia)* », c'est-à-dire « les (livres) qui viennent après *La Physique* ». La « philosophie première » d'Aristote, c'est-à-dire l'étude de la partie de la réalité qui échappe totalement à l'observation, mais qui explique tout le reste, fut ainsi désignée par ce titre naïf, imposé à son ouvrage : *La Métaphysique.* Au Moyen Âge, ce titre devint un nom servant à désigner, d'une façon générale, le type de recherches auxquelles Aristote s'était livré dans ces fameux livres.

La métaphysique est difficile à définir, parce que son objet — cet au-delà du monde physique — est lui-même à peu près indéfinissable. En effet, pour l'homme plongé dans le monde, l'au-delà du monde n'est-il pas inconnaissable ? Or, si je ne puis pas connaître l'objet de mon étude, cela veut dire que je cherche quelque chose, mais que je ne sais pas quoi. Sans aller jusque-là, on remarquera que les philosophes ont donné, à travers l'histoire, au mot *métaphysique* des contenus assez différents : étude des objets immatériels (l'âme, Dieu), étude des principes fondamentaux de la connaissance, étude des choses telles qu'elles sont en elles-mêmes et non telles qu'elles nous apparaissent, etc.

On peut cependant distinguer dans la métaphysique deux préoccupations fondamentales : l'étude de l'*être* (mais l'être ne doit pas être confondu avec les êtres qui nous entourent) ; l'étude de la *connaissance,* c'est-à-dire du fait que nous connaissons, et non des diverses connaissances que nous pouvons avoir.

Toute science, toute étude portent sur des êtres particuliers. Tous ces êtres, aussi différents qu'ils soient les uns des autres, ont en commun d'*être*. L'*être* est donc leur caractère le plus général. La philosophie se propose de fonder une étude spécifique de l'*être* ainsi entendu, c'est-à-dire de l'être en tant que tel, l'être en soi. Cette étude spécifique constitue la métaphysique.

Cette étude de l'être est complétée par une étude de la connaissance. La métaphysique s'interroge sur le fait que nous connaissons. Elle ne s'intéresse pas à la manière dont nous acquérons ou développons telles de nos connaissances (par induction, par déduction, etc.) : elle se distingue donc de *l'épistémologie*. L'interrogation est plus radicale et porte sur l'origine de l'acte de connaître. Il s'agit d'étudier ce qui permet qu'il y ait de la pensée et de la connaissance.

Par exemple : est-ce la perception qui permet la pensée, ou la pensée qui permet la perception ? Quel rapport y a-t-il entre la pensée et les choses ? Sont-ce deux univers totalement hétérogènes ? Mais alors notre « connaissance » du monde n'est qu'une fantasmagorie. Ou bien y a-t-il une adéquation entre la pensée et les choses, qui ferait que l'enchaînement rigoureux de nos pensées correspondrait effectivement à l'enchaînement des causes entre les choses ? Mais alors, d'où vient cette adéquation ?

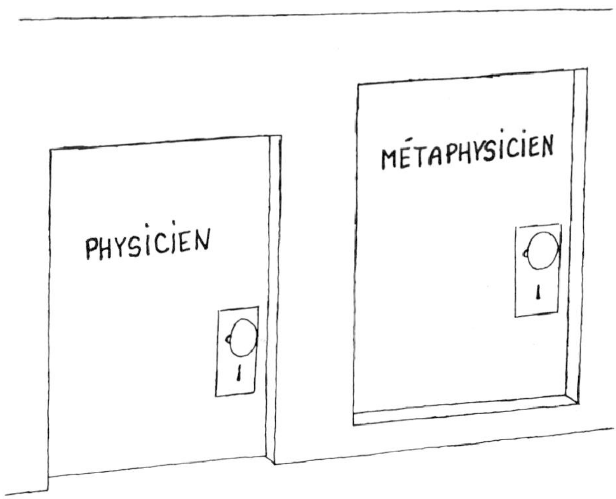

La métaphysique a joui d'un grand prestige dans l'Antiquité (avant que le nom existât), au Moyen Âge (où elle s'est souvent confondue avec la théologie), puis a atteint son apogée au XVIIe siècle. Les grands philosophes (Descartes, Spinoza, Leibniz, Malebranche, etc.) ont construit des *systèmes* expliquant entièrement les principes premiers du monde et de la pensée. Malheureusement ces systèmes ne s'accordaient pas entre eux : étant donné leur objectif, c'était, pour le moins, gênant. Il s'en est suivi, au XVIIIe siècle, un profond discrédit de la métaphysique. Voltaire écrit :

> La métaphysique a cela de bon qu'elle ne demande pas des études préliminaires bien gênantes ; c'est là qu'on peut tout savoir sans avoir rien appris.

Kant, à la fin du XVIIIe siècle, a tenté de séparer le bon grain de l'ivraie, en fixant à la métaphysique un contenu technique précis : « l'inventaire systématiquement ordonné de tout ce que nous possédons par la raison pure », c'est-à-dire l'inventaire des idées que nous n'avons pas pu tirer de l'expérience. Il propose d'abandonner totalement l'étude de l'être, pour reconstruire rigoureusement l'étude du connaître.

Si la prétention de forger des systèmes métaphysiques a été discréditée, la métaphysique, elle, demeure, comme le montrent les grandes questions auxquelles Heidegger, au XXe siècle, a consacré son œuvre : « Pourquoi y a-t-il de l'être plutôt que rien ? », « Qu'appelle-t-on *penser ?* », etc. En s'interrogeant sur l'être et sur le connaître, la métaphysique s'interroge aussi sur la place de l'homme dans l'univers. La philosophie existentialiste, qui ne méprise pas le mot *métaphysique,* est toute emplie de cette question. Elle est déjà formulée, magnifiquement, par Pascal, qui la met dans la bouche d'un libertin avec lequel il polémique :

> Je ne sais qui m'a mis au monde ni ce que c'est que le monde ni que moi-même.

Peut-être est-ce, paradoxalement, par la métaphysique que les philosophes se rapprochent le plus du commun des mortels. On peut se demander si la métaphysique ne correspond pas à un besoin de l'esprit humain . L'enfant de trois ans qui demande pourquoi le blanc est blanc est déjà sur la voie, et au Café du Commerce, après le sport et la critique du gouvernement, les grandes questions métaphy-

siques alimentent la conversation. La différence avec le philosophe, c'est que celui-ci va jusqu'au bout des questions. Tandis qu'au Café du Commerce, les questions tournent en rond, puis tournent court.

L'adjectif ***métaphysique*** s'oppose généralement à ***scientifique.*** Le discrédit de la métaphysique au XVIIIe siècle a laissé des traces et, dans cet esprit, *métaphysique* s'emploie souvent péjorativement, comme un synonyme de « fumeux », « oiseux ». Mépris mis à part, cette opposition est tout à fait pertinente. Les sciences se constituent à partir du moment où elles cessent de se poser la question métaphysique de l'origine. Non pas : d'où vient le monde ? mais : *comment* est-il ? *pourquoi* est-il ainsi ?

Ainsi, l'intérêt porté au langage remonte à l'Antiquité, mais cette étude a longtemps piétiné sur la question préalable de l'origine du langage ; c'est à partir du moment où on a renoncé à se poser cette question, au XIXe siècle, qu'une véritable science du langage a pu se constituer.

Cette opposition a reçu deux sens un peu particuliers.

- Chez Auguste Comte : ***l'état métaphysique*** précède, dans l'histoire de l'humanité, ***l'état scientifique :*** voir p. 32.

- Dans le marxisme, est ***métaphysique*** toute manière statique de penser le monde ; elle s'oppose à ***dialectique,*** manière dynamique de penser le monde. Or, comme le monde est en perpétuel mouvement, seule la pensée dialectique est scientifique.

Phénomène

> Dans ce pays où l'on nous connaît à peine et où les gens nous regardent un peu comme des phénomènes.
>
> Georges Duhamel

Du grec *phainomenon,* participe du verbe *phainesthai :* être visible, apparaître, ce mot de tradition savante est passé dans la langue courante, soit dans un sens qui respecte celui de la langue savante, quand, inquiets du temps qu'il fera ce week-end, nous parlons des « phénomènes atmosphériques » ; soit dans un sens qui s'en éloigne, quand nous baptisons « phénomène » ou « sacré phénomène » un veau à cinq pattes, un génie précoce ou une personnalité excentrique. Ce dernier sens, dit Lalande, « appartient au langage familier ;

il doit être évité dans une bonne langue philosophique ».

Essayons donc de préciser ce que la bonne langue philosophique entend par *phénomène*. Depuis son origine grecque, la valeur du mot est ambiguë, oscillant entre l'idée d' « apparaître avec éclat » et celle de seulement « paraître, sembler » : le phénomène est alors quelque chose de peu sûr, à la limite une illusion.

Ainsi entendue, l'idée de phénomène est entrée dans une très vieille opposition métaphysique entre l'être et le paraître : l'Être en soi ne peut jamais être perçu par nos sens ; ce qui nous apparaît, c'est seulement la diversité des êtres particuliers. Le mot *phénomène* a pris alors le sens général de « tout ce qui est perçu, apparaît aux sens et à la conscience ».

Le mot est passé dans la langue des sciences expérimentales et des sciences humaines, avec un assez large accord sur son emploi : un phénomène n'est pas une chose, mais un processus, une action qui se déroule. La physique et la chimie distinguent des corps, dans la matière, et appellent *phénomène* toute modification, aussi simple qu'elle soit, qui survient dans l'état d'un corps. Ainsi le mouvement est un phénomène : le corps en mouvement se déplace. La dilatation des gaz est un phénomène, mais les gaz sont des corps ; Ou encore, en biologie, la digestion est un phénomène, mais l'appareil digestif est un ensemble d'organes.

C'est une grave source d'erreur que de prendre les phénomènes pour des choses. C'est ainsi que, depuis l'Antiquité jusqu'au XVIIe siècle environ, les savants ont tenu le feu pour un corps (un des quatre éléments de l'univers avec l'eau, l'air et la terre), alors qu'il n'est qu'un phénomène, une forme de la combustion.

Il faut accorder une place particulière au sens que Kant a donné au mot *phénomène*. Il n'oppose pas, comme la langue scientifique, corps et phénomène. Il revient au sens étymologique : le phénomène est ce que nous percevons. Mais Kant distingue ***la matière du phénomène***, c'est-à-dire la sensation (l'excitation de tel de nos sens), et ***la forme du phénomène***, c'est-à-dire la façon dont cette sensation est ordonnée par notre esprit (située dans le temps, dans l'espace, mise en relation causale, consécutive, etc. avec d'autres sensations) au lieu de rester une excitation brute. Le phénomène est donc « un composé de ce que nous recevons des impressions et de ce que notre propre faculté de connaître tire d'elle-même ». Le phénomène n'est donc pas du tout pour Kant une apparition illusoire, mais le fondement de toute notre connaissance. Et la notion de phénomène est la notion centrale de la nouvelle métaphysique de Kant.

Kant oppose le phénomène au ***noumène :*** ce mot signifie étymologiquement « ce qui est pensé » (du verbe grec *noein*, penser). Le noumène est la chose telle qu'elle peut être pour elle-même, indépendamment de la connaissance que nous en avons ; c'est, si l'on veut, la chose en soi, que nous pouvons penser (d'où son nom), mais dont nous ne pouvons rien connaître.

• ***Phénoménisme :*** doctrine selon laquelle il n'y a de réel que les phénomènes, au sens philosophique classique (c'est-à-dire ce qui nous apparaît) ; tout ce que les philosophes appellent *substance, chose en soi,* ne sont que des mots. Ce terme apparaît au XIXe siècle, mais il est souvent utilisé pour désigner la philosophie de Hume (Angleterre, XVIIIe siècle).

• ***Phénoménalisme :*** doctrine selon laquelle l'homme ne peut connaître que les phénomènes (au sens kantien) et non les choses en soi. Contrairement au phénoménisme, le phénoménalisme ne tient pas les choses en soi (ou les noumènes) pour de simples mots vides de sens, mais leur reconnaît une réalité. La philosophie de Kant est évidemment un phénoménalisme, mais d'autres philosophies reçoivent aussi cette appellation (par exemple, celles d'Auguste Comte ou de Spencer).

• ***Phénoménologie :*** au sens étymologique, c'est l'étude ou la science du phénomène. Le terme semble avoir été créé par un philosophe allemand peu connu du XVIIIe siècle, Johann Lambert.

Au sens général, la phénoménologie est l'étude descriptive d'un ensemble de phénomènes (au sens scientifique), par opposition à l'explication théorique de ces phénomènes.

En physique, la description d'une expérience relève de la phénoménologie : par exemple, de combien varie le niveau du mercure dans un tube de verre, selon l'altitude à laquelle on le transporte (c'est l'expérience de Pascal au Puy-de-Dôme). Cela se distingue nettement de la théorie générale dans laquelle les résultats de cette expérience seront replacés et expliqués : la pesanteur de l'air varie en fonction de l'altitude.

Par extension, l'adjectif ***phénoménologique*** est utilisé depuis une quarantaine d'années, à propos, par exemple, de littérature ou de cinéma. On parlera ainsi de ***description phénoménologique,*** dans un roman ou dans un film, lorsque l'auteur donne à voir un comportement d'un personnage, ou une suite d'événements comme s'il y assistait de l'extérieur, en se gardant de toute interprétation.

Le terme de *phénoménologie* a pris, dans l'histoire de la philosophie, deux sens particuliers dans lesquels, paradoxalement, il ne réfère plus guère à ce qu'on appelle traditionnellement les phénomènes.

Le premier est dû à Hegel : un de ses ouvrages les plus importants s'intitule *la Phénoménologie de l'Esprit*. C'est l'analyse des étapes par lesquelles progresse la conscience, depuis la simple opposition entre la conscience et le monde extérieur, qui constitue la connaissance sensible, jusqu'à la conscience de soi, la Raison et le savoir absolu, qui est connaissance du monde et connaissance de la connaissance.

Le second est dû à Husserl : c'est une méthode par laquelle l'esprit, par une succession de mises entre parenthèses des données de l'expérience, essaie d'analyser « la conscience pure » et les propriétés essentielles de l'activité de connaître.

Philosophie

Les conseils de révision, qu'il subissait avec philosophie, te donnaient de l'angoisse.

François Mauriac

Imaginons deux personnages, le philosophe et le non-philosophe. Le non-philosophe demande au philosophe ce qu'est la philosophie, et il est fort troublé, car le philosophe ne peut pas (ou ne veut pas ?) lui répondre. Il sera tenté de conclure que la philosophie ne doit pas être quelque chose de bien sérieux, puisque le philosophe lui-même n'a pas l'air de savoir ce que c'est. Si le dialogue se poursuit, le trouble du non-philosophe s'accroîtra en constatant que non seulement le philosophe n'est pas gêné de ne pas pouvoir répondre, mais qu'il a l'air de s'en amuser, qu'il pousse l'impudence jusqu'à prétendre que cette incapacité de répondre à une telle question est justement la garantie du sérieux de la philosophie ! Si nous demandions au physicien, au mathématicien, à l'artiste ce que sont la physique, les mathématiques, l'art, nous rencontrerions sans doute la même incapacité de répondre. Il est probable que tous, s'ils sont sérieux, répondront à peu près au curieux : « Commencez donc à pratiquer cette discipline, dont vous voulez savoir ce qu'elle est. Plus tard, revenez me voir, et nous essayerons de répondre ensemble à votre question. » Il se trouve qu'on est peu tenté de poser cette question au physicien, au mathématicien ou à l'artiste Et si on la pose, on est moins troublé par l'absence de réponse, car chacun peut se faire sa petite idée de ce que sont ces disciplines en voyant les effets qu'elles produisent : nos énormes ponts tiennent, nos avions volent, les marchands calculent sans erreur leurs prix, on entend de belles musiques, on voit de beaux tableaux, on lit des livres divertissants.

Et la philosophie, que produit-elle ? Des livres, assez souvent, mais pas divertissants. Cela n'est pas rédhibitoire :

les livres de physique non plus ne sont pas divertissants ; mais d'abord la physique ne produit pas que des livres ; ensuite, quand on a lu ces livres, on est armé de connaissances qui permettent de faire autre chose. Mais quand on a lu un livre de philosophie, qu'est-on capable de faire ? Pas grand-chose : de se laisser un peu moins tromper par les mensonges ou les erreurs de jugement, d'être un peu moins malheureux — mais ce n'est même pas sûr ! Ou, peut-être, d'écrire un autre livre, aussi peu divertissant que le premier, qui permettra à son tour, à un lecteur, d'écrire un troisième livre, etc.

Étymologiquement, presque tout le monde le sait, *philosophie* signifie « amour de la sagesse ». Le mot est tiré du grec *philosophia,* composé de *philein,* aimer, et de *sophia,* savoir, sagesse. « Amour du savoir » serait peut-être une traduction plus juste (voir page 310). Mais il est certain que, dans l'emploi le plus familier du mot, c'est la notion de sagesse qui domine. On dit : « prendre les choses avec philosophie », « il faut être philosophe ».

Mais cette sagesse de la philosophie populaire se réduit à peu près à la maxime « Dans la vie faut pas s'en faire ». En témoigne cette anecdote, racontée par Charles Baudoin. Un professeur de Sorbonne retourne un jour dans son village. Le coiffeur demande : « Quel métier exercez-vous à Paris ? — Je suis professeur de philosophie, répond l'universitaire. — Comment ! Il y a des professeurs de ça ! Moi je croyais que la philosophie, c'était lorsque l'on s'en fiche. »

Socrate, figure fondatrice de la philosophie, se proclamait philosophe. L'essentiel de son activité philosophique consiste à poser des questions à ceux qui prétendent savoir quelque chose.

« — Qu'est-ce que les mathématiques ? — La science des nombres. — Qu'est-ce qu'un nombre ? — Tu sais bien, 1, 2, 3, 4,... — Non, je ne sais pas bien. Qu'est-ce que c'est 1, 2, 3, 4, ... ? — Ben, euh... et puis tu m'ennuies à la fin ! »

Le philosophe ressemble peut-être à l'enfant, mais à la différence de l'enfant, il a un fil conducteur : la *raison.* Si la réponse à une question n'est pas un article de foi (« c'est ainsi parce que c'est dit dans la Bible »), mais se prétend rationnelle, c'est une exigence de la raison de demander encore à celui qui a répondu d'expliquer les termes de sa réponse. Ainsi, de questions en questions, la philosophie remonte à la racine des pensées : le concept dont on tire des propriétés, l'axiome premier de chaque savoir.

Le problème essentiel est celui du contenu de la philosophie. Ce contenu a évolué dans l'histoire. Pour Platon, la philosophie comprend trois parties : la théorie de la connaissance, qu'on appela plus tard la ***logique***, la philosophie naturelle, ou ***physique***, ***l'éthique***. D'Aristote jusqu'au XVIIe siècle, plus largement encore, la philosophie englobe « l'ensemble du savoir désintéressé et rationnel » (Foulquié). Descartes écrit encore :

> Toute la philosophie est comme un arbre, dont les racines sont la métaphysique, le tronc est la physique, et les branches qui sortent de ce tronc sont toutes les autres sciences, qui se réduisent à trois principales, à savoir la Médecine, la Mécanique et la Morale.

On distinguait alors ***la philosophie première***, c'est-à-dire essentiellement la métaphysique, ***la philosophie naturelle***, c'est-à-dire la physique et les sciences naturelles, et ***la philosophie morale***. La séparation entre la science et la philosophie n'est devenue effective qu'au début du XIXe siècle. La philosophie a encore englobé, jusqu'au début du XXe siècle, trois disciplines qui se sont maintenant détachées d'elle : la ***psychologie*** et la ***sociologie*** qui se sont constituées en disciplines indépendantes, et la ***logique***, qui, en accentuant son aspect formel, s'est trouvée plus parente des mathématiques que de la philosophie.

La philosophie a donc été, historiquement, le creuset des divers savoirs. Peut-être que ce rôle est terminé. Elle demeure l'examinateur des savoirs, rôle apparemment dérisoire (comme un inspecteur des travaux finis), fondamental pourtant, qui permet à ces savoirs sinon d'explorer de nouvelles pistes, du moins de mieux formuler leurs vérités, en ne prenant pas des vérités provisoires pour des vérités éternelles. La difficulté pour le philosophe d'aujourd'hui, dans ce rôle, c'est la complexité des savoirs qui ont traditionnellement nourri sa réflexion : la physique, les mathématiques, mais aussi l'histoire, la linguistique, etc. Si la philosophie n'a pas de contenu propre, mais est « seulement une manifestation de l'esprit d'examen en général » (Jean Beaufret), il n'y a pas de raison qu'elle disparaisse, mais elle risque de se fondre alors, dans le meilleur des cas, dans un ensemble de règles communes à tous les savoirs, et de disparaître en tant que discipline indépendante, tout comme les règles de la méthode scientifique ne constituent pas une discipline indépendante.

Si, au contraire, la philosophie a un contenu propre, quel est-il ? c'est-à-dire que lui reste-t-il, après que les sciences lui ont, les unes après les autres, arraché ses plus beaux objets ? Est-ce la question de l'être, dont les scientifiques se désintéressent ou se gaussent ? Mais, en se donnant ce contenu, donc en se repliant sur la métaphysique, la philosophie pourra-t-elle continuer à exister, c'est-à-dire demeurer une discipline dont l'importance sociale est reconnue et qui participe au développement du savoir de l'humanité ? (car on pourra toujours, dans son coin, faire de la philosophie, comme d'autres font de l'astrologie ou collectionnent les boîtes de camembert). Autrement dit, est-ce qu'il ne va pas arriver à la philosophie ce qui est arrivé à la théologie ? Mais si la philosophie, de quelque façon qu'on l'entende, vient à disparaître, peut-on mesurer par avance quelle perte cela représenterait pour l'humanité ? Certains philosophes contemporains posent ces questions sous le nom de « fin de la philosophie » ou « mort de la philosophie ».

Pragmatique, pragmatisme

> Ne retenant de ses maîtres alchimistes que quelques recettes pragmatiques, il avait choisi de dissoudre et de coaguler la matière.
>
> Marguerite Yourcenar

Le pragmatisme, dans le langage courant d'aujourd'hui, est plutôt une qualité. Il consiste à fonder son action sur des critères d'efficacité, sans s'embarrasser de théories ou de principes. Un pragmatique, c'est un homme sans théories, qui généralement agit sans plan d'ensemble, au coup par coup, en tenant le plus grand compte des leçons des faits. Les faits, c'est-à-dire tout ce qui compte pour lui, se disaient en grec *ta pragmata*. C'est d'après ce mot que les philosophes ont forgé le nom de *pragmatisme,* qui, dans leur esprit, exprimait une notion un peu plus élaborée que la simple qualité de comportement qu'on y voit communément.

Le pragmatisme philosophique est une doctrine selon laquelle notre intelligence doit nous servir à agir sur les choses : ce que nous appelons connaissance n'est rien d'autre que l'ensemble des moyens appropriés pour agir sur les choses. Prenons l'exemple de ce qu'on appelle couramment les découvertes scientifiques : les explications scientifiques sont vraies dans la mesure où elles sont valides, c'est-à-dire vérifiées par l'expérience. Cela signifie que la connaissance scientifique permet de prévoir : si j'ai trouvé la bonne explication d'un phénomène, je peux le reproduire en décrivant *à l'avance* comment les choses se passeront.

Selon les pragmatistes, nous n'avons pas découvert alors une « vérité » qui aurait existé antérieurement à notre découverte, et qui nous aurait été cachée jusque-là ; la vérité est seulement le nom que nous donnons à une explication qui marche.

Autrement dit : ce n'est pas parce que c'est vrai que cela marche, c'est parce que cela marche que c'est vrai.

Sauver les apparences

Qu'est-ce que les philosophes, gens qui sont censés ne pas craindre de remettre en cause les préjugés, ont à voir avec la préoccupation hypocrite de « sauver les apparences » ? Rien. L'expression est la traduction consacrée, qui nous paraît aujourd'hui maladroite, d'un précepte épistémologique grec, *sôizein ta phainomena*. Selon ce précepte, toute hypothèse qui prétend apporter une explication à des phénomènes du monde doit satisfaire à une condition : que tout ce qu'on pourra déduire de cette hypothèse soit conforme aux données de l'expérience, c'est-à-dire aux faits observables ou apparences. La formule n'est plus employée par les savants, mais ils continuent de respecter la règle qu'elle énonce.

Substance

> Mais nous établissons une espèce d'amour
> Qui doit être épuré comme l'astre du jour.
> La substance qui pense y peut être reçue
> Mais nous en bannissons la substance étendue
>
> Molière

Le mot *substance*, employé couramment aujourd'hui comme synonyme de « corps chimique », « produit », « matière », garde encore un peu de son sens philosophique dans l'expression « en substance », qui signifie « pour l'essentiel ». « Victor me déclara, en substance, ceci :... » signifie qu'on prétend rendre compte de l'essence même de la déclaration de Victor, sans tenir compte de ses caractéristiques accidentelles : choix des mots, style, digressions, etc.

Le terme latin *substantia* était construit à partir du verbe *substare* qui signifiait : « se tenir » (*stare*) « sous » (*sub*). Ce mot a servi à traduire un mot grec utilisé par Aristote, *hupostasis*, (voir *hypostase*, p. 79), qui signifiait « action de se placer sous, base, fondement ». La notion de substance fut une des plus importantes de la métaphysique, jusqu'au XVIIe siècle. La philosophie antique et médiévale appelait *substance* la réalité *sous-jacente* qui supporte les qualités.

Quand on dit d'une certaine chose qu'elle est blanche, on peut distinguer cette qualité, « blanche », et la chose qui a cette qualité : la chose ainsi distinguée de toutes ses qualités, c'est la *substance*.

> (La substance) est ce qui n'est pas prédicat d'un sujet, mais (...) c'est d'elle, au contraire, que tout le reste est prédicat.
>
> Aristote

Aristote distingue les « substances premières », qui sont les êtres individuels, dans la mesure où ils sont quelque chose indépendamment des diverses qualités qu'ils ont : vous, moi, ce platane que j'ai sous les yeux, etc., et les « substances secondes », qui sont les types abstraits : l'homme, l'arbre — celles-ci ne sont dites substances que par analogie.

Dans la philosophie classique, la substance est *ce qui existe en soi,* ce qui n'a pas besoin d'autre chose que soi pour exister tandis que les qualités n'existent que pour autant qu'elles se rapportent à une substance.

Cette idée, portée à son plus haut degré de généralité, débouche sur la conclusion qu'à proprement parler, seul Dieu est une substance, puisqu'il n'existe que par lui-même.

> Mais parce qu'entre les choses créées, quelques-unes sont de nature telle qu'elles ne peuvent exister sans quelques autres, nous les distinguons d'avec celles qui n'ont besoin que du concours ordinaire de Dieu, en nommant celles-ci des substances, et celles-là des qualités ou des attributs de ces substances.
>
> Descartes

Mais une difficulté est apparue aux philosophes classiques : peut-on considérer une substance indépendamment de ses attributs ? Descartes reconnaît qu'il y a quelque difficulté à concevoir un corps sans étendue, ou une âme sans pensée. Si j'enlève à une chose toutes ses qualités, que reste-t-il ? Est-ce qu'une « chose » n'est pas simplement la totalité de ses qualités, même si je peux distinguer, mais par la pensée seulement, chacune de ces qualités, et le tout qu'elles forment, que j'appelle la « chose ». Autrement dit, ce quelque chose qui « se tient sous », qui supporte les qualités, n'est peut-être qu'une vue de l'esprit.

C'est l'analyse que fera Kant : la substance est un concept a priori qui résulte du jugement par lequel nous attribuons des prédicats à un sujet. Il rapporte donc la substance au sujet, comme le faisait Aristote, mais vide la substance de toute réalité extérieure à la pensée. Le schème (voir p. 88) de la substance, c'est-à-dire ce par quoi ce concept a priori de substance correspond à quelque chose dans l'expérience, c'est la permanence de la quantité de matière. L'expérience ne nous a jamais donné à percevoir aucune substance, mais nous percevons que, lorsque nous modifions un corps (quand on détruit un objet, qu'on transforme un drap en chemise, un liquide en solide ou en gaz, etc.), il reste toujours une quantité de matière. Cette quantité de matière permanente est l'image sensible de ce concept a priori de substance.

Théorie

> Entre une pratique sans tête et une théorie sans jambes, il n'y aura jamais à choisir.
>
> Régis Debray

Tiré du grec *theôria*, contemplation (voir p. 62), ce mot évoque en général une construction de l'esprit. Il est souvent péjoratif, dans la langue courante, et plus encore quand on lui adjoint un adjectif laudatif : « de belles théories », « de grandes théories ». *Théorie* a également en philosophie le sens de « construction de l'esprit », mais sans connotation péjorative. Il faut distinguer cependant diverses nuances.

• *Théorie* s'oppose à *pratique*, comme la pensée s'oppose à l'action, la connaissance pure à la connaissance appliquée : on pourrait dire par exemple que la biologie est une connaissance théorique, alors que la médecine est une connaissance pratique.

• *Théorie* s'oppose à *pratique* en un sens normatif : « en théorie », « théoriquement » sont synonymes de « en droit ». « Dans la pratique », « pratiquement » sont synonymes de « en fait ».

Exemple : si, dans un sondage, on recueille l'avis de personnes prises absolument au hasard, et non en fonction de caractères particuliers (âge, sexe, profession, etc.), n'importe qui ayant des chances égales d'être interrogé, on pourra, *en théorie*, en interrogeant cent personnes, tomber sur cent prêtres. *Dans la pratique* ce cas de figure n'arrive jamais (sauf si l'on fait un sondage dans les couloirs du Vatican, mais alors on ne devrait pas ignorer les caractères particuliers de la population interrogée !). De même, en morale, on convient qu'en théorie il ne faut pas tuer ses semblables ; dans la pratique, on s'autorise à les tuer dans certains cas : guerre, légitime défense. Dans ce domaine, la distinction théorie/pratique doit être utilisée avec la plus grande prudence : on voit aisément qu'elle pourrait tout permettre.

• *Théorie* s'oppose à *connaissance certaine*, et désigne une construction intellectuelle propre à un auteur (surtout chez les philosophes : la théorie platonicienne des idées, la théorie bergsonnienne de la durée). Il serait préférable, dans ce cas, de dire *doctrine*.

• *Théorie* désigne une *synthèse organisée d'hypothèses explicatives*, par opposition à une connaissance ou une hypothèse particulière. Exemples : la théorie corpusculaire, la théorie de la relativité. *Théorie* se distingue alors de *loi* en science, ou de *thèse* en philosophie.

> La théorie scientifique se propose de donner, de la nature tout entière, ou, provisoirement, des portions les plus étendues possibles de celle-ci, une représentation adéquate en établissant une correspondance exacte entre l'ensemble des phénomènes étudiés et un système cohérent de lois mathématiques.
>
> Jean Ullmo

Une théorie représente l'état de nos connaissances dans un certain domaine, et elle varie (elle peut même être abandonnée) avec le progrès de nos connaissances. Une théorie qui se figerait contre le progrès des connaissances deviendrait une *doctrine*.

Thèse

Il avait fait ensuite approuver par la Sorbonne une grosse thèse de doctorat.

Georges Duhamel

Du grec *thesis,* action de poser, en particulier de poser un principe, une opinion. Dans la langue courante, le mot *thèse* évoque l'Université : « soutenir sa thèse ».

L'expression est intéressante dans la mesure où cette thèse, qu'on entend poser, manque généralement d'équilibre puisqu'on est obligé de la soutenir. Mais on dit aussi, loin de l'Université, « une thèse dangereuse », « un roman à thèse ». Dans son sens le plus général, une thèse est une proposition qui affirme une certaine position qu'on prend

sur un problème, et qu'on s'engage à soutenir contre les objections : « les thèses de Luther », qui sont à l'origine de la Réforme, « les thèses sur Feuerbach » de Marx, qui constituent le noyau de la critique marxiste de la philosophie idéaliste.

Dans un sens particulier, *thèse* désigne chez Kant le premier terme d'une antinomie (c'est-à-dire de deux propositions opposées), dont l'*antithèse* est le second terme. Exemple, *thèse :* « l'homme est capable d'actes libres » ; *antithèse :* « tous les actes, chez l'homme, sont déterminés ». Chez Hegel, la triade *thèse/antithèse/synthèse* désigne les trois moments du processus dialectique.

Transcendant, transcendance
Immanent, immanence

> Il y a des gens qui dansent sans entrer en transe et il y en a d'autres qui entrent en transe sans danser. Ce phénomène s'appelle la *Transcendance*, et dans nos régions, il est fort apprécié.
>
> Jacques Prévert

Transcendant et *immanent* forment un couple d'opposés. Le premier est tiré du latin *transcendere*, qui signifie « s'élever » (*scandere*) au-delà (*trans*) » ; le second du latin *immanere*, qui signifie « rester » (*manere*) dedans (*in*) ».

Pour un public cultivé, la transcendance évoque souvent les mystères de la religion, Dieu. Ce n'est pas faux, mais Dieu est loin d'être le seul objet concerné par la transcendance. Dans une langue plus relâchée, on emploie l'adjectif *transcendant* comme synonyme de « super », « génial », « excellent », etc. en parlant d'un film, d'un livre. Cet emploi non plus n'est pas vraiment faux, et l'on pourrait rappeler, s'il fallait rassurer les puristes, qu'on le trouve chez La Bruyère. Mais les gens qui l'emploient savent-ils exactement ce qu'ils disent ? Un excellent film peut s'élever au-dessus des autres par sa qualité, mais le qualifier de transcendant, c'est dire qu'il diffère des autres par sa nature.

On peut, en effet, définir la transcendance comme ce qui est au-delà du domaine où l'on se place, et d'une autre nature. C'est en ce sens qu'on parle de la ***transcendance de***

Dieu. On prendra garde que l'idée d'au-delà (*trans*) ne doit pas s'entendre comme une quelconque supériorité, mais simplement comme le caractère de ce qui est extérieur. La transcendance de Dieu ne se confond pas avec la supériorité de Dieu sur les hommes, c'est seulement l'affirmation que Dieu est d'une autre nature que les hommes. De la même façon, les philosophes contemporains parlent de la transcendance des objets ou de la transcendance du monde par rapport à la conscience : les objets du monde ne sont pas supérieurs à la conscience, ils lui sont simplement radicalement extérieurs.

L'opposition *immanent/transcendant* correspond grossièrement à l'opposition intérieur/extérieur. On appelle immanent ce qui est intérieur à l'être, à l'acte, à l'objet de pensée que l'on considère. C'est ainsi qu'on parle de « justice immanente » quand la récompense ou la punition d'un acte ne sont pas données par une force ou une personne extérieures, mais résultent de l'acte lui-même.

Par exemple l'indigestion du gourmand, ou le fait, pour un chauffard, de rater un virage et de partir dans le décor, relèvent de la justice immanente ; mais l'amende pour excès de vitesse relève de la justice transcendante, puisque des puissances extérieures interviennent (la loi, le gendarme).

Dans le panthéisme, Dieu est ***immanent au monde***, c'est-à-dire qu'il est partout, qu'il se confond avec le monde. La conception transcendante, à l'opposé, voit en Dieu un principe ou un être extérieur au monde qu'il a créé. Le christianisme, le judaïsme, l'Islam sont des religions transcendantes ; les religions orientales sont le plus souvent immanentes.

En un sens particulier, qui appartient surtout à l'histoire de la philosophie, chez les Scolastiques, ***immanent*** s'oppose à ***transitif***. Est transitif ce qui transite, c'est-à-dire ce qui passe d'un objet sur un autre.

Par exemple, en grammaire, les verbes transitifs sont les verbes qui peuvent recevoir un complément d'objet : « Toto mange du boudin » ; Toto et le boudin sont concernés, chacun à sa façon, par le verbe *manger*. Les verbes intransitifs ne peuvent pas recevoir de complément d'objet : « Toto dort » — seul le sujet Toto est concerné par le verbe *dormir*.

Ainsi, au sens scolastique, une action immanente ne produit d'effet qu'à l'intérieur de l'agent lui-même (c'est-à-dire celui qui fait l'action). Par exemple, la vision est une action immanente : elle a un effet sur celui qui voit, mais pas sur l'objet qu'il voit.

Inversement, la cuisson est une action transitive : elle a un effet sur l'objet cuit, elle le modifie. C'est en ce sens qu'on parle de l'immanence de la pensée, dans la mesure où la pensée porte sur des objets de pensée. Même si la pensée porte sur des objets du monde, elle reste immanente, car elle n'a pas d'effet direct sur ces objets : si vous pensez à un arbre, l'arbre n'en subit directement aucun effet. Il faut que votre pensée soit relayée par une action : 1° je pense qu'il faut couper cet arbre ; 2° je prends ma hache...

• ***Transcendental*** ou ***transcendantal.*** On trouve les deux orthographes. La première est conforme au latin scolastique *transcendentalis*, et paraît naturellement plus française — comme « occid*e*ntal », « ori*e*ntal », « par*e*ntal », etc. La seconde souligne la dérivation de *transcendance. Transcendental* n'est pas l'adjectif qui correspond simplement à *transcendance ;* l'adjectif *transcendant* existe et remplit correctement ce rôle. Ce n'est pas non plus le superlatif de *transcendant. Transcendental* est un terme plus technique, qui a deux sens particuliers dans l'histoire de la philosophie.

— Chez les Scolastiques.
Les ***concepts transcendentaux*** sont au-delà des catégories d'Aristote ; ils ont une extension absolument universelle. Les catégories d'Aristote (p. 112) servent à classer et à définir tous les êtres particuliers, en les distinguant selon la quantité, le temps, le lieu, etc. Au contraire, un concept transcendental comme le concept d'être ne peut pas servir à distinguer des êtres particuliers, puisque c'est une propriété qui appartient évidemment à tous les êtres, à tout ce qui est, c'est-à-dire à tout.

Une ***relation transcendentale*** est une relation telle que, si elle n'existait pas, l'objet considéré disparaîtrait. Par exemple, un portrait de Monsieur X a une relation transcendentale avec son modèle, Monsieur X, sinon ce n'est plus le portrait de Monsieur X (mais le portrait d'un autre, ou un portrait imaginaire).

— Chez Kant.

Transcendental s'applique aux contenus de la connaissance, et s'oppose à *empirique*. Est dit transcendental ce qui n'est pas donné par l'expérience, mais permet l'expérience, c'est-à-dire nous permet d'organiser nos perceptions en connaissance (voir *phénomène*, p. 142 ; *schème*, p. 88). Ainsi les concepts de quantité comme l'unité, la pluralité ou la totalité ne nous viennent pas de l'expérience : ils appartiennent à notre esprit indépendamment de toute expérience, et nous permettent de classer et d'organiser la diversité de nos perceptions ; ils sont *transcendentaux*.

Dans un sens différent, s'appliquant non plus aux contenus de la connaissance, mais à l'activité de l'esprit, Kant appelle transcendental ce qui prétend dépasser les limites de l'expérience.

> Le but final auquel se rapporte en définitive la spéculation de la raison dans son usage transcendental concerne trois objets : la liberté de la volonté, l'immortalité de l'âme, et l'existence de Dieu.

Dire que ces trois thèmes de réflexion appartiennent à un usage transcendental de la raison, c'est dire que la raison ne peut rien en connaître.

IV. Les mots du langage universel

Ce chapitre est consacré aux mots dont la philosophie n'a jamais fait son bien exclusif, mais qu'elle a marqués de son empreinte, du souvenir de sa réflexion, de sorte que de subtils jeux de sens s'établissent entre les acceptions les plus triviales et les plus savantes.

Absence, absent

> Présente, je vous fuis ; absente, je vous trouve ;
> Dans le fond des forêts votre image me suit.
>
> Racine

L'absence consiste à ne pas être en un lieu. Mais l'absence n'a de sens, n'est perçue que par rapport à une présence attendue. Le directeur du personnel des usines Renault ne m'a jamais reproché mes absences, non parce que je suis un employé parfaitement assidu, mais au contraire, parce que je n'ai jamais travaillé chez Renault.

L'idée d'absence est donc seconde, et l'idée de présence première. Il faut y joindre une troisième idée, la ***représentation.*** On dit qu'un objet A représente un objet B, quand A est présent à la place de B, qui est absent. Ainsi, en démocratie, les députés sont nos représentants : ils sont quelques centaines, dans un hémicycle, en lieu et place de quelques millions de citoyens.

D'une façon générale, on entend par *représentation,* en philosophie, ce qui est présent à l'esprit, c'est-à-dire l'ensemble de nos idées et de nos images. La représentation d'un objet est indépendante de la présence de cet objet, hors de l'esprit, au même moment.

Si je cherche mes lunettes, c'est précisément qu'elles sont absentes, hors de ma vue ; cela ne m'empêche pas de me les représenter (de les rendre présentes à mon esprit). On comprend aisément que la représentation est à la base de toute pensée. Sans la capacité de nous rendre présents en esprit des objets absents, nous serions des êtres de pure sensation, sans aucune mémoire, sans langage, sans projets.

Pour l'idéaliste conséquent, le monde entier n'est que la totalité de ses représentations.

Absolu, relatif

> Pour moi, l'absolu, ce n'est pas « Dieu », c'est le réel, une manière de prise immédiate et certaine.
>
> Montherlant

L'adjectif latin *absolutus* signifie « parfait, achevé », mais il vient du verbe *absolvere,* qui signifie « détacher de ». Dans l'emploi du mot *absolu* en philosophie, l'idée d'indépendance est plus importante que l'idée de perfection.

Un tyran jouit d'un pouvoir absolu, dans la mesure où son action ne dépend d'aucune loi, ni de personne ; c'est donc un pouvoir sans limites ni restrictions. En un sens un peu différent, un principe, une nécessité, une confiance sont dits absolus quand ils ne souffrent aucune exception.

Dans la langue courante, *relatif* tend souvent à signifier « peu sûr, imparfait, précaire ». Exemples : « C'est très relatif » ; « un calme relatif » ; etc. C'est oublier que derrière *relatif,* il y a *relation.*

On trouve un bon exemple de l'opposition *absolu/relatif* dans le vocabulaire des institutions politiques. La majorité *absolue,* c'est quand un candidat a obtenu plus de la moitié des voix : il est élu sans qu'on ait à tenir compte des résultats des autres candidats. La majorité *relative,* c'est quand, personne n'ayant obtenu plus de la moitié des voix, on déclare élu celui qui a plus de voix que les autres : son élection dépend donc de la comparaison de ses résultats avec ceux des autres candidats.

En métaphysique, *absolu* est souvent employé comme un nom. ***L'absolu*** désigne l'être en soi, ou Dieu, ou d'une façon générale tout ce qui ne dépend que de soi-même pour exister. L'idée de perfection apparaît plus nettement dans cet emploi : si Dieu ne dépend que de lui-même, il est nécessairement parfait.

Abstrait, concret

Le concret, c'est de l'abstrait rendu familier par l'usage.

Paul Langevin

Dans la langue courante, les mots *abstrait, abstraction* ont une légère connotation péjorative. On dit de quelqu'un qu' « il se perd dans les abstractions ». On oppose volontiers « les idées abstraites » aux « faits concrets », au bénéfice de ces derniers.

En philosophie, l'abstraction est une opération de l'esprit, qui consiste à séparer (latin *abstrahere,* retrancher) ce que nos sens nous présentent comme non séparé.

Par exemple, je reçois un ballon ; c'est un seul et unique objet ; pourtant, je peux le décrire comme une addition de qualités : il est rouge ou vert, ovale ou sphérique, dur ou mou. Mon esprit a *séparé* ces qualités de l'objet auxquelles elles se rapportent. Le rouge m'est une notion tout à fait familière, et pourtant, à proprement parler, je n'ai jamais rencontré le rouge, mais des ballons rouges, des liquides rouges, etc. Il a donc fallu que je sépare cette teinte de tous les objets sur lesquels je l'ai observée.

Allons plus loin : en imaginant un ballon possible, nous avons associé « rouge ou vert », « ovale ou sphérique », et non « rouge ou sphérique », « ovale ou vert » ; nous avons donc regroupé des qualités particulières. Or, si nous avons regroupé « rouge et vert », c'est que nous avons pu, au préalable, séparer de ces deux qualités l'élément qui leur est commun, à savoir la couleur. Ainsi, la couleur nous est une notion tout à fait familière, et pourtant nous n'avons jamais rencontré la couleur, mais des objets rouges, des objets verts, etc. Malgré le dédain dans lequel la langue courante semble tenir l'abstraction, nous faisons tous, à longueur de journée, des abstractions.

L'objet global, tel ballon particulier, ayant telle forme,

telle couleur, etc., sera dit *concret*. Par extension, on parle d'*exemple concret* pour désigner une image empruntée à l'univers quotidien, qui sert à illustrer une notion, un raisonnement. Tel est, par exemple, le morceau de cire (voir page 27) dont parle Descartes pour expliquer l'idée d'étendue.

On remarquera le sens paradoxal de l'expression *faire abstraction de*, qui signifie « écarter, ne pas tenir compte de ». Il y a bien l'idée de séparation (on isole quelque chose d'un ensemble), mais dans le but de ne pas s'en occuper. L'abstraction, au sens philosophique, a exactement le but contraire : on isole quelque chose pour y fixer son attention.

Absurde

Je crois parce que c'est absurde.

Saint Augustin

Est absurde ce qui est contraire aux lois de la raison. Le ***raisonnement par l'absurde*** consiste à établir la vérité d'une proposition en démontrant que la proposition contradictoire est fausse :

> Comme nous savons qu'il est faux que les nombres soient finis, donc il est vrai qu'il y a un infini en nombre.
>
> Pascal

On a beaucoup parlé de l'absurde dans les années 50, à partir de l'œuvre de Camus, et de commentaires sur les romans de Kafka. *Absurde* est alors employé dans le domaine de la morale ou de la métaphysique et signifie « incompréhensible, dénué de sens, sans but ». Dans *le Procès* de Kafka, le héros, Joseph K., est jugé, condamné à mort puis exécuté sans savoir à aucun moment ce qu'on peut bien lui reprocher. Camus cite l'exemple mythique de Sisyphe, dont la punition éternelle consiste à rouler un énorme rocher au sommet d'une montagne ; dès qu'il y est parvenu, les Dieux font retomber le rocher et Sisyphe recommence sa tâche.

Accident

Le mâle est un accident ; la femelle aurait suffi.

Rémy de Gourmont

Ce mot évoque généralement dans la langue courante un événement fâcheux : « Il a eu un accident » ; « les accidents de la circulation ». Il nous vient du participe présent *accidens*, du verbe latin *accidere*, qui signifie « tomber sur, survenir ». *Accident* désigne donc, au sens étymologique, tout ce qui arrive, sans considération de la nature des conséquences (heureuses, indifférentes, malheureuses). Ainsi, « un accident heureux », loin d'être une tournure maladroite, est au contraire d'un français tout à fait relevé. On pourrait d'ailleurs se demander quelle vision pessimiste de l'existence révèle la langue courante, en associant systématiquement tout ce qui arrive à quelque chose de fâcheux.

En philosophie, *accident* s'emploie en un sens assez proche de l'étymologie. Ce terme s'oppose à *essence* ou *substance*, et désigne toute qualité fortuite d'un sujet, qu'on pourrait lui retirer sans le modifier fondamentalement.

Si je me considère en tant que Français, le fait d'être parisien ou marseillais est un accident : je suis aussi Français dans l'un ou l'autre cas ; il se trouve que, par hasard, je suis né ou je vis à Paris, ou à Marseille. Si je me considère en tant qu'homme, le fait d'être français est un accident : je n'en serais pas moins homme, si j'étais japonais ou algérien (voir *essence*, *substance*, *contingence*, pp. 206, 152 et 266).

Acquis / inné

> Ce mépris inné chez moi pour mon inachèvement foncier...
>
> Paul Valéry

Cette opposition passionne le grand public, qui semble y chercher la réponse à des interrogations morales ou politiques. Est-ce que les différences sociales sont justes (elles correspondent à des différences innées entre les hommes) ou injustes (tous les enfants sont également doués à la naissance, et seule l'éducation fait la différence) ?

Cette maladroite opposition sert souvent de semblant de pensée au pire des obscurantismes. Ainsi employée, elle est totalement étrangère à la philosophie. Pour la philosophie, l'inné et l'acquis sont strictement cantonnés dans un domaine précis, la théorie de la connaissance, et n'ont rien à voir avec une quelconque différence entre les hommes.

Les ***idées innées*** sont les idées de notre esprit qui ne nous viennent pas de l'expérience, telles, pour beaucoup de philosophes classiques, les idées de Dieu, de cause, de pensée, les vérités mathématiques. Les ***idées acquises*** sont les idées apprises par l'expérience, telles les idées de couleur, de consistance, de saveur, etc.

Cette distinction est essentiellement logique et non chronologique : les philosophes qui admettent les idées innées ne s'imaginent pas que l'enfant sort du ventre de sa mère tout armé de ces idées ; le temps ou la maturité sont nécessaires à leur apparition. En termes plus modernes, dans des domaines qui concernent plutôt les psychologues ou les biologistes, on parle de ***dispositions innées ;*** la faculté de parler, chez l'homme, en est une.

Acte, action, agent, actuel

Agent : terme lubrique.

Flaubert

Le terme fort simple d'*acte* est très employé en philosophie, mais très difficile à définir. On peut en regrouper les sens de la façon suivante.

• *Acte* se distingue d'*action : action* désigne un processus qui peut comporter plusieurs actes. « Passer à l'acte », c'est faire une chose précise. « Passer à l'action », c'est entreprendre quelque chose de plus vaste. Cette distinction, qui aiderait la précision de la pensée, n'est malheureusement pas toujours respectée dans la langue courante : ainsi, « une bonne action » n'est souvent qu'un acte précis de bonté.

• *Acte* et *action* s'opposent à *pensée* ou *parole :* penser et parler n'ont pas d'effet sur la matière, et seraient en quelque sorte gratuits ; agir a un effet. Dans les relations entre l'homme et la matière inanimée, il est certain que seule l'action proprement dite a de l'effet. Mais dans les relations entre les hommes, penser et parler sont des manières d'agir : le savant qui pense agit autant que l'ingénieur qui applique ses découvertes ; les décisions politiques sont des paroles, mais ces paroles sont des actes. Une déclaration d'amour, une injure sont des actes de parole.

• *Acte* s'oppose à *puissance :* il s'agit d'un sens très particulier, propre au vocabulaire de la philosophie. L'acte désigne ce qui existe effectivement ; la puissance, ce qui peut être, ou doit être. Par exemple, le gland est un chêne en puissance, par opposition au chêne en acte ou *actuel* (p. 295).

• *Action* s'oppose à *passion*, dans le sens étymologique du mot passion (voir p. 284) : le fait de subir. Ainsi, quand vous allez chez votre médecin, vous êtes le *patient* parce que vous subissez (et non parce que vous avez attendu votre tour avec patience), tandis que le médecin est l'*agent*, c'est-à-dire celui qui agit.

Affection

Une affection est une conviction.

Victor Hugo

La langue courante emploie le nom *affection* et le verbe *affecter* comme deux mots qui n'ont qu'un rapport assez lointain entre eux. Le premier signifie à peu près « sentiment tendre », le second « émouvoir, troubler » : « La nouvelle de sa mort m'a beaucoup affecté. »

Pour le philosophe, ces deux mots sont liés. Dans son sens le plus général, *affecter* signifie « exercer une action sur quelque chose ou quelqu'un », et l'*affection* est la modification qui résulte de cette action chez celui qui la subit.

En métaphysique, dans un emploi assez vieilli et qu'on trouve surtout chez Spinoza, *affection* est synonyme d'*attribut* ou de *propriété :* la substance est *affectée* par ses attributs ; ceux-ci sont donc ses *affections.*

En psychologie, *affection* désigne un certain état de la sensibilité : les sentiments et les sensations sont des affections, et la tendresse n'est qu'une affection parmi d'autres, au même titre que le plaisir, la douleur, la colère, etc.

Âme

Note ce qu'il faudrait qu'il advînt de mon corps
Lorsque mon âme et lui ne seront plus d'accord
Que sur un seul point, la rupture.

Georges Brassens

L'idée d'âme est liée à l'idée de corps, et apparaît à partir du moment où, en considérant ce composé complexe qu'est un être vivant, on croit pouvoir distinguer deux principes : le corps, siège de phénomènes matériels perceptibles et descriptibles, et tout ce qui n'est pas le corps.

Les neurologues modernes disent qu'il y a un hiatus entre le cerveau et la pensée. Cela signifie que l'on commence à bien connaître une partie du fonctionnement du cerveau, mais qu'entre un ensemble de phénomènes physico-chimiques que l'on connaît et la conscience ou la pensée, il y a un trou, que nos connaissances actuelles n'arrivent pas à combler. On peut donc appeler *âme* tout ce qui est au-delà de cet hiatus, tout ce qui n'est pas phénomène physico-chimique proprement dit, même si l'on suppose que, sans ce type de phénomène, rien de ce que nous appelons *âme* n'existerait.

Dans la philosophie antique et classique (Platon, Descartes, notamment), on peut considérer qu'*âme* est un synonyme d'*esprit*, et s'oppose à *corps*. Néanmoins, l'emploi du mot *âme* plutôt qu'*esprit* correspond à une considération particulière : le corps se détruit, tandis que son principe opposé, l'âme, est indestructible. On parle d'immortalité de l'âme, alors qu'on ne rencontre pas, ou rarement, l'expression « l'immortalité de l'esprit ». Cette connotation particulière du mot *âme* explique que, dans le vocabulaire philosophique moderne, ce terme est à peu près abandonné, et qu'on n'emploie plus guère qu'*esprit*. En effet, depuis Kant, les problèmes comme l'existence de Dieu ou l'immortalité de l'âme sont considérés comme ne relevant plus de la philosophie.

Attribut

> Car s'ils causent du tort aux attributs virils
> Ils mettent rarement l'existence en péril.
>
> Georges Brassens

D'une façon générale, on appelle *attribut*, en philosophie, une qualité ou un caractère qu'on *attribue* à une certaine chose. On peut distinguer différents emplois de ce mot.

En logique, il désigne tout caractère affirmé ou nié d'un sujet. Exemple : dans « Pierre est grand », « grand » est l'*attribut* (ou *prédicat*) du sujet « Pierre ».

En métaphysique, il désigne tout caractère essentiel à une substance. Exemple : « La matière a pour attribut l'étendue. » *Attribut* s'oppose alors à *mode* ou à *accident*, qui désignent des caractères non essentiels. Tout corps matériel, en effet, est étendu, c'est-à-dire occupe un certain espace ; en revanche, il n'est pas vrai que tout corps matériel a une forme ou une couleur (songez, par exemple, à l'air ou à l'eau).

Autre

Je est un Autre.

Arthur Rimbaud

Dans la philosophie de Platon, *autre* s'oppose à *même*. Ce couple est à la base de toute connaissance, puisqu'il nous permet de distinguer les uns des autres les éléments que nous percevons, nos idées, etc. La possibilité de considérer toujours l'autre de quelque chose conduit notamment Platon à considérer l'existence du non-être : s'il y a de l'être, il y a nécessairement l'autre de l'être, c'est-à-dire le non-être. L'idée d'autre est associée chez Platon aux idées de divers, multiple, changeant.

Dans la philosophie moderne, *autre* s'oppose à *moi ;* il est synonyme d'*autrui*. C'est également, en ce sens, une condition fondamentale de la connaissance.

> Pour obtenir une vérité quelconque sur moi, il faut que je passe par l'autre. L'autre est indispensable à mon existence, aussi bien d'ailleurs qu'à la connaissance que j'ai de moi.
>
> Jean-Paul Sartre

Aliénation, aliéné

> C'est l'essence même du suffrage universel, de ne pouvoir stipuler sur sa propre aliénation.
>
> Gambetta

L'*aliéné* (du latin *alienatus*, devenu propriété d'autrui), c'est celui qui ne s'appartient pas. Le mot *aliéné* apparaît dans la langue courante comme un synonyme euphémique de « fou », et on a longtemps appelé les psychiatres « médecins aliénistes ».

Aliéné et *aliénation* sont entrés dans la langue philosophique grâce à Hegel et Marx. Chez Hegel, l'aliénation désigne le fait qu'un être, à chaque étape de son devenir, se retrouve *autre* que ce qu'il était auparavant : ainsi, il y a aliénation du gland dans le chêne.

Chez Marx, et ce sens prévaut aujourd'hui dans la langue philosophique, *aliénation* signifie « dépossession », en y ajoutant une idée d'esclavage. Ainsi, lorsqu'on dit que le travail est un instrument d'aliénation dans l'économie capitaliste, cela signifie que l'ouvrier est *dépossédé* du fruit de son travail : il ne confectionne pas un objet qui lui appartiendra ou qu'il aura la fierté de montrer, d'échanger ou de vendre. Par là même, il est dépossédé de lui-même en tant que créateur ; il n'est plus, dans le système de production qui l'emploie, qu'une force de travail, c'est-à-dire quelque chose qui s'achète sur le marché. Comme l'ouvrier n'a rien d'autre que sa force de travail pour vivre, il est esclave de cette condition de dépossession.

En un sens élargi, on parle d'aliénation religieuse, politique, etc., pour indiquer que des idées produites par les hommes (la religion, les systèmes politiques) leur échappent (dépossession) et les dominent (esclavage).

Beau

> Le beau est ce que ma maîtresse et ma servante trouvent d'instinct affreux.
>
> Edmond et Jules de Goncourt

Le Beau forme avec le Bien et le Vrai les trois grandes notions normatives de la philosophie : le vrai est la norme de la logique, le bien est la norme de la morale et le beau est la norme de l'esthétique.

Grâce au formalisme sur lequel repose la logique, le vrai est une norme clairement définie, mais il n'en va pas de même du beau et du bien. Rien dans la philosophie n'apporte d'indication qui permettrait d'asseoir un jugement esthétique assuré sur tel ou tel objet. Un même objet sera trouvé beau par les uns, laid par les autres, et ceux qui le trouvent beau comme ceux qui le trouvent laid auront chacun des motifs différents pour porter le même jugement.

Le philosophe considère que le beau est ce qui éveille chez les hommes un sentiment particulier appelé « émotion esthétique ». Il pense que ce sentiment est entièrement désintéressé, mais qu'il est partiellement déterminé par les habitudes et les connaissances. Même les émotions esthétiques que nous ressentons devant certains spectacles de la

nature dépendent, au moins en partie, des valeurs culturelles du moment : la beauté que nous reconnaissons aujourd'hui aux tempêtes ou aux glaciers des Alpes était inconnue à nos ancêtres avant le XVIIe siècle. De tels spectacles les rebutaient ou les épouvantaient.

Cela explique que les nouvelles formes d'art ont d'abord du mal à se faire accepter : nous n'y sommes pas préparés. Vers 1880, beaucoup de gens raffinés estimaient que la peinture impressionniste était horrible. Il est trop facile, et bien fat, de considérer rétrospectivement que ces gens étaient des imbéciles.

Besoin

Ô Dieu, ma force usée en ce besoin me laisse.

Corneille

Le besoin est l'état d'un être par rapport à ce qui lui est nécessaire pour parvenir à une certaine fin. Si je veux aller de Paris à Marseille en moins de deux heures, j'ai *besoin* d'un avion. Si je ne suis pas pressé, je peux avoir *envie* de prendre l'avion : ce n'est plus un besoin.

C'est la considération de la fin qui permet de distinguer nettement le besoin du désir. Ainsi, dans le domaine physiologique, si on attribue comme fin à un corps vivant de se maintenir en vie, ses besoins sont limités : s'alimenter, évacuer, dormir. L'acte sexuel correspond à un besoin de l'espèce (la reproduction), mais n'est qu'un désir de l'individu : on ne meurt pas de ne pas faire l'amour.

La langue courante a tendance à abuser du mot *besoin;* nous aurions besoin de voitures, de télévision, etc. Ces objets sont les besoins d'un certain confort, mais ce confort lui-même n'est pas un besoin de notre vie. Ce fut la grande leçon morale de l'épicurisme (voir p. 18) d'apprendre à distinguer les vrais et les faux besoins.

Bien

> Le seul bien qui me reste au monde
> Est d'avoir quelquefois pleuré.
>
> Musset

Ce petit mot, très courant, est en français soit un adverbe : « bien faire », « aller bien », « j'aime bien », etc. ; soit un nom : « faire le bien », « avoir du bien », « les biens alimentaires », etc. Les philosophes emploient ce mot, comme tout le monde, dans toutes ses nuances. Deux types d'emploi, plus propres à la philosophie, se détachent.

En morale, le Bien est la notion normative fondamentale de la morale et de l'éthique : c'est ce qu'on approuve quand on considère des actes passés, ce qu'on doit faire quand on considère des actes futurs. La plupart des philosophes distinguent cependant le *bien* et le *devoir :* le devoir est une obligation qu'on se fixe, tandis que le bien n'implique pas par lui-même obligation ; on peut connaître le bien et ne pas le faire. Kant voit les choses autrement : pour lui, le bien consiste simplement à faire son devoir.

En métaphysique, le Bien désigne chez les philosophes antiques et médiévaux l'Être qui possède la perfection absolue. *Bien, Être,* et parfois *Dieu* sont alors synonymes. Chez Platon, l'idée de Bien est au sommet du monde intelligible.

Cause

Petites causes, grands effets.

(*proverbe*)

Le mot *cause*, dans l'usage philosophique, ne se distingue pas fondamentalement d'un sens de ce mot dans l'usage courant : celui qui associe cause à effet. En revanche, le sens juridique de ce mot (« plaider une cause ») est étranger à la philosophie.

Même restreint à ce sens, le mot est vague, et les philosophes ont eu le souci de le préciser. Par exemple, si, lorsque vous allumez votre lampe, la lumière apparaît, quelle est exactement la cause de cette apparition ? Vous, qui avez actionné l'interrupteur ? le contact entre deux lamelles de métal que votre geste a produit ? le courant électrique qui porte à incandescence le filament ? Tout dépend de quel point de vue on se place. C'est pourquoi les philosophes ont précisé le mot *cause* par une série d'épithètes.

1) La ***cause matérielle :*** en quoi est l'objet considéré ? Il y a de la lumière parce qu'il y a une ampoule à filament et une prise électrique.

2) La ***cause formelle :*** quelle est la nature de l'objet ou du phénomène considérés ? Il y a de la lumière, parce que le filament chauffé produit un rayonnement.

3) La ***cause efficiente :*** qui l'a fait ou provoqué ? Il y a de la lumière parce que vous avez actionné l'interrupteur.

4) La ***cause finale :*** pour quelle raison a-t-il été fait ou provoqué ? Il y a de la lumière pour qu'on y voie clair.

Lorsqu'on emploie *cause* sans épithète, il s'agit en général de la cause efficiente : quel phénomène ou quel objet A, qui précède dans le temps un phénomène ou un objet B, a produit ou provoqué B ?

On trouve également en philosophie les expressions : ***cause première,*** cause qui agit par elle-même, sans être effet d'aucune autre cause ; au sens strict, ce serait Dieu ; ***cause seconde,*** cause qui est elle-même effet d'une autre cause précédente ; le contact est cause seconde de la lumière, car il a lui-même pour cause votre geste sur l'interrupteur.

Lorsqu'on analyse un phénomène, c'est-à-dire lorsqu'on remonte par l'esprit la série des causes, on distingue :

— la ***cause prochaine :*** c'est le phénomène qui précède immédiatement l'effet considéré ;

— la ***cause dernière :*** c'est la première cause de la série ;

— une ***cause lointaine :*** c'est une des causes de la série, qui n'est ni prochaine, ni dernière.

Par exemple, si vous vous retrouvez ce matin sur votre lieu de travail, la cause prochaine est le déplacement qui vous a amené là ; la cause dernière, votre contrat d'embauche ; parmi les causes lointaines, il y a le fait que votre réveil a bien sonné.

Certain, certitude

Il n'est pas certain que nous voyions demain.

Pascal

Les deux expressions « une certaine chose » et « une chose certaine » n'ont pas du tout le même sens. Seul le second emploi se rapporte à la certitude. Il faut cependant distinguer encore deux nuances, dans cet emploi, selon que l'adjectif *certain* se rapporte à une personne ou à une proposition. Dans le premier cas (« je suis certain que... »), il indique un état psychologique qui est le contraire du doute, mais qui n'implique pas forcément que ce dont on est certain soit une connaissance vraie. Les hommes ont longtemps été certains que le Soleil tournait autour de la Terre, ce qui est pourtant faux. Dans le second cas, *certain* est un synonyme intensif de *vrai :* « Cette conclusion est certaine », c'est-à-dire assurément vraie. C'est pourquoi, les philosophes distinguent, à la suite de Descartes, deux sortes de certitudes.

— La ***certitude morale*** ou ***psychologique,*** qui est l'adhésion de l'esprit à ce qui, paradoxalement, n'est pas certain (au sens d'assurément vrai), mais qu'on a seulement des raisons suffisantes de tenir pour vraies.

Exemple : je suis certain que Louis XIV a existé, mais cette certitude repose seulement sur la confiance que j'accorde aux historiens qui l'affirment ; je n'ai pas moi-même vérifié l'authenticité des documents qui l'attestent (un débat récent sur les chambres à gaz des camps de concentration nazis pose ce problème).

— La ***certitude mathématique*** ou ***logique***, qui est l'adhésion de l'esprit à ce qui ne peut pas ne pas être vrai :

Ainsi cette certitude s'étend à tout ce qui est démontré dans la mathématique ; car nous voyons clairement qu'il est impossible que deux et trois joints ensemble fassent plus ou moins que cinq, ou qu'un carré n'ait que trois côtés, et choses semblables.

Descartes

Concevoir, conception

Ce que l'on conçoit bien s'énonce clairement.

Boileau

La formation d'une langue naturelle est irrégulière et capricieuse. La forme savante *intellect* a un dérivé *intellection*, mais son synonyme plus couramment employé, *entendement*, n'en a pas. Par contre, le nom *entendement* a un correspondant verbal, *entendre ;* mais dans son sens de *comprendre*, ce verbe est aujourd'hui assez désuet. Le verbe *concevoir* et le nom *conception* viennent combler les lacunes de ce système imparfait. Le vocabulaire philosophique s'est ainsi constitué la famille suivante : *entendement* (qui est une faculté), *conception* (action de cette faculté, forme nominale), *concevoir* (action de cette faculté, forme verbale), *concept* (résultat de cette action).

En ce sens précis, la conception est donc l'opération par laquelle l'esprit forme un concept (voir p. 66). Par glissement de sens, le mot *conception* désigne aussi le résultat de l'opération de l'entendement. Ainsi, on parle de la « conception platonicienne de l'État », d'une « conception pessimiste de la vie », etc. *Conception* est alors synonyme de « théorie, ensemble d'idées relatives à... » ; c'est en ce sens que le mot est employé dans la langue courante. Gênés par ce glissement, certains philosophes modernes ont recours au mot ***conceptualisation***, pour désigner la conception dans son premier sens philosophique (l'opération de l'esprit et non son résultat).

Condition

Pas question
Dans ces conditions
D'abandonner les comptoirs de l'Inde.

Guy Béart

La langue courante connaît essentiellement deux emplois de ce mot. Le premier correspond à la proposition *conditionnelle :* « Si tu es sage, tu auras... » (= « tu auras... à condition d'être sage »). Le second est à peu près synonyme de *situation :* « la condition humaine », « la condition ouvrière » ; ou, au pluriel, de *circonstances :* « les conditions atmosphériques », « les conditions économiques actuelles ».

Condition, dans son premier sens, doit être mis en relation avec *cause.* La condition est un élément indispensable à la production d'un certain phénomène, mais se distingue, en principe, de la cause de ce phénomène.

> Il ne faut pas confondre les causes et les conditions. Tout est là. La matière n'est jamais cause de rien.
>
> Claude Bernard

La plupart des philosophes considèrent cependant que cette distinction est mal établie ou, plus exactement, que cette distinction n'est qu'une question de point de vue. Pour qu'un certain phénomène ait lieu, un certain nombre de conditions sont nécessaires et, selon le point de vue à partir duquel on considère le phénomène, l'une de ces conditions sera appelée cause.

Si vous cassez une assiette dans votre cuisine, ce résultat (l'assiette est cassée) met en cause : votre maladresse, la pesanteur, la fragilité du matériau de l'assiette, la dureté du sol, etc. Selon le point de vue que vous adoptez, l'un de ces éléments sera cause, et les autres conditions.

Cas particulier : dans l'expression, fréquente en mathématique, *condition nécessaire et suffisante* (qu'on formule : « pour que... il *faut* et *il suffit* que... »), le mot *condition* est synonyme de *cause,* puisqu'un seul élément est en jeu.

• ***Conditionnement.*** Ce dérivé fait la synthèse entre les deux sens du mot *condition.* Une certaine technique, fondée sur des relations du type « si..., alors », crée peu à peu un certain état. Par exemple, dans l'éducation, par une série de conditions (si tu es sage, récompense/si tu es vilain, punition) on amène progressivement l'enfant à la condition (c'est-à-dire à l'état ou la situation) de jeune homme civilisé.

• ***Réflexe conditionné*** ou ***conditionnel.*** C'est le résultat d'un *conditionnement,* chez le célèbre chien du psychologue russe Pavlov. La présentation de nourriture déclenche chez le chien un réflexe naturel de salivation. On associe systématiquement la présentation de nourriture à une sonnerie. Au bout d'un certain temps, la sonnerie seule déclenche le réflexe conditionné de salivation.

Conscience

> On ne peut pas réaliser que les autres gens sont des consciences qui se sentent du dedans comme on se sent soi-même.
>
> Simone de Beauvoir

Dans une première approche, on peut définir la conscience comme le fait de percevoir ce qu'on est soi-même et ce qui se passe autour de soi. La conscience fait partie de ces données élémentaires de notre vie qu'il est difficile de définir.

La conscience ne se confond pas avec la perception : les tournesols perçoivent la position du soleil, mais il serait abusif de dire qu'ils en ont conscience. Même chez l'homme, la conscience n'accompagne qu'une partie des perceptions. L'anesthésie complète supprime toutes perceptions, donc la douleur. Mais le sommeil ne supprime que la conscience : une sensation pas trop forte (qui ne réveillera pas le dormeur) sera perçue par lui, sans qu'il en ait conscience. C'est le cas du froid : le corps se recroqueville, les mains cherchent en tâtonnant à tirer une couverture.

Les philosophes distinguent la ***conscience spontanée***, qui est perception consciente de quelque chose (j'ai faim, j'ai froid, il y a un bruit, etc.) et la ***conscience réfléchie***, dans laquelle cette perception consciente se double d'une perception de soi-même en train de percevoir quelque chose (voir p. 307).

Le mot *conscience* est également employé, en un sens très différent, en morale. La langue courante dit *conscience* tout court : « en mon âme et conscience », « j'ai ma conscience pour moi », etc. En termes précis, il convient de dire *conscience morale*. Celle-ci serait une propriété qu'a l'esprit humain de porter des jugements normatifs immédiats sur les actions : c'est bien, c'est mal. Pour certains, cette propriété est innée en l'homme, et elle est le fondement de la morale : « conscience, instinct divin », dit Rousseau. Pour d'autres, elle est le fruit de l'éducation ; ce n'est donc que l'exercice d'une connaissance acquise du bien et du mal, mais en aucune façon le fondement de cette connaissance.

Contraire, Contradictoire

La condition féminine ? Mais madame, la condition féminine, je ne suis ni pour, ni contre, bien au contraire.

Bernard Haller

Dans une « réunion publique et *contradictoire* », on peut s'attendre à ce que les adversaires du conférencier disent exactement le *contraire* de ce qu'affirme ce dernier. Pourtant, le langage courant sent bien la différence qui existe entre *contraire* et *contradictoire*.

Prenons un premier cas. Pierre dit : « La soupe est bonne. » Jacques répond : « La soupe est mauvaise. » Soit. Ils disent le *contraire* l'un de l'autre, mais à chacun ses goûts. Second cas. Pierre dit : « J'étais chez moi hier à huit heures. » Jacques répond : « Non, tu n'y étais pas. » Là, cela ne va plus : il faut que l'un des deux ait raison, et l'autre tort. Leurs propos sont *contradictoires*.

Pour les philosophes et les logiciens, la distinction entre *contraire* et *contradictoire* revêt une importance capitale.

Contraire et *contradictoire* représentent les principales *relations d'opposition*, qui sont mises en lumière par le schéma suivant :

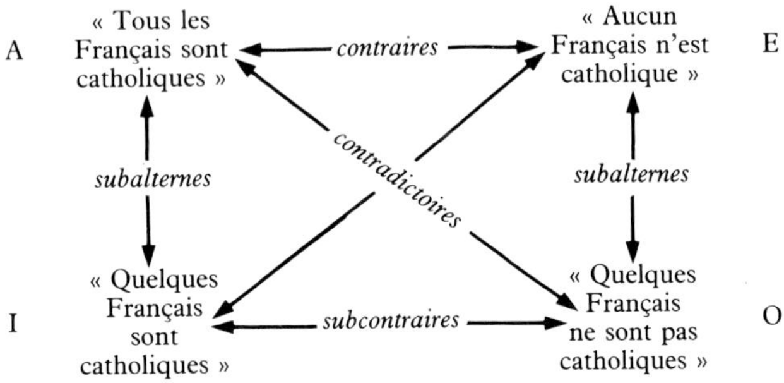

Rappelons d'abord la signification des lettres qui servent à coder ces types de phrases :

A = proposition universelle affirmative ;
E = proposition universelle négative ;
I = proposition particulière affirmative ;
O = proposition particulière négative.

Nous nous contenterons d'examiner *contraires* et *contradictoires*.

1) ***La règle des contraires :*** « Tous les Français sont catholiques » (A) et « Aucun Français n'est catholique » (E) sont deux propositions contraires ; la vérité de l'une implique la fausseté de l'autre, mais cette implication n'est pas réciproque.

En effet, si « Tous les Français sont catholiques » est vrai, alors je peux en déduire logiquement que « Aucun Français n'est catholique » est faux ;

mais si « Aucun Français n'est catholique » est faux, on ne peut pas en déduire que « Tous les Français sont catholiques » est vrai ; on peut seulement conclure : « Quelques Français sont catholiques », « Il y a au moins un Français catholique ».

On fera la même démonstration en inversant l'ordre des propositions :

Si « Aucun Français n'est catholique » est vrai, alors « Tous les Français sont catholiques » est faux ;

mais si « Tous les Français sont catholiques » est faux, on ne peut pas en déduire que « Aucun Français n'est catholique » est vrai, mais seulement : « Quelques Français ne sont pas catholiques », « Il y a au moins un Français qui n'est pas catholique ».

Résumons : si l'une des deux (n'importe laquelle) est vraie, alors l'autre est nécessairement fausse ; mais si l'une des deux (n'importe laquelle) est fausse, on ne peut rien en déduire quant à l'autre. Autrement dit, *deux propositions contraires ne peuvent pas être vraies en même temps, mais elles peuvent être fausses en même temps.*

Les logiciens adoptent des conventions d'écriture immédiatement parlantes lorsqu'on en a l'habitude. Pour marquer qu'une proposition est fausse, on l'affecte du signe de la négation (qui est une barre horizontale) ; la vérité d'une proposition est marquée par défaut : on ne l'affecte d'aucun signe. On écrira donc la règle des contraires ainsi :

$A \Rightarrow \bar{E}$ se lit : « A implique non-E », et signifie : « si A est vrai, alors E est faux ».

$E \Rightarrow \bar{A}$: « si E est vrai, alors A est faux ».

Mais :

$\bar{E} \not\Rightarrow A$ se lit : « non-E n'implique pas A », et signifie : « si E est faux, on ne peut pas conclure que A est vrai ».

$\bar{A} \not\Rightarrow E$: « si A est faux, on ne peut pas conclure que E est vrai ».

Ces notations permettent de voir immédiatement qu'il n'y a pas réciprocité (on dit plus exactement qu'il n'y a pas d'***implication réciproque***), puisque $A \Rightarrow \bar{E}$, mais pas $\bar{E} \Rightarrow A$. Il y aurait eu réciprocité si l'on avait pu écrire $A \Leftrightarrow \bar{E}$.

2) ***La règle des contradictoires :*** « Tous les Français sont catholiques » (A) et « Quelques Français ne sont pas catholiques » (O) sont deux propositions contradictoires ; la vérité de l'une implique la fausseté de l'autre, *et réciproquement.*

En effet, si « Quelques Français ne sont pas catholiques » est vrai, alors je puis en déduire logiquement que « Tous les Français sont catholiques » est faux.

Réciproquement, si « Tous les Français sont catholiques » est faux, alors je puis en déduire logiquement que « Quelques Français ne sont pas catholiques » est vrai.

Soit, dans l'écriture conventionnelle des logiciens :

$$O \Rightarrow \bar{A} \quad \text{et} \quad \bar{A} \Rightarrow O$$

ou, pour simplifier l'écriture : $O \Leftrightarrow \bar{A}$

On fera exactement la même démonstration en inversant l'ordre des propositions dans l'examen.

En effet, si « Tous les Français sont catholiques » est vrai, alors « Quelques Français ne sont pas catholiques » est faux.

Réciproquement, si « Quelques Français ne sont pas catholiques » est faux, alors « Tous les Français sont catholiques » est vrai.

Cette dernière implication n'est pas immédiatement évidente. Réfléchissons bien : dire que « quelques-uns ne le sont pas » est faux, c'est dire qu'il n'y en a aucun qui ne le soit pas, autrement dit que tous le sont !

Nous avons bien l'implication réciproque :

$$A \Rightarrow \bar{O} \quad \text{et} \quad \bar{O} \Rightarrow A$$

ou, pour simplifier l'écriture : $A \Leftrightarrow \bar{O}$

Résumons : si l'une des deux (n'importe laquelle) est vraie, alors l'autre est nécessairement fausse, et si l'une des deux (n'importe laquelle) est fausse, alors l'autre est nécessairement vraie. Autrement dit, *deux propositions contradictoires ne peuvent être ni vraies en même temps, ni fausses en même temps.*

Cela ne vous rappelle-t-il pas quelque chose ? C'est le ***principe du tiers exclu*** (voir p. 134). La distinction entre contraire et contradictoire est fondamentale en logique, car elle concerne les principes logiques eux-mêmes : le principe du tiers exclu s'applique à des propositions contradictoires, mais non à des propositions contraires.

Cette distinction exige, il est vrai, un effort d'attention intellectuelle non négligeable, et les imprécisions des langues naturelles ne facilitent pas les choses.

Critique

> On fait de la critique quand on ne peut pas faire de l'art, de même qu'on se met mouchard quand on ne peut pas être soldat.
>
> Flaubert

Tiré du grec *kritikos*, qui juge, *la critique* a pris dans la langue courante un sens négatif de dénigrement : « faire des critiques ». Pourtant, les critiques théâtrales ou littéraires qui paraissent dans les journaux n'ont pas pour but de dénigrer telle pièce ou tel livre, mais, en principe, de l'analyser. Les expressions « une bonne critique », « une critique élogieuse » n'ont donc rien de contradictoire.

En philosophie, *critique* a toujours ce deuxième sens d'« analyse ». Ce mot a surtout deux emplois historiques.

— ***L'esprit critique*** désigne, en un sens étroit, la philosophie du XVIIIe siècle, héritière de l'esprit d'examen et du doute méthodique de Descartes. En un sens large, c'est un synonyme, non situé historiquement, d'*esprit d'examen*.

— La ***philosophie critique*** désigne la pensée de Kant et des philosophes qui se réclament de lui. Les trois ouvrages principaux de Kant s'intitulent : *Critique de la Raison Pure, Critique de la Raison Pratique, Critique du Jugement.* Le mot *critique* y a le sens technique d'« examen de la valeur ».

De l'usage kantien du mot *critique* est dérivé le terme ***criticisme,*** qui désigne la philosophie de Kant, ou la méthode de Kant.

Définition

On va de définition en définition dans les sciences abstraites ; on marche d'observation en observation dans les sciences réelles. Dans les premières, on arrive à l'évidence ; dans les dernières, à la certitude.

Buffon

C'est un paradoxe des dictionnaires, que le mot *définition* est un des plus difficiles à définir. Le sens de ce mot oscille perpétuellement entre deux nuances (ce sont peut-être plus que des nuances) : dire ce que signifie un mot ; décrire complètement un objet.

Dans le premier cas, on a ce qu'on appelle une ***définition nominale :*** on part d'un mot dont on ignore ou dont on connaît mal le sens, et on le remplace par un autre mot ou groupe de mots qui en donne l'exact équivalent.

Cheval : animal domestique de la famille des solipèdes, qu'on emploie à tirer ou à porter.

Littré

Il faut alors se reporter éventuellement à la définition des autres mots utilisés dans cette définition (qu'est-ce qu'un solipède ?).

Dans le second cas, on a ce qu'on appelle une ***définition réelle.*** On part d'une chose ou d'un objet de pensée, et l'on essaie de dire tout ce qui doit permettre de reconnaître la chose en question et de ne reconnaître qu'elle.

Imaginez que vous ayez à définir le cheval pour un petit enfant qui n'en a jamais vu, et sans que vous disposiez d'une image : c'est un grand animal à quatre pattes (la vache aussi), mais qui n'a pas de cornes (l'éléphant non plus), qui n'a pas de trompe (l'âne non plus), etc.

La définition réelle se fait, disent les philosophes, par le ***genre prochain*** et la ***différence spécifique.*** Lorsqu'on considère un objet quelconque, on peut le faire appartenir à un premier ensemble, qu'on appelle « espèce », puis à un second ensemble, d'extension plus large, qu'on appelle « genre ».

Exemple : l'homme est un mammifère (*espèce*), donc un animal (*genre*). Définir l'objet *homme*, c'est définir l'espèce qui porte ce nom. On cherche donc son genre prochain (le premier ensemble d'extension immédiatement supérieur à cette espèce) : animal. Puis la différence spécifique (le caractère qui différencie cette espèce des autres espèces qui appartiennent au même genre) : cette différence réside en ce que l'homme est raisonnable. L'homme ne sera donc confondu ni avec le haricot, qui n'appartient pas au genre animal, ni avec le serpent ou le chien, puisqu'il y a entre lui et eux une différence spécifique.

D'un autre point de vue, les philosophes distinguent :

— la ***définition géométrique*** ou ***mathématique,*** qui crée l'objet qu'elle définit. Il y a des *boules* dans la nature, mais pas de *sphères*. On définit la sphère comme la figure engendrée par la rotation d'un demi-cercle autour de son diamètre. On peut ensuite étudier les propriétés de cet objet qu'on vient de créer ;

— la ***définition empirique*** ou ***expérimentale,*** qui part d'un objet, corps ou phénomène, qui existe dans la nature, et indique ce sur quoi les savants s'entendent à un moment donné. Ainsi, les physiciens appellent « vitesse » le rapport entre la distance parcourue par un objet en mouvement et le temps qui lui a été nécessaire pour parcourir cette distance. En zoologie ou en botanique, on définit un animal ou une plante par la place qu'ils occupent dans une certaine classification. Ces définitions sont des conventions, parfaitement précises pour ceux qui savent les utiliser, mais pas forcément utilisables en dehors de leur domaine d'application : la définition zoologique du cheval ne dira pas grand-chose à un petit enfant.

Dès qu'on sort des domaines où ce type de définitions est possible, on retrouve toutes les difficultés de la définition : comment s'entendre sur les définitions d' « amour », de « liberté », de « bonheur », etc. ?

Déterminé, détermination

> Bien que cela fût constaté par le Conseil des ministres, et que j'y eusse marqué ma détermination...
>
> Charles de Gaulle

La langue courante donne le plus souvent à ces mots un sens psychologique : « agir avec détermination », « je suis bien déterminé à lui demander des comptes ». Ce sont des synonymes partiels de « décidé », « décision ». Que pourrait bien vouloir dire alors la belle formule de Spinoza :

> Toute détermination est négation.

Pour le philosophe, *déterminer* signifie d'abord, au sens étymologique « fixer les limites » (du latin *terminus*, limite) et son sens se rapprocherait plutôt de *définir*. Déterminer un objet de pensée, c'est dire ce qu'il est, et par conséquent, explicitement ou implicitement, dire aussi ce qu'il n'est pas. Si je dis que les yeux de Marie sont bleus, j'indique aussi qu'ils ne sont pas noirs, pas verts, etc. : ainsi se comprend la phrase de Spinoza. De même, déterminer les causes d'un phénomène, c'est les rechercher et les désigner clairement et exclusivement.

Le participe passé *déterminé* a donc d'abord le sens de « défini, connu » : « à une date déterminée », « dans des conditions déterminées ». Par extension, il a pris le sens de « soumis à des conditions », « lié causalement à quelque chose d'autre ».

> Dans la machine à vapeur (...) le mouvement de chaque rouage est déterminé par des conditions physiques.
>
> Claude Bernard

Déterminé s'oppose alors à *libre*.

Le néologisme ***déterminisme***, forgé par Claude Bernard, se rapporte à ce sens du participe *déterminé*. Il a eu un grand succès chez les philosophes et les savants. On peut distinguer deux emplois.

1) Le déterminisme est une propriété des choses :

> Le déterminisme d'un phénomène est l'ensemble de ses conditions matérielles, c'est-à-dire des circonstances qui entraînent son apparition.
>
> Claude Bernard

2) Le déterminisme est une théorie scientifique, théorie selon laquelle, les phénomènes de la nature étant déterminés

(= liés causalement les uns aux autres), la connaissance scientifique permet de prévoir avec exactitude l'apparition des phénomènes. C'est le sens que donnent notamment les physiciens au mot *déterminisme*.

Par extension, on parle de ***déterminisme psychologique :*** comme dans le monde physique, la vie psychique est déterminée. Notre passé, notre éducation, notre situation sociale déterminent (= sont la cause de) ce que nous croyons être des choix : le métier que nous faisons, le genre d'homme ou de femme que nous aimons, nos idées politiques, etc. Les marxistes adoptent entièrement ce type de déterminisme, parfois jusqu'à la caricature. Les existentialistes ont essayé de montrer comment ce déterminisme, qu'on est forcé d'admettre, au moins partiellement, n'interdisait pas la liberté de l'homme.

Devenir

Que sont mes amis devenus
Que j'avais de si près tenus
Et tant aimés ?

Rutebeuf

Ce verbe a en philosophie le même sens que dans la langue courante : être dans le temps, passer d'un état à un autre. « Qu'est-ce que tu deviens ? » ; « Petit poisson deviendra grand. » Mais en philosophie, c'est aussi un nom, ***le devenir***, et cela manifeste l'importance que les philosophes attachent à cette idée.

C'est un des plus vieux thèmes de la philosophie, et qui présente de grandes difficultés. Pour dire les choses un peu grossièrement, *le devenir* s'oppose à *l'être*, comme le mouvement à l'immobilité, la multiplicité à l'unité. Si l'on pousse l'idée jusqu'au bout, devenir, ce n'est pas changer d'état (le mot *état* suppose encore une stabilité, même provisoire), c'est changer sans cesse.

Dès lors, on ne peut plus dire que *quelque chose* ou *quelqu'un* changent, deviennent autres, puisque le verbe *devenir* refuse toute stabilité à ce sujet *quelque chose* ou *quelqu'un*. Notre pensée et notre langage créent de grandes tranches, provisoirement stables : le bébé, l'enfant, l'adolescent, l'adulte, le vieillard, le cadavre. Mais en réalité, il n'y a qu'un mouvement continu et, d'une seconde à l'autre, nous ne sommes plus le même. La tradition a retenu la formule expressive d'Héraclite d'Éphèse :

> Le même homme ne se baigne jamais deux fois dans le même fleuve.

Devoir

> *Devoirs :* les exiger de la part des autres ; s'en affranchir. Les autres en ont envers nous, mais on n'en a pas envers eux.
>
> Flaubert

Le verbe *devoir* a de multiples valeurs : dette, obligation, probabilité, expression du futur. Le nom *devoir* correspond à une seule de ces valeurs, celle d'obligation.

Les philosophes s'intéressent surtout au devoir moral. En un sens qu'on peut dire abstrait, le devoir est l'obligation morale considérée en elle-même, et non par rapport à son objet. L'accent est mis sur le fait de devoir faire quelque chose, et non sur ce qu'on doit faire. Cependant, cette idée très générale est le plus souvent mise en relation avec le Bien : pour autant que nous connaissons ce Bien, nous *devons* faire ce qui correspond au Bien. Mais alors apparaît le problème du fondement de la morale. Si l'on demande : « Sur quoi repose le devoir ? », on répond : « Sur le Bien. » Mais, si l'on demande : « Et sur quoi repose le Bien ? », les réponses divergent, ou il n'y a plus de réponse.

Kant a essayé de poser le problème autrement, en allant jusqu'au bout de cette association du devoir et du Bien. Le devoir est ce que Kant appelle un ***impératif catégorique.*** C'est le devoir lui-même qui est le Bien, il n'a d'autre justification que lui-même. Supposer un Bien qui nous dicterait notre devoir est une façon impure de considérer le devoir :

> La plus grande perfection morale possible de l'homme est de remplir son devoir, et *par devoir.*

Le devoir ne repose donc que sur lui-même, puisque le devoir seul est le Bien.

En un sens plus concret, *un devoir* est une obligation définie, qui correspond à un objet désigné.

> Le premier des devoirs sans doute est d'être juste.
>
> Voltaire

Dans tous les cas, l'idée de devoir suppose la *liberté* de celui qui fait son devoir. En cas de guerre, je fais mon devoir en servant mon pays : je pourrais ne pas le faire, ou estimer que mon devoir est autre, si je suis pacifiste absolu. Mais, si on me transporte pieds et poings liés sur le front, aucune de ces questions ne se pose : je ne fais plus mon devoir, je subis une contrainte.

Distinguer, distinction

> Distinction est petitesse. Les idées distinctes sont de petites idées.
>
> Félix Ravaisson

Distinguer deux choses l'une de l'autre, c'est reconnaître qu'on a affaire à deux choses différentes : on distingue le sel fin et le sucre en poudre par le goût. De même, distinguer une chose, c'est reconnaître que cette chose constitue un ensemble différent de ce qui l'entoure : je distingue une forme à l'horizon.

La *distinction* est l'opération par laquelle on distingue. Elle a pour effet d'isoler, du point de vue de la perception ou du point de vue de la pensée, l'élément distingué de ce qui l'entoure, le jouxte ou lui ressemble.

Distinction et le participe passé *distingué* ont pris dans la langue courante un sens particulier, mais fréquent, et sont devenus synonymes de « raffinement », « raffiné » : « un homme distingué », « avoir de la distinction ». C'est un glissement de sens dont on voit aisément l'origine : un homme distingué est un homme qu'on distingue des autres. En ce sens, un clochard loqueteux et ivrogne dans une soirée élégante du grand monde pourrait être qualifié de « très distingué ».

La réflexion philosophique, quant à elle, « distingue » deux distinctions.

1) La ***distinction réelle*** est effectuée par l'esprit sur des objets réellement distincts les uns des autres. Ainsi distingue-t-on, dans un visage, la pavillon de l'oreille et le nez.

2) La ***distinction logique*** est créée par l'esprit. C'est elle qui est en œuvre lorsqu'on distingue la fonction esthétique du

pavillon de l'oreille de sa fonction acoustique. Elle est fréquemment employée pour distinguer deux aspects d'une même personnalité. Quand le Tartuffe de Molière s'écrie :

> Ah ! pour être dévot, on n'en est pas moins homme !

il fait une remarquable distinction logique.

Obscur / clair ; confus / distinct

> Cette obscure clarté qui tombe des étoiles
>
> Corneille

Ces deux couples d'opposés sont très employés dans la langue philosophique du XVIIe siècle, pour apporter des précisions au terme, jugé vague, d' « idée ». Ils apparaissent notamment chez Descartes, Leibniz, Locke ; il y a quelques nuances d'emploi d'un auteur à l'autre, mais les définitions de Leibniz peuvent faire l'objet du plus large accord.

Exprimons-les à l'aide d'un exemple : un enfant a une idée obscure du cercle s'il ne sait pas distinguer le cercle de l'ovale ou de diverses figures courbes. Il a une idée *claire* du cercle, s'il le distingue de toute autre figure courbe ; mais, quoique claire, cette idée est confuse s'il ne peut dire ce qu'est un cercle qu'en en montrant des exemples, ou en le décrivant imprécisément : « c'est tout rond », « c'est ce qu'on trace avec un compas ». Enfin, il a une idée *distincte* du cercle s'il sait en donner une définition précise, d'où l'on peut tirer les propriétés du cercle : c'est l'ensemble des points équidistants d'un même point appelé centre, dont tous les rayons sont égaux, le diamètre est le double du rayon, etc.

Doute

> Qui ne sait rien, de rien ne doute.
>
> Pierre Gringoire

Le doute est l'état de l'esprit quand nous nous demandons si un fait est réel ou non, si une proposition est vraie ou fausse. Il faut distinguer en principe *douter* et *nier* (que telle chose existe, que telle proposition soit vraie) : la négation est une certitude, le doute revient à admettre qu'on ne sait pas. Les philosophes distinguent deux types de doute :

— le *doute sceptique*, qui est une fin en soi, un doute établi dont on ne cherche pas à sortir. L'esprit s'installe dans la position : « Je ne sais rien » ; ou, en poussant plus loin, comme Montaigne : « Que sais-je ? »

— le *doute méthodique*, qui est un moyen : cela consiste à tenir provisoirement pour faux tout ce dont la vérité n'est pas assurée, jusqu'à ce qu'on ait pu établir par l'examen de la raison si c'est vrai ou si c'est faux. Le but du doute méthodique est d'aboutir à une nouvelle certitude (qui pourra toujours être réexaminée). Descartes a fait du doute méthodique une règle intellectuelle :

> Pour ce qu'alors je désirais vaquer seulement à la recherche de la vérité, je pensai qu'il fallait que (...) je rejetasse comme absolument faux tout ce en quoi je pourrais imaginer le moindre doute, afin de voir s'il ne resterait point, après cela, quelque chose en ma créance qui fût entièrement indubitable.

Droit

Le *droit :* on ne sait pas ce que c'est.

Flaubert

Ce mot a un grand nombre de sens : *droit* s'oppose à *tordu, courbe* (« un bâton droit ») ; par image, il signifie « juste », « honnête » (« un homme droit ») ; *droit* indique une direction (« tout droit », opposé à « en tournant ») ; *droit* s'oppose à *gauche* (« bras droit ») ; enfin, comme nom, il désigne tout ce qui a trait à la juridiction ou à une quelconque réglementation (« Faculté de Droit », « avoir le droit de »). Seul ce dernier sens nous intéresse ici.

Il existe une opposition fondamentale entre *droit* et *fait.* Un fait s'impose par la force de son existence, un droit est légitime. Par exemple, en politique, un putschiste a un pouvoir de fait, un élu a un pouvoir de droit.

Mais, à un niveau plus abstrait et véritablement philosophique, on distingue les ***vérités de droit*** et les ***vérités de fait.*** Une vérité de droit ne dépend en rien des événements. Elle peut être affirmée n'importe où et n'importe quand. C'est le cas pour 2 + 2 = 4. Une vérité de fait dépend d'un événement. Elle ne pouvait être affirmée avant que l'événement se produisît. Exemple : « Balzac est mort en 1850. »

Dans le domaine proprement juridique, les philosophes ont établi certaines distinctions.

• Le ***droit positif*** désigne l'ensemble des règles établies par un législateur ; il regroupe donc tous les sous-ensembles particuliers : Droit civil, Droit pénal, etc.

• Le ***droit naturel*** est ce qu'on appelle parfois « le droit non écrit ». C'est l'ensemble des règles qui paraissent aller de soi, parce que conformes à la nature propre de l'homme. La liberté, la propriété, la légitime défense, l'obligation d'entretenir ses enfants jusqu'à un certain âge, relèveraient du droit naturel. C'est, en principe, en considération du droit naturel qu'on écrit le droit positif, mais le droit naturel est invoqué pour combattre le droit positif, lorsqu'on le juge insuffisant ou injuste. Les philosophes du XVIIIe siècle, par exemple, le citent souvent pour combattre l'organisation politique, économique et sociale de l'Ancien Régime.

Il faut remarquer, cependant, que ce droit dit naturel est en fait culturel, et que son contenu varie avec l'histoire. Ainsi, à Rome, le père avait droit (positif) de vie et de mort sur ses enfants. Ce point de droit positif paraissait aux Romains s'appuyer sur le droit naturel ; aujourd'hui cela nous choque et nous paraît bien peu « naturel ».

Effet

Et le désir s'accroît quand l'effet se recule.

Corneille

Dans une perspective philosophique, *effet* est le terme corrélatif de *cause*. On appelle *effet* tout phénomène, dans la mesure où on le considère comme le résultat d'une cause, et plus particulièrement d'une cause efficiente.

Égalité

Serai-je sur terre quand la justice et l'égalité règneront parmi les hommes ?

Pierre Leroux

C'est d'abord une notion mathématique ou logique : l'équivalence entre deux grandeurs : $3 + 2 = 5$; ou entre deux propositions : $(a + b)^2 = a^2 + 2ab + b^2$; « Vous n'êtes pas sans savoir que… » = « Vous savez que… »

Mais le terme *égalité* apparaît également dans l'expression « l'égalité entre les hommes ». C'est un problème compliqué qui exige qu'on mette de l'ordre dans ses pensées en faisant de nombreuses distinctions.

• ***L'égalité juridique*** ou ***civile,*** signifie que la loi est la même pour tous.

• ***L'égalité politique*** signifie
— que tous les citoyens ont un même accès à tous les emplois publics ; ils ne seront choisis qu'en considération de leurs compétences. Les emplois publics ne peuvent donc ni s'acheter, ni être transmis héréditairement ;
— que tous les citoyens, sauf déchéance prévue par la loi et prononcée par un tribunal, ont un même accès aux fonctions électives (peuvent se porter candidat à une élection) et aux fonctions de contrôle (peuvent voter à divers niveaux).

• ***L'égalité matérielle*** signifie que tous les hommes disposent des mêmes ressources.

Les deux premières égalités, sur lesquelles reposent les démocraties, sont des égalités de principe (car l'égalité matérielle n'est pas un principe des démocraties). Dans la pratique, les inégalités matérielles engendrent, au moins pour les citoyens qui sont aux deux extrémités de l'échelle sociale (les plus riches et les plus pauvres) des inégalités politiques et même juridiques non négligeables. Le socialisme du XIXe siècle a forgé la notion de ***démocratie formelle,*** pour décrire cette situation : on ne peut nier que les égalités existent, mais, pour les plus démunis des citoyens, elles sont de pure forme, car ils n'auront jamais les moyens d'en profiter. Tout petit Français peut devenir un jour préfet ; encore faut-il que ses parents aient eu les moyens financiers et culturels de lui faire faire les études qui l'amèneront au degré de compétence requis.

• ***L'égalité naturelle*** ou ***biologique,*** enfin, apparaît au philosophe comme une expression vide de sens. Si l'on entend par égalité équivalence, donc identité, la nature est parfaitement inégalitaire, car nous sommes tous différents les uns des autres. Tel est habile de ses doigts, tel raisonne avec aisance. En fait, ce qui est en jeu, ce n'est pas la nature, mais la société ; ce qui n'est que différence dans la nature peut devenir dans la société infériorité ou supériorité.

En soi, pour soi, par soi

> Chacun, pris en son air, est agréable en soi :
> Ce n'est que l'air d'autrui qui peut déplaire en moi.
>
> Boileau

Les deux premières expressions apparaissent dans la langue courante : « Le repos est agréable en soi », « chacun pour soi ». En philosophie, ces trois expressions appartiennent à la métaphysique, où elles ont un sens très particulier. Il y a des nuances non négligeables, d'un auteur à l'autre, dans l'emploi de ces expressions. On peut s'entendre sur les sens suivants :

• ***En soi*** signifie :
— « absolument » et s'oppose à « relativement » ou « par rapport à » :

> Rien n'est grand ni petit en soi.
>
> Malebranche

— « qui ne dépend pas d'autre chose » : la substance est *en soi*, tandis que les attributs de la substance dépendent d'elle ;

— « indépendamment de la connaissance que nous en avons », et s'oppose à « pour nous ». Chez Kant, la ***chose en soi*** ou ***noumène*** s'oppose au ***phénomène,*** qui est la chose pour nous, telle que nous la connaissons ;

— « sans conscience, opaque à soi-même », et s'oppose à « pour soi ». Chez Sartre, l'***être en soi*** c'est la chose privée de conscience, qui ne se sent pas exister et ne peut aspirer à autre chose que soi-même. L'homme, au contraire, est fondamentalement un ***être pour soi*** (voir ci-dessous).

• ***Par soi*** signifie :
— « qui existe en raison de sa propre essence, qui n'est pas effet d'une cause ». Dieu seul est *par soi.* C'est ce qu'on appelle *l'aséité* (voir p. 85) ;

— « qui est tel qu'il est en vertu de sa propre essence et non par accident ». Tout homme est doué de raison *par soi ;* certains hommes sont blonds ou roux, français ou japonais par accident.

• ***Pour soi*** désigne :
— chaque être dans la mesure où, par la conscience, il s'oppose à l'objet, c'est-à-dire à tout ce qui n'est pas lui (chez Hegel).

— la conscience, chez Sartre notamment. A l'*être en soi* (les choses inanimées, les animaux) manque le *pour soi*, c'est-à-dire la conscience. A l'*être pour soi* (l'homme), manque l'*en soi*. En effet, la possibilité d'être pour soi, c'est la possibilité de sortir de soi, de se dédoubler pour se regarder. Mais alors, nous ne savons plus si à la conscience que nous avons de nous-même correspond réellement cet être que nous appelons nous-même. Paradoxalement, la possibilité que nous avons de nous demander qui nous sommes fait que nous ne pourrons jamais le savoir. Seul Dieu, peut-être, s'il existe, serait un être à la fois en soi et pour soi.

Erreur

> Il est bon quelquefois de s'aveugler soi-même,
> Et bien souvent l'erreur est le bonheur suprême
>
> Destouches

Ce mot désigne soit une proposition fausse : « Il y a erreur », « C'est une erreur » ; soit l'acte ou l'état de l'esprit qui croit vrai ce qui est faux : « être dans l'erreur », « induire en erreur ». L'erreur apparaît donc soit parce que ce qui est affirmé contredit la logique : « Si A est plus grand que B, et si B est plus grand que C, alors A = C » ; soit parce que ce qui est affirmé n'est pas conforme à la réalité : « La Terre est plate ».

Les philosophes se sont demandé d'où venaient les erreurs, ou comment l'erreur était possible. Pour la philosophie classique, l'erreur est le plus souvent l'effet de nos sens : la Terre m'apparaît plate, le bâton plongé dans l'eau m'apparaît cassé ; l'entendement proprement dit ne devrait pas commettre d'erreur, mais « l'influence occulte de la sensibilité sur l'entendement » (Kant) amène l'esprit à commettre des erreurs.

Les philosophes modernes voient plutôt dans l'erreur une première étape de la connaissance : l'erreur découverte (quand je retire mon bâton de l'eau, je vois bien que l'eau ne l'a pas cassé) pousse à chercher une meilleure explication.

> Toutes nos vérités (...) sont des erreurs redressées.
>
> Alain

Espace

Le silence éternel des espaces infinis m'effraie.

Pascal

Quoi de plus simple en apparence que ce mot d'*espace* que nous employons peut-être tous les jours : « Il y a beaucoup d'espace dans cet appartement » ; « des espaces verts » ; « les voyageurs de l'espace », etc. Pourtant cette notion est l'objet des spéculations philosophiques et scientifiques (physiques et mathématiques) les plus ardues.

• *Représentation générale de l'espace*

Nous convenons généralement que nous vivons dans un espace à trois dimensions. Si vous voulez introduire un livre dans un rayonnage, vous serez obligé de tenir compte de sa hauteur, de sa largeur et de son épaisseur, qui correspondront respectivement à la hauteur, à la profondeur et à la largeur du rayonnage. Quels que soient les noms qu'on donne à ces dimensions (ils varient légèrement suivant l'objet considéré), nous retrouvons toujours trois axes. Ils sont symbolisés pour l'homme par les couples : *devant/derrière, droite/gauche, haut/bas.* La plupart de nos déplacements sont le résultat de la combinaison de deux ou trois de ces axes, ainsi lorsqu'on monte ou qu'on descend un escalier. A l'aide d'un système de trois axes, symbolisé physiquement par la girouette fichée sur son support, un observateur peut repérer exactement, par rapport à lui-même, la position de n'importe quel élément dans l'espace.

• *Réflexion philosophique sur l'espace*

L'espace ainsi décrit selon trois axes est-il un contenant, dont les objets qui l'occupent seraient le contenu ? C'est ce que suggère l'expression : « Nous vivons *dans* un espace à trois dimensions. » C'était à peu près l'idée des Anciens.

Ou bien, l'espace et l'étendue des objets, c'est-à-dire la place qu'ils occupent, ne sont-ils pas une seule et même chose ? Sans objet il n'y aurait pas d'espace. Donc, la totalité des objets n'est pas *dans* l'espace, elle *constitue* l'espace. Ce fut le point de vue de Descartes :

> L'espace ou le lieu intérieur, et le corps qui est compris en cet espace, ne sont différents (...) que par notre pensée, car en effet, la même étendue en longueur, largeur et profondeur, qui constitue l'espace, constitue le corps.

Allant plus loin, les philosophes se sont demandé si l'espace était quelque chose de réel, de la même façon que le rouge ou le vert, le mou ou le dur, etc., ou si c'était simplement une construction de l'esprit, un milieu idéal dans lequel nous situons les objets.

En somme, ce serait un système de repères grâce auquel nous pouvons *penser la coexistence ou la simultanéité dans le temps de deux objets différents*. Deux objets ne peuvent pas exister en même temps à la même place, sinon ils ne font qu'un : soit ils sont à la même place (on entend par *place* les trois repères sur les trois axes différents) à des moments différents, soit ils apparaissent au même moment à des places différentes. Le rapport entre le temps et l'espace commence alors à apparaître dans la philosophie. C'est le point de vue de Leibniz :

> (Je tiens) l'espace comme quelque chose de purement relatif, comme le temps ; pour un ordre de coexistences, comme le temps est un ordre de successions.

Kant va dans le même sens, mais avec des nuances non négligeables : l'espace (comme d'ailleurs le temps) est ce qu'il appelle « une intuition pure » ou « une forme a priori de la sensibilité ». Cela signifie que ce n'est ni une construction de l'esprit (idée de Leibniz), ni une réalité matérielle indépendante de nous (idée antérieure), mais une donnée originelle de notre sensibilité, quelque chose qui est constitutif de notre façon de percevoir, et sans laquelle nous ne pourrions pas avoir de sensations distinctes, car deux objets perçus sont soit successifs (intuition du temps), soit simultanés (intuition de l'espace).

• *Point de vue des géomètres et des physiciens*

La géométrie que nous connaissons tous plus ou moins, la géométrie euclidienne (du nom d'Euclide, mathématicien grec du IIIe siècle avant J.-C.), raisonne sur un espace qui ressemble à notre univers sensible à trois dimensions. Il y a, cependant, quelques différences qu'il convient de signaler. Par exemple, un point géométrique est une désignation idéale ; il n'a ni longueur, ni largeur, ni épaisseur : il n'a pas de dimension. Une droite géométrique est une suite de points, elle a une longueur (on mesure la distance d'un point à un autre), mais elle n'a ni largeur, ni épaisseur : elle n'a qu'une dimension. Ces deux objets géométriques ne doivent pas être confondus avec des objets qui leur ressemblent.

Malgré ces différences, nous pouvons toujours nous faire une image des objets de la géométrie euclidienne. Mais il existe, depuis le XIXe siècle, d'autres géométries que celle d'Euclide, notamment des géométries à plus de trois dimensions. Nous ne pouvons plus alors nous représenter par l'imagination l'espace sur lequel ces géométries raisonnent. Les espaces définis par ces géométries, tel l'espace *à quatre dimensions*, sont appelés, par rapport à notre espace physique, des ***hyperespaces***. De la même façon, pour des êtres absolument plats qui vivraient dans un espace à deux dimensions, notre espace à trois dimensions serait un hyperespace.

Les physiciens ont emprunté aux géomètres l'espace euclidien. Ils y ont ajouté, notamment par les travaux d'Einstein, une quatrième dimension d'un type un peu particulier, le *temps*. Cet espace théorique s'appelle *l'espace-temps*. On situe les objets dans l'espace-temps, parce qu'on considère que l'espace (à trois dimensions) et le temps ne sont pas indépendants l'un de l'autre, mais qu'ils sont relatifs l'un à l'autre : d'où le nom de *relativité* donné à la théorie d'Einstein. Pour repérer précisément un objet quelconque, on se servira donc des trois axes de l'espace, et du temps.

On peut donner quelques exemples de cette dépendance réciproque du temps et de l'espace.

— *Le temps dépend de l'espace :* on ne peut mesurer une durée que par rapport à une portion de matière dans laquelle on se situe ; d'une portion de matière à l'autre, le temps n'est pas le même. Si vous mesurez le temps du déplacement d'un voyageur dans un train (de son siège aux toilettes, par exemple) en étant dans le train vous-même, et si vous le mesurez en étant sur un talus devant lequel passe le train, vous ne trouverez pas exactement la même durée. Ne tentez cependant pas l'expérience, car même avec d'excellents chronomètres, vous ne pourrez observer aucune différence. Mais des instruments de mesure scientifiques extrêmement puissants parviennent à enregistrer de très faibles différences : on met deux horloges à la même heure, on fait faire un voyage en avion à l'une, tandis que l'autre reste à terre ; au retour de l'avion, elles ne sont plus à la même heure.

Les différences d'écoulement du temps ne sont nettes que si l'on considère des différences de vitesse considérables entre des portions de matière : plus on va vite, plus le temps s'écoule lentement. C'est ce qu'expose la petite histoire connue sous le nom de *paradoxe de Langevin :* si un homme partait dans une fusée à la vitesse de la lumière et revenait sur terre après ce qui lui est apparu à lui comme une journée, il ne reconnaîtrait plus le monde qu'il a quitté la veille, car il se serait passé sur la Terre plusieurs années.

— *L'espace dépend du temps :* on ne peut mesurer la portion d'espace qu'occupe un objet qu'en précisant le moment où on la mesure, car la matière se dilate ou se contracte sous l'effet de phénomènes divers. Le mètre de la couturière n'est pas toujours égal à lui-même. Là encore, c'est imperceptible dans la pratique ; seuls des instruments de mesure extrêmement puissants enregistrent de très faibles différences.

• *L'espace est-il infini ?*

La réflexion philosophique, nous l'avons vu, avait déjà abouti à la conclusion que l'espace n'est pas autre chose que l'étendue des objets. *Là où il n'y a rien, il n'y a pas d'espace ;* c'est-à-dire que ce « là » n'est qu'une façon de parler, c'est nulle part. Mais si « ça s'arrête » quelque part, l'espace est fini ? Oui et non. Ou plus exactement, si on considère que l'espace est fini, il faut distinguer nettement *fini* et *limité.*

Les astrophysiciens, on le sait, expriment les très grandes distances en années-lumière. Sachant que la lumière se déplace à environ 300 000 km à la seconde, il est plus commode et plus rapidement parlant pour l'esprit de dire que deux astres sont à huit années-lumière l'un de l'autre que d'exprimer cette distance en kilomètres.

Mais ce mode d'expression n'est pas seulement une commodité, il a un sens plus profond. Une théorie moderne dit que l'univers est en expansion : une gigantesque explosion (qu'on appelle le *Big Bang*) serait à l'origine de l'univers. Des transformations chimiques ont eu lieu, et des amas de matière se sont formés (étoiles, planètes, galaxies). Ces galaxies s'éloignent les unes des autres. L'espace n'est rien d'autre que l'étendue de la matière, mais cette étendue ne cesse de croître.

Le problème de l'espace se confond alors, en quelque sorte, avec le problème du temps. D'une part, la distance d'un astre par rapport à nous permet d'évaluer son âge : si nous captons aujourd'hui un certain rayonnement à 15 millions d'années-lumière, cela signifie que ce rayonnement est parti d'un certain amas de matière il y a 15 millions d'années. Ce n'est pas tellement la distance qui nous importe, car elle est bien au-delà de tous nos moyens de déplacement ! En revanche, la mesure de cette distance nous informe qu'une certaine étoile existait (elle n'existe peut-être plus au moment où nous captons ce rayonnement) il y a 15 millions d'années. Voir loin dans l'espace, c'est donc voir loin dans le temps, et c'est la mesure de l'espace qui nous fait connaître l'âge de l'univers.

C'est quand nous nous tournons vers le futur que se pose la question de savoir si l'espace est ou non infini. Si cette expansion de l'univers est indéfinie, l'espace est infini. Se demander si l'espace est infini revient donc à se demander si l'univers sera éternellement en expansion.

On peut encore concevoir un espace illimité d'une autre façon. Le volume d'une sphère est fini : il y a un dedans et un dehors de la sphère ; un être à trois dimensions enfermé dans une sphère a bien l'impression d'être enfermé. La surface d'une sphère est finie, mais on peut se promener dessus tant qu'on veut, sans jamais rencontrer de limites, le fait de revenir sur ses pas n'étant pas une limite. Certains physiciens conçoivent notre univers sur un modèle analogue : nous sommes des êtres à trois dimensions, plongés dans un hyperespace (que nous ne percevons pas) à quatre dimensions. Les mouvements dans l'espace ne sont pas rectilignes, mais courbes, et tout objet partant droit devant lui dans l'espace repassera à un moment donné par son point de départ ; or ce point n'est pas une limite, le mouvement ne sera pas arrêté, l'espace est donc comme infini. L'espace est courbe, l'univers est en quelque sorte refermé sur lui-même, mais néanmoins illimité.

Les trois notions que nous abordons à présent, ***être***, ***essence***, ***existence***, sont à rapprocher, non parce qu'elles se confondent dans le vocabulaire philosophique, mais parce que chacune prend son sens par rapport aux deux autres. Commençons par ***être***, autour de quoi tourne toute la métaphysique.

Être

Être ou ne pas être, voilà la question.

Shakespeare

Le verbe *être* a deux valeurs essentielles.

— *Être* affirme l'existence du sujet du verbe : « Dieu est », « Je pense, donc je suis ».

> Cette proposition : « je suis, j'existe » est nécessairement vraie toutes les fois que je la prononce ou que je la conçois en mon esprit.
>
> Descartes

— *Être* relie un attribut à un sujet : « Pierre est grand ».

Le nom *l'être,* dont l'usage n'est pas réservé aux philosophes (« un être merveilleux », « un charmant petit être »), a en philosophie divers sens :

• *Le fait ou l'acte d'être.* Dans la vie courante, nous savons distinguer sans peine le mouvement et le mobile (c'est-à-dire l'objet en mouvement), voire, plus finement, le mouvement (c'est-à-dire le fait qu'un objet se déplace dans l'espace) et un ou des mouvements (c'est-à-dire tel déplacement particulier). De la même façon, les philosophes essaient de distinguer les *êtres,* c'est-à-dire les choses qui sont, et *le fait d'être.*

Dans le vocabulaire philosophique moderne, on se sert souvent, sous l'influence de Heidegger, de la distinction entre *être* et *étant.* L'étant désigne la manifestation concrète de l'être, c'est-à-dire les choses qui sont, et l'être, cet insaisissable qui fait que les étants sont. Platon avait déjà recours à deux formes différentes du verbe « être », pour en faire des noms : *to einai* (= « le » + l'infinitif du verbe « être ») et « to on » (= « le » + le participe du verbe « être »).

De quelqu'un que la mort frappe, on ne dit pas « c'est un mourir », mais « c'est un mourant », en ayant recours au participe. Pourtant, avec le verbe *être,* c'est l'infinitif qu'on emploie, au lieu du participe : « un être ». Jusqu'à Heidegger, la langue philosophique, comme la langue courante, n'a pas fait cette distinction. D'où cet autre sens du nom *être :*

• *Les choses qui existent.* On distingue en philosophie les ***êtres réels*** (vous, moi, ce livre) et les ***êtres de raison*** (l'égalité, le néant, le concept d'homme, etc.).

• En un sens qui apparaît surtout dans la philosophie grecque, ***l'être*** s'oppose au ***devenir.*** Toute chose qui est, est en vertu de deux forces : l'être et le devenir. Une chose ne cesse de changer dans le temps (croissance, vieillissement, dégradation, etc.). Seul l'être est stable en elle, puisque sous la multiplicité des formes que prend cette chose dans le temps, on peut continuer à dire qu'elle est. C'est en ce sens que, dans la philosophie grecque, le devenir est souvent identifié au ***non-être :*** le non-être n'est pas l'absence d'être, le néant, mais ce qui n'est pas l'être, ce qui est changeant et divers, alors que l'être est immuable et unique.

• *Ce qu'est une chose.*

L'homme n'agit point par raison, qui fait son être.

Pascal

On pourrait paraphraser cette phrase ainsi : l'homme n'agit point par raison, bien que la raison soit l'être de l'homme, le propre de l'homme, l'essence (voir ci-dessous) de l'homme, ce qui définit l'homme, etc. Si l'on définit l'homme comme un animal raisonnable, supprimer la raison c'est supprimer l'homme (qui n'est plus alors qu'un animal comme les autres) ; en ce sens, la raison est bien l'être de l'homme.

• Au singulier exclusivement, avec une majuscule, et parfois accompagné d'épithètes comme « parfait », « suprême », « absolu », ***l'Être*** est synonyme de Dieu.

Essence

Mais moi, Narcisse aimé, je ne suis curieux
Que de ma seule essence,

Paul Valéry

Ce mot vient directement du latin *essentia*, qui lui-même semble avoir été forgé par Cicéron à partir du verbe *esse*, être, quand il voulut traduire en latin une notion philosophique grecque, *ousia*, le fait d'être.

Ce terme, philosophique à l'origine, a pris au XVIIe siècle un sens chimique, aujourd'hui très répandu : une essence est un extrait concentré de quelque chose, produit par distillation, ainsi l'essence de térébenthine ou l'essence de nos moteurs, produit de la distillation du pétrole brut, etc. L'essence chimique désigne donc l'élément ou les éléments fondamentaux d'un corps composé, une fois qu'on les a séparés d'autres éléments qui s'y étaient mélangés dans le composé. Ce sens n'est pas très éloigné d'au moins un des sens philosophiques du mot *essence*.

• *Essence* s'oppose à *accident*. Comme dans une opération de distillation, l'esprit sépare dans un être (chose qui existe) son être même (ce qu'est à proprement parler cette chose) de ses accidents. Appartient à l'essence d'une chose ce qui ne peut être ôté à cette chose sans faire disparaître en même temps la chose (Spinoza).

Exemple : l'essence du mammifère, c'est la faculté de nourrir sa progéniture par des mamelles portant du lait. Si vous supprimez les mamelles et ce mode d'alimentation, vous aurez encore un animal, mais ce ne sera plus un mammifère, vous aurez donc supprimé le mammifère. Par contre, toujours en considérant le mammifère, le fait d'être cornu ou d'avoir une queue sont des accidents : sans corne, ni queue, l'homme est cependant un mammifère.

L'essence ou l'être (au sens de « ce qu'est une chose ») ont été identifiés, dans la philosophie idéaliste, à l'*idée ;* nous nous éloignons alors de notre comparaison avec la chimie. L'instrument principal de la pensée, c'est le concept, par lequel nous opérons des regroupements : l'arbre, le chien, l'homme. Un concept peut être défini en extension (est homme, tout être qui appartient à l'ensemble des hommes), ou en compréhension (est homme, tout être qui a certaines qualités spécifiques : vivant, animé, doué de raison).

On s'aperçoit alors que la compréhension a une antériorité logique sur l'extension.

Imaginons, en effet, l'ensemble des Français, matérialisé par un fichier de nationalité. Voulant savoir si Monsieur Dupont est ou non français, je parcours le fichier et je cherche son nom ; si son nom y figure, il est français, s'il n'y figure pas, il n'est pas français. J'ai procédé *par extension*, parce que ce fichier existait. Mais quand ce fichier n'existait pas, pour le créer, il a fallu définir des qualités permettant d'attribuer ou non le titre de « français » à quelqu'un (né en France, né de parents français, etc.). Pour la création du fichier, nous avons procédé *par compréhension*.

De la même façon, l'essence d'un être est l'ensemble abstrait des qualités qui le définissent. Tout le monde est bien d'accord : « l'homme » n'existe pas, il n'y a que tel homme, un certain homme, des hommes. Mais pour pouvoir reconnaître ces objets particuliers, un homme, tel homme, des hommes, et leur donner à tous le même nom, il faut que nous puissions penser cet objet abstrait, cette idée d'homme. D'où l'identité faite par la philosophie idéaliste : l'essence d'une chose, c'est l'être même de cette chose, c'est-à-dire l'idée de cette chose. Nous retrouvons alors les oppositions classiques :

— *essence/accident :* vous, moi, mon voisin, votre concierge, ne sommes que des formes accidentelles de l'idée d'homme ; l'essence de l'homme est bien incarnée en chacun de nous, mais cette incarnation n'est qu'un accident : si vous n'existiez pas, si je n'existais pas, l'idée d'homme n'en serait modifiée en rien. L'essence de l'homme est ce qui nous est commun à tous, c'est-à-dire l'idée d'homme ;

— *être/devenir* (voir p. 204) : l'essence ainsi définie, c'est-à-dire l'idée, est bien alors l'être, au sens où l'être s'oppose au devenir : les hommes sont divers, ils meurent, se succèdent, mais l'idée d'homme est éternelle ; un Gaulois ou un Babylonien qui vivaient il y a trente siècles, qui ne s'habillaient pas comme nous, ne vivaient pas comme nous, sont aussi hommes que vous ou moi.

• *Essence* s'oppose à *existence.* Poursuivons ce raisonnement. On peut comprendre maintenant qu'essence et existence ne se confondent pas. Il n'est pas nécessaire qu'un objet de pensée existe en dehors de la pensée. Les grands sauriens ont totalement disparu de notre planète, mais l'essence (ici la définition zoologique) des grands sauriens n'a pas disparu avec eux. Ces animaux ont existé, n'existent plus, réexisteront peut-être ; l'ordre de l'existence est indépendant de l'ordre de l'essence.

On objectera que les grands sauriens ont au moins existé à un moment donné. Prenons des exemples plus marqués. Les objets de la géométrie n'existent pas en dehors de l'esprit qui les pense : un point géométrique n'est susceptible d'aucune mesure, or n'importe quel point physique est mesurable ; une droite géométrique est une pure longueur, sans largeur ni épaisseur, or n'importe quelle droite physique a une largeur et une épaisseur. Les objets de la géométrie sont donc de pures essences, qui nous permettent de penser des objets physiques qui leur ressemblent grossièrement (trait de crayon, tronc d'arbre, etc.), mais ne se confondent pas avec eux. De même, si j'invente la licorne et la définis : un cheval blanc avec une corne unique, je définis une essence qui n'a pas d'existence. L'existence apparaît donc comme un accident de l'essence. Toute essence est un être possible ; l'existence, c'est le passage du possible à l'actuel.

C'est alors que s'est posé pour les philosophes et les théologiens le problème de Dieu. C'est un objet de pensée, donc une essence (l'être parfait, infini, éternel, etc.). Or, nous venons de le voir, cela n'implique pas que cet objet existe. La solution proposée, et qui fut admise jusqu'à Kant, est ce qu'on appelle la ***preuve ontologique :*** Dieu est le seul être dont l'existence est englobée dans l'essence (voir p. 49).

• ***Essentiel.*** Ce dérivé d'*essence,* très fréquent dans la langue courante, y a le plus souvent le sens de « très important », « le plus important ». « L'essentiel, c'est la santé. » « Pour faire de bonnes études, aujourd'hui, les mathématiques sont essentielles. »

Il n'a pas du tout ce sens en philosophie, bien que la confusion soit souvent possible. *Essentiel* se rattache directement à *essence,* et s'oppose à *accidentel.*

« L'étendue est un attribut essentiel de la matière » ne signifie pas que c'est un attribut très important, mais un attribut qui entre dans la définition de l'essence de la matière : si vous supprimez l'étendue, vous n'avez plus de matière.

Existence

Ce matin, l'existence lui tire la langue.

San-Antonio

L'existence peut se définir comme *le fait d'être actuellement.*

Quand Descartes déclare : « Je pense, donc je suis », il affirme à la fois son être (ce qu'il est : quelque chose qui pense) et son existence (cette chose qui dit « je pense » existe au moment où elle le dit). Ainsi, le nom *existence* ne correspond qu'à un emploi du verbe *être,* mais ne se confond pas avec le nom *être.*

On discute en philosophie ou en théologie de « l'existence de Dieu », qui est la question de savoir s'il y a actuellement un Dieu ; tandis que la question de « l'être de Dieu » est la question de savoir quelle est l'essence de Dieu, ce qu'est Dieu, indépendamment du fait qu'il existe actuellement ou non. *Existence* est donc partiellement synonyme de *réalité*, et pour marquer clairement qu'on peut considérer des objets qui n'ont aucune existence en dehors de la pensée (les objets de la géométrie, la licorne, Dieu éventuellement), on utilise l'expression un peu paradoxale d'*existence idéale*.

A partir du XIXe siècle, le mot *existence* s'est chargé d'un sens nouveau, sous l'influence, notamment, de Kierkegaard (1813-1855).

> Le mot *existence* est un des synonymes de *réalité*, mais grâce à l'accent mis sur lui par Kierkegard, il a pris un aspect nouveau, il désigne ce que je suis fondamentalement pour moi.
>
> Karl Jaspers

Ce sens a été développé au XXe siècle par l'existentialisme (d'où le nom de ce courant de pensée ; voir p. 33).

L'accent est mis sur la conscience, ou sur le *pour soi*, sur ce que représente pour un être le fait d'être dans le monde. C'est dans ce cadre qu'il faut comprendre la célèbre formule de Sartre :

> L'existence précède l'essence.

Cette phrase n'a de sens qu'appliquée à l'homme, seul être qui soit « pour soi », et signifie qu'il n'y a rien d'antérieur ou d'extérieur à chacun de nous qui nous définirait ; que nous ne sommes pas l'actualisation d'une essence de l'homme. Chaque homme se définit lui-même comme homme par son existence, par ce qu'il fait en existant.

> Que l'existence précède l'essence (...) cela signifie que l'homme existe d'abord et qu'il se définit après.
>
> Jean-Paul Sartre

État

> En ce bourdeau où tenons notre estat.
>
> François Villon

Issu du latin *status*, dérivé de *stare*, être fixe, *état* s'oppose à *action* (ainsi la grammaire oppose les *verbes d'état* et les *verbes d'action*), ou à *mouvement*.

La notion d'état englobe donc les idées de passivité et d'immobilité. L'état d'un corps, en physique, c'est comment est ce corps à un moment donné. Par exemple, un fil conducteur peut être sous tension ou non ; un corps que nous connaissons bien et que les chimistes appellent H_2O peut être à l'état gazeux (vapeur d'eau), à l'état liquide (eau), à l'état solide (glace).

Ce mot, très courant en français, entre dans de nombreuses expressions. Certaines sont propres à la philosophie.

• ***État de conscience :*** c'est un fait psychique conscient (sentiment, sensation, appétit). Dans cette expression, le mot *état* doit être débarrassé de l'idée de passivité.

• ***État de nature :*** situation, imaginée par certains philosophes des XVIIe et XVIIIe siècles (Hobbes, Rousseau), dans laquelle se seraient trouvés les hommes avant de s'être organisés en société. Cet état est une reconstitution hypothétique, utile à la réflexion, mais qui n'est pas destinée à être prise pour une vérité historique.

• ***L'État :*** la majuscule manifeste un sens particulier du mot, qui a une grande importance dans nos vies. On s'efforce de distinguer :
— *la société civile :* c'est-à-dire l'ensemble des hommes vivant dans une certaine société, sous des lois communes ;

— *la nation,* qui est une notion plus politique ou historique que philosophique : c'est l'ensemble des hommes qui se sentent un passé et un avenir commun, au milieu des autres nations ;

— *l'État :* émanation de la société civile, et représentant de la nation ;

— *le gouvernement :* un ensemble de personnes auxquelles la société civile a délégué directement ou indirectement le pouvoir de diriger l'État.

Étendue

> Nul ne sait votre sort, pauvres têtes perdues.
> Vous roulez à travers les sombres étendues...
>
> Victor Hugo

« Une étendue d'herbe », disons-nous, pour désigner une pelouse, une prairie ; nous entendons par là, le plus souvent, une surface : nous dirons, en effet, « une étendue de lait » si nous voyons du lait renversé sur une certaine surface, mais non à propos d'un certain volume de lait dans un récipient.

Le mot *étendue* a été rendu célèbre en philosophie par Descartes ; il a un sens plus abstrait, qui englobe aussi bien le volume que la surface. L'étendue, c'est l'espace qu'occupent les objets ; ou, plus abstraitement encore, c'est le fait que n'importe quel objet occupe un certain espace. L'étendue est une propriété essentielle de la matière : il peut y avoir des corps sans forme, sans couleur, sans odeur (l'air, par exemple), mais il n'y a pas de corps qui n'occupe pas un certain espace (voir ce mot p. 198).

Éternel, Éternité

Oui, je viens en son temple adorer l'Éternel.

Racine

Ces mots désignent dans la langue courante un temps très long (« Ça dure une éternité »), ou un temps sans fin (« regrets éternels » qu'on fait graver dans le marbre des tombeaux).

En philosophie, ils s'entendent en deux sens, dont l'un seulement correspond au sens courant.

— L'éternité est un temps sans commencement ni fin. « La matière est éternelle » signifie que, quoique soumise au temps (puisqu'elle change, que ses états se succèdent), la matière a toujours existé, sous une forme ou sous une autre, et existera toujours (cela n'est évidemment pas prouvé).

— L'éternité est le caractère d'un être qui ne serait pas soumis au temps, ou encore elle est un milieu, difficile à penser, voire impensable, qui serait l'exacte négation de cet autre milieu qu'est le temps. « L'éternité de Dieu » s'entend au sens temporel (comme « l'éternité de la matière ») : Dieu a toujours existé et existera toujours. Mais cela s'entend aussi au sens intemporel : Dieu est hors du temps, ce qui est pour nous passé, présent, futur, est pour Dieu simultanéité absolue, présent permanent.

Évidence, évident

Évidence : Vous aveugle, quand elle ne vous crève pas les yeux.

Flaubert

La racine étymologique de ces termes est le verbe latin *videre*, voir. Est évident ce qui « se voit tout de suite », ce qui « saute aux yeux ». Une proposition est évidente si celui qui la comprend ne peut pas douter qu'elle est vraie.

L'évidence implique donc deux conditions : la réalité de la chose perçue et la compréhension par l'esprit de cette vérité.

Par exemple, la proposition « Un cercle est l'ensemble des points équidistants d'un même point appelé centre » n'est évidente que pour l'adulte ou l'adolescent qui comprennent ce que cela signifie. Un enfant peut connaître cette proposition, parce qu'il l'a apprise par cœur, la tenir pour vraie parce qu'on lui a dit qu'elle l'était ; tant qu'il ne comprend pas ce qu'elle signifie, ce n'est pas une évidence.

L'évidence ne se rapporte pas seulement aux vérités logiques ou mathématiques, mais aussi aux vérités empiriques : « Je vois », « J'existe », « Cet objet est plus grand que celui-là », etc. Pour Descartes, l'évidence est une *intuition* de la raison, et le critère de la vérité :

> Ainsi chacun peut voir par intuition qu'il existe, qu'il pense, qu'un triangle est déterminé par trois lignes, qu'un globe n'a qu'une surface et d'autres vérités semblables.

Expérience, expérimental. Empirisme, empirique

Jeté dès mon enfance dans le tourbillon du monde, j'appris de bonne heure par expérience que je n'étais pas fait pour y vivre.

Rousseau

Le mot *expérience* (latin *experientia*) s'emploie dans la langue courante dans au moins trois sens :

— le fait d'éprouver quelque chose, de connaître une chose pour l'avoir simplement rencontrée ou pratiquée : « L'expérience du monde dégoûte, on le sait » (Rousseau) ; « J'en ai déjà fait l'expérience » ;

— une connaissance ou un savoir-faire tiré de la pratique répétée de quelque chose : « Je fais confiance à ce médecin qui a beaucoup d'expérience » ;

— une certaine suite de phénomènes provoqués et soigneusement observés, qui constitue un moment du travail du savant : par l'expérience du Puy-de-Dôme, Pascal a mis en évidence l'existence de la pression atmosphérique.

Les deux premiers sens s'associent à une série de mots empruntés au grec : ***empirique, empirisme, empiriste*** (de *empeiria*, expérience). Le troisième à une série empruntée au latin comme le mot *expérience* lui-même : ***expérimental, expérimentation.***

• ***L'expérience comme empirique.***

L'adjectif *empirique* apparaît dans la langue courante cultivée, et s'applique en général à un savoir acquis par tâtonnement. On observe par l'expérience certaines relations entre des phénomènes, mais on reste incapable de les expliquer.

Ainsi, la médecine jusqu'au XIXe siècle était totalement empirique : elle savait soigner un certain nombre de maladies, savait quels produits avaient quels effets, mais elle ignorait le plus souvent la cause des maladies et la raison pour laquelle ces produits avaient ces effets. La médecine moderne et la biologie sont un savoir qui n'est plus empirique mais scientifique (ce qui n'exclut pas qu'il reste chez le médecin une part d'empirisme) ; elles connaissent les processus physico-chimiques internes de l'organisme.

Ainsi entendu, l'empirisme ou le savoir empirique peuvent être définis comme une connaissance pratique sans théorie.

> Nous ne sommes qu'empiriques dans les trois quarts de nos actions. Par exemple, quand on s'attend qu'il y aura jour demain, on agit en empirique, parce que cela s'est toujours fait ainsi jusqu'ici. Il n'y a que l'astronome qui le juge par raison.
>
> Leibniz

En un sens plus proprement philosophique, *expérience* et *empirique* dénotent le fait d'éprouver quelque chose. Dans la partie de la philosophie qu'on appelle théorie de la connaissance, la notion d'expérience est omniprésente. On désigne alors par ce mot ce qui, dans le processus de la connaissance, vient de l'extérieur : tout ce que nous connaissons par l'intermédiaire de nos sens appartient à l'expérience ; l'expérience produit la connaissance dite acquise, dite aussi *a posteriori*. Par opposition, les idées innées ne viennent pas de l'expérience, elles constituent la connaissance *a priori*.

L'empirisme est la doctrine philosophique qui soutient que toute connaissance vient des sens. Il se résume dans la formule traditionnelle :

> Il n'y a rien dans l'entendement qui n'ait d'abord été dans les sens.

A l'opposé, ***l'idéalisme*** extrême soutient que rien ne peut venir de l'expérience, et que toute la connaissance est *a priori*. Ces deux doctrines sont aussi peu tenables l'une que l'autre, et la plupart des doctrines philosophiques de la connaissance se situent entre les deux. Leibniz corrige la formule de l'empirisme :

> Il n'y a rien dans l'entendement qui n'ait d'abord été dans les sens, si ce n'est l'entendement lui-même.

En effet, considérer qu'aucune connaissance ne peut venir des sens, donc du monde extérieur, c'est réduire ce monde extérieur à une pure illusion ; ce qui est une impasse. Inversement, considérer que toute connaissance vient du monde extérieur, c'est se heurter au problème suivant : si l'esprit n'est rien avant l'expérience, comment peut-il transformer la masse informe des sensations en un ensemble organisé et distinct de connaissances ? On suppose donc une relation dynamique entre certaines propriétés de l'esprit qui ne doivent rien à l'expérience, et l'expérience qui modifie et enrichit l'esprit.

• ***L'expérience comme expérimentale.*** Le nom *expérience* s'entend ici comme dans « une expérience de physique, de chimie ». L'observation et le savoir empirique (au sens de la médecine empirique) sont passifs : il arrive quelque chose, qu'on observe et dont on tire un enseignement. La connaissance se fait sur le mode : « j'ai remarqué plusieurs fois que... ».

L'expérience scientifique, qui constitue la connaissance *expérimentale,* est au contraire active.

A la suite d'une observation empirique, on émet une certaine hypothèse explicative. On construit alors une situation qui tient compte de cette hypothèse et on *provoque* le phénomène auquel on s'intéresse pour confirmer ou infirmer l'hypothèse. Le rôle actif de l'observateur est un élément fondamental de l'expérience, et on doit en tenir compte dans l'analyse des résultats de l'expérience.

Faculté

J'ai vu un doyen qui n'avait plus toutes ses facultés.

Raymond Devos

C'est le pouvoir ou le droit de faire quelque chose : les enfants mineurs ont le *droit* d'hériter, mais ils n'ont pas la *faculté* de disposer de leurs biens avant leur majorité. Le nom latin *facultas* est dérivé du verbe *facere,* qui signifie « faire ».

Ce mot est employé en philosophie à propos des ***facultés de l'âme,*** qui sont : la sensibilité, l'entendement, la volonté, la mémoire, l'imagination — donc ce que l'âme peut faire.

On peut se demander si une faculté est une réalité

indépendante des faits psychiques qu'on lui rapporte, ou si ce n'est qu'un mot commode pour désigner un ensemble de faits de même espèce. Est-ce que la mémoire est quelque chose d'autre que l'ensemble de nos souvenirs ? Les philosophes se demandent également si l'âme est réellement constituée de pouvoirs différents, ou s'il ne s'agit que d'une distinction de raison entre des opérations différentes de l'âme.

> Quoique nous donnions à ces facultés des noms différents par rapport à leurs diverses opérations, cela ne nous oblige pas à les regarder comme des choses différentes (...) on peut entendre que toutes ces facultés ne sont au fond que la même âme qui reçoit divers noms à cause de ses différentes fonctions.
>
> Bossuet

Les découvertes de la neurologie, depuis le XIXe siècle, vont plutôt dans le sens contraire : les différentes facultés correspondent à des zones différentes du cerveau ; il s'agit donc d'une différence matérielle, et non d'une différence de raison.

Fin, final, fini

> La plupart des hommes, pour arriver à leurs fins, sont plus capables d'un grand effort que d'une longue persévérance.
>
> La Bruyère

Le nom latin *finis* avait au moins quatre sens différents : 1° limite, bordure ; 2° fin, cessation, achèvement ; 3° le degré suprême, le point ultime de quelque chose ; 4° but. A partir de ce mot et de ses dérivés s'est créé en français une riche famille.

Le verbe *finir* correspond pour l'essentiel au 2° sens : cesser, achever, terminer.

Le participe passé *fini* correspond également au 2° (« mon travail est fini »), mais aussi au 1° («un espace fini », c'est-à-dire clos, limité).

L'adjectif *fin* semble étranger à cette famille (synonymes : délicat, pur, petit) ; il y appartient pourtant à l'origine, et correspond au 3° sens, ainsi qu'il apparaît dans certaines tournures : « le fin fond », « le fin mot de l'histoire ».

Le nom *la fin* correspond au 2° (« la fin du film », « cet homme a eu une belle fin ») et au 4° (« la fin justifie les moyens »).

Enfin (!), la forme *fin* se retrouve en suffixe dans *enfin*, avec le sens 3° (= dernier point) et dans *afin*, avec le sens 4° (= pour, dans le but de).

Dans cette riche famille, le vocabulaire philosophique fait un usage privilégié de deux groupes :
— ***fin***, au sens de « but », avec ses dérivés : ***final***, ***finalité***, ***finalisme***.

— ***fini***, au sens de « limité », opposé à ***infini***; dérivé : ***finitude***.

• ***Fin*** au sens de « but ». On distingue :
— la fin consciente, vers laquelle tend un être pensant, ou au moins conscient (l'homme assurément, éventuellement l'animal).

> La fin de tout écrivain est d'instruire ou de plaire, ou de plaire et d'instruire tout à la fois.
>
> Condillac

En ce sens, tendre vers une fin, c'est agir consciemment pour qu'elle se réalise.

— la fin inconsciente, c'est-à-dire le résultat vers quoi tend un processus inconscient, ou ce à quoi sert un objet : la fin du gland c'est le chêne ; les canines ont pour fin de déchirer la viande, c'est pourquoi les herbivores n'en ont pas.

L'adjectif ***final***, employé dans la langue courante au sens du latin *finis*, « le point final », se rattache, dans le vocabulaire philosophique, à *fin* au sens de « but ». Il apparaît notamment dans l'expression ***cause finale*** (voir p. 174).

Le nom ***finalité*** désigne donc le fait de tendre vers un but, ou le caractère de ce qui tend vers un but : « Je ne perçois pas bien la finalité de votre travail » (= où vous voulez en venir, ce qu'il doit en résulter). On distingue :
— la ***finalité externe :*** « ce par quoi une chose dans la nature sert à une autre de moyen en vue d'une fin » (Kant) ; par exemple, la finalité de l'herbe, c'est d'être aliment pour l'herbivore ;
— la ***finalité interne :*** la relation finale qui unit, dans un être, les parties à l'ensemble ; ce à quoi lui servent chacune de ses parties : la finalité du système digestif c'est l'assimila-

tion des aliments, la finalité des sens, c'est la perception du monde extérieur, etc.

On notera que le mot *fin* est un excellent support pour les jeux de mots, ce dont les philosophes modernes ne se privent pas. Ainsi, l'expression ***la fin de l'homme*** peut signifier à la fois le but, ce vers quoi tend l'humanité, et la disparition, l'extinction de l'humanité (ou, dans certains ouvrages modernes, le fait qu'une certaine idée de l'homme, n'a plus cours aujourd'hui, est *finie*).

De même, ***la fin de la philosophie*** signifie à la fois « le but de la philosophie » et « l'extinction de la philosophie ».

• ***Fini*** au sens de « non infini ». Est dit *fini*, un objet qui a des limites. Un ensemble fini est un ensemble limité ; on peut compter ses éléments : l'ensemble des employés d'une entreprise, l'ensemble des hommes vivant à un moment donné, l'ensemble des grains de sable d'une plage. Il peut se faire que, dans la pratique, on n'arrive pas à compter les

éléments d'un ensemble : ainsi, les grains de sable. Cela n'empêche pas que cet ensemble soit fini, dès lors qu'on sait que, si on les comptait, le compte s'arrêterait un jour. Sont ***infinis*** un objet, un ensemble, une suite sans limite. On peut éventuellement compter les éléments d'un tel ensemble, mais on sait que le compte ne s'arrêtera jamais. Ainsi l'ensemble des nombres entiers ; quel que soit le nombre que vous imaginez, vous pourrez toujours en imaginer un plus grand, qui est tout simplement le même plus un.

Il faut souvent donner au mot *limite* un sens intellectuel, et non un sens immédiatement physique. Ainsi la surface d'une sphère est finie pour le géomètre ou l'arpenteur qui la mesurent exactement, mais pour le promeneur (par exemple nous, sur cette sphère qu'est la Terre), cette surface est sans limites (voir p. 203).

Les métaphysiciens opposent le caractère fini de l'homme au caractère infini de Dieu : la vie de l'homme, ses connaissances, ses qualités sont limitées.

> Il n'y a que Dieu, que l'infini (...) qui puisse contenir la réalité infiniment infinie que je vois quand je pense à l'être.
>
> Malebranche

Les philosophes modernes, notamment les existentialistes, emploient le néologisme ***finitude*** pour désigner ce caractère limité de la condition humaine ; ce terme ne s'applique qu'à l'homme, car il y a dans l'idée de finitude non seulement cette idée de limite, mais aussi la conscience qu'a l'homme de cette limite, qui définit son existence.

Fondement

> La résignation du pauvre, qui est le fondement de l'ordre.
>
> Anatole France

Ce mot s'emploie, dans la langue courante, en un sens physique : ce sur quoi repose quelque chose. On disait autrefois « les fondements d'une maison », on dit plutôt aujourd'hui « les fondations ». Par image, « fondement » est surtout employé pour désigner ce sur quoi repose une chose, un fait, un phénomène, ce qui lui donne sa raison d'être :

> Or les lois se maintiennent en crédit non parce qu'elles sont justes, mais parce qu'elles sont lois. C'est le fondement mystique de leur autorité ; elles n'en ont point d'autre.
>
> Montaigne

Les philosophes ayant pour préoccupation la vérité et non l'opinion, la notion de *fondement* est pour eux essentielle. Ce terme prend chez eux une connotation particulière : ce sur quoi repose *en droit* une certaine connaissance. Le fondement d'un ensemble de propositions, c'est la ou les premières vérités à partir desquelles elles sont déduites. Dans ce sens intellectuel, le mot *fondement* recouvre donc le mot *principe*.

Par exemple, le principe d'identité et le principe de non-contradiction sont le fondement de la logique. Un des grands problèmes philosophiques est ce qu'on appelle le ***fondement de l'induction :*** y a-t-il un principe, une vérité première dont on puisse déduire le droit, pour la pensée, de passer d'un ensemble de faits à une loi ? Pour Descartes, ce principe c'est la *véracité divine :* il tient pour vérité que Dieu ne cherche pas à nous tromper ; de cette première vérité, il peut déduire que l'induction est une opération intellectuelle légitime.

Forme

> Comme il fait noir dans la vallée,
> J'ai cru qu'une forme voilée
> Flottait là-bas sur la forêt.
>
> Musset

Ce mot a, dans la langue courante, de multiples sens : « Cette voiture a de belles formes », « La ballade est une forme poétique très ancienne », « Vous êtes en pleine forme », « Il faut respecter les formes ».
Dans l'usage philosophique, on retiendra les sens suivants.

- *Forme* s'oppose à *matière,* dans différents emplois (voir *matière*, p. 247).

- *Forme* s'oppose à *élément isolé,* et désigne la perception globale d'un ensemble. Ce sens appartient à ce qu'on appelle la ***théorie de la forme,*** ou, parfois, de son nom allemand, ***Gestalttheorie :*** c'est d'abord une théorie psychologique, qui s'est étendue à d'autres domaines de connaissances. Selon cette théorie, nous ne percevons jamais que des ensembles d'éléments. Par exemple, quand je vois quelque chose, je vois en même temps une certaine forme (au sens de contour, ou forme géométrique), une certaine couleur, à une

certaine distance, etc. Cet ensemble perçu s'appelle une *forme*, et ce qui fait cette forme, ce sont moins les éléments que les rapports entre les éléments. Ainsi, en musique, une mélodie sera reconnue si on modifie les notes, à condition qu'on respecte les écarts entre les tons.

L'adjectif ***formel*** signifie « relatif à la forme ».

Quand on parle de ***logique formelle***, de démocratie formelle, on oppose *forme* à *matière* ou à *contenu :* la logique formelle étudie les relations entre les propositions, indépendamment du contenu (ou de la « matière ») de ces propositions. La démocratie formelle assure des droits aux citoyens, indépendamment du fait qu'ils ont les moyens financiers ou culturels de profiter de ces droits, donc de leur donner un contenu.

On prendra garde, toutefois, que le mot *formel* a un sens très particulier jusqu'au XVIIe siècle en philosophie : *formel* signifie « ce qui existe effectivement », par opposition à *virtuel*, ou à *objectif* (qui a lui-même, dans cette opposition, un sens très particulier : qui n'existe que dans la pensée). Assez curieusement, ce sens ancien de *formel* s'est maintenu dans certaines expressions de la langue courante : « un ordre formel », « Il a été formel », « Il est formellement interdit de ». Un ordre, un jugement, un témoignage sont formels, lorsqu'ils ont été effectivement énoncés (de sorte qu'il n'y a pas de doute, qu'il ne s'agit pas d'une supposition, d'une interprétation).

Exemple : Chimène veut faire comprendre à Rodrigue qu'elle l'aime, mais sa situation (il est l'assassin de son père) lui interdit de faire une déclaration *formelle :* elle ne lui dit donc pas « je t'aime » ou « mon amour », mais : « Va, je ne te hais point ».

Général

> Les coups que nous infligerions aux Allemands sur ce théâtre auraient leur répercussion sur la situation générale.
>
> Général de Gaulle

Cet adjectif a deux sens, qu'il importe de bien distinguer :

• *Général* est l'adjectif dérivé de *genre* (latin *genus, generis*), comme *spécial* est l'adjectif dérivé d'*espèce*. Par exemple, le fait d'être vertébré est une *propriété générale* des mammifères. L'emploi de l'adjectif *général* signifie ici que les mammifères appartiennent au *genre* plus vaste des vertébrés.

• *Général* est synonyme d'« universel » et s'oppose à *particulier*. Cette synonymie déplaît à de nombreux philosophes et leur paraît source de confusion, mais l'usage en est trop ancien, même dans le vocabulaire philosophique, pour qu'on puisse le changer. C'est dans ce second sens qu'on dit que l'*induction conclut du particulier au général*.

> C'est le propre de notre esprit de former des propriétés générales de la connaissance des particulières.
>
> Descartes

Hasard

> Un coup de dés jamais... n'abolira... le hasard.
>
> Mallarmé

Ce mot nous vient peut-être du... hasard des cantonnements militaires. Il apparaît en français au Moyen Âge, comme un emprunt arabe rapporté par les Croisés, et désigne un certain jeu de dés. Si l'on se fie à un ancien chroniqueur

(Guillaume de Tyr), ce mot viendrait du nom propre d'un château syrien, « El Azar », dans lequel des Croisés, qui s'ennuyaient ferme entre deux combats, inventèrent ce jeu. Un sens étroit (l'idée de jeu) a donc précédé le sens large (tout ce qui est imprévisible).

Dans la langue courante, le mot *hasard* sert à désigner la cause fictive de ce qui arrive de façon imprévue ; plus exactement, c'est le nom que nous donnons à l'absence de cause, à « ce qui ne paraît être le résultat ni d'une nécessité inhérente à la nature des choses, ni d'un plan conçu par l'intelligence » (Adolphe Franck). Tout ce qui est indéterminé, donc imprévisible, nous apparaît comme effet du hasard.

Mais il faut distinguer le fait que les choses sont ou non déterminées, et le fait que nous connaissons ou non cette détermination. Le mouvement des planètes, les éclipses, etc. ne nous apparaissent pas comme l'effet du hasard, car nous connaissons bien les lois de ce mouvement et l'interaction entre les planètes. Mais, en présence de phénomènes dont nous ne pouvons pas déterminer les causes, nous parlons de hasard ; nous appelons donc hasard ce qui est imprévu dans l'état actuel de nos connaissances.

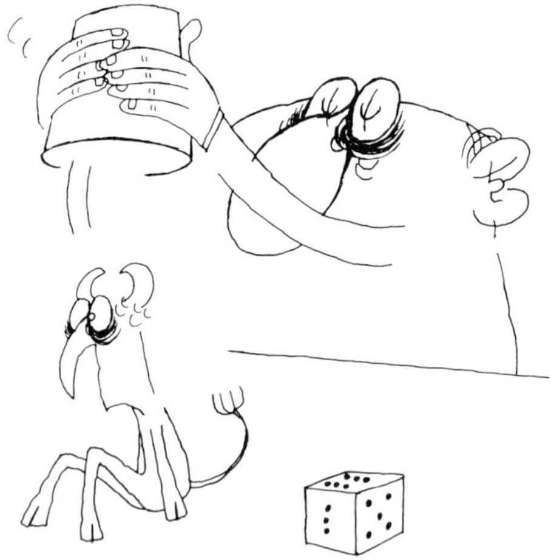

Imaginons une expérience. Soit un vaste entonnoir, dont la pente est longue, mais très faible ; au sommet de l'entonnoir, à égale distance du trou, sont retenues trois boules numérotées, dont le diamètre n'est que très légèrement inférieur à celui du trou, de sorte qu'il ne peut passer qu'une seule boule à la fois par ce trou. Les trois boules sont libérées exactement au même moment (si la main humaine n'est pas fiable, admettons qu'une mécanique quelconque nous assure d'une parfaite simultanéité). Première expérience : les trois boules sont de poids différent. On peut prévoir leur ordre d'arrivée dans le trou, car il est fonction du poids : la plus lourde arrivera la première, la plus légère la dernière. Deuxième expérience : les trois boules ont exactement le même poids. En théorie, elles devraient aller toutes les trois à la même vitesse, et empêcher le passage les unes des autres un peu avant le trou. Dans la pratique, on s'apercevra que ce n'est pas le cas, et qu'elles passeront dans le trou les unes après les autres ; mais l'*ordre de passage dans le trou n'est pas prévisible*.

Pourtant cet ordre est déterminé, c'est-à-dire qu'il y a une ou des causes qui font que telle boule descend la pente un peu plus vite que telle autre. Mais nous ne connaissons pas ces causes. Nous supposons qu'il y a entre les boules d'imperceptibles différences de rugosité, d'arrondi, de température, etc., mais comme nous ne pouvons pas mesurer ces différences, nous ne pouvons pas prévoir les différences de vitesse entre les boules. Si l'on recommence l'expérience, l'état des boules aura changé : une aspérité microscopique aura disparu d'une boule, une autre se sera fixée sur une autre boule, l'expérience précédente aura provoqué un échauffement très légèrement différent d'une boule à l'autre, etc., et l'ordre d'arrivée dans le trou ne sera sans doute plus le même. On dit alors que *le classement est dû au hasard*.

On parle aussi de hasard, même quand les causes qui ont produit un certain phénomène sont *connues après coup*, alors que ce phénomène n'était pas prévisible. Le hasard apparaît dans ce cas comme ce qui résulte de la rencontre de deux ou plusieurs séries de causes indépendantes les unes des autres. Ainsi, dans le *Temple du Soleil* de Hergé, une série de causes (qui constitue la trame même du récit) amène Tintin et ses amis à être condamnés à mort par les Incas. Une autre série de causes, les lois du peuple inca, fait qu'ils doivent mourir sur un bûcher embrasé par les rayons du soleil, au jour et à l'heure qu'ils auront choisis dans les trente jours. Une troisième série de causes, astronomiques, fait qu'il y aura une éclipse pendant cette période. Une quatrième série de causes (l'allumage de la pipe du capitaine, l'excitation de Milou) amène Tintin à tomber sur une coupure de journal qui annonce cette éclipse. La rencontre de ces quatre séries de causes, totalement indépendantes l'une de l'autre, voilà le hasard. Heureux hasard pour Tintin, qui saura en profiter pour sauver sa vie et celle de ses compagnons.

Dans cet exemple de fiction, les séries de causes sont manipulées par une intelligence supérieure, l'auteur ; mais quand cela arrive dans la vie réelle, devons-nous supposer une intelligence supérieure dont nous ignorerions les voies mystérieuses (Dieu, le Destin) ?

Les hommes ont cherché à se prémunir partiellement contre le hasard, en forgeant la notion de *risque*. On sait que certaines situations (résultant d'une série de causes) sont dangereuses : si c'est en votre pouvoir, on vous conseillera d'éviter de vous y trouver. Deux bandes armées peuvent avoir de bonnes raisons de se tirer dessus dans la rue ; vous pouvez avoir de bonnes raisons de vous trouver dans la même rue, au même moment, et de recevoir une balle qui ne vous était pas destinée. Cette rencontre est rare à Paris, fréquente à Beyrouth, mais dans les deux cas il s'agira de hasard : on peut mourir ainsi à Paris, vaquer à ses occupations sans mourir à Beyrouth.

Les compagnies d'assurance observent attentivement ces fréquences pour calculer le montant de leurs primes. Il ne s'agit plus alors d'une évaluation grossière, à la portée de tout esprit de bon sens (« Sois prudent, tu cours des risques ! »), mais d'une évaluation beaucoup plus fine fondée sur le ***calcul des probabilités***.

Ainsi, les jeux dits de hasard ont fait l'objet de travaux mathématiques dont Pascal fut l'initiateur. La maîtrise de la probabilité permet de prévoir des événements pourtant hasardeux. Elle a une importance croissante dans divers domaines et offre aux hommes un moyen d'action supplémentaire sur le monde.

Histoire

Les peuples heureux n'ont pas d'histoire.

(*proverbe*)

Le mot *histoire* a plusieurs sens, ce qui n'a rien d'exceptionnel, mais deux sens fondamentaux de ce mot sont liés d'une façon remarquable. Le français emploie, en effet, le même mot pour désigner ce qui s'est passé, et le *récit* de ce qui s'est passé (que cet événement ou cette suite d'événements soient réels ou fictifs). Dans certains cas, un élément du contexte met l'accent sur le récit : *L'Homme qui racontait des histoires* (Patricia Highsmith) ; ou, au contraire, sur ce qui s'est passé :

> Elle avait eu, comme une autre, son histoire d'amour.
>
> Flaubert

Si nous laissons de côté le point de vue de la fiction, le mot *histoire* désigne à la fois : 1) une certaine discipline, faite de récits, d'analyses, de recherches de documents, etc., dont les ouvriers sont les *historiens ;* 2) la matière de cette discipline, ce sur quoi les historiens travaillent, c'est-à-dire des suites d'événements (successions de rois, alliances, meurtres, élections, guerres...), ou des suites d'états (prospérité, misère, dépendance, indépendance...) accomplis ou subis par les hommes dans le passé.

L'ambiguïté apparaît clairement dans une comparaison : les mathématiques ont pour objet les grandeurs et les relations, la linguistique a pour objet le langage, et *l'histoire a pour objet l'histoire.*

Étymologiquement, le mot *histoire* désigne le *récit,* et non les événements racontés : *historia,* en grec, signifiait « recherche, information », puis « connaissance (de ce dont on s'est informé) », et « récit (de ce qu'on a appris) ». Ce seul sens a longtemps prévalu en français, et ne s'appliquait pas exclusivement à l'étude ou au récit de faits humains. Jusqu'au début du XIXe siècle, on distinguait ***l'histoire naturelle*** (qui correspond à ce que nous appelons aujourd'hui les *sciences naturelles :* géologie, zoologie, botanique, etc.) et ***l'histoire civile*** (ce que nous appelons aujourd'hui ***l'histoire,*** tout court). Par une extension de sens, dont on trouve les premières attestations au XVIIe siècle, le mot *histoire* (récit de faits) en vient à désigner aussi ces faits, objet du récit. Mais dans ce sens, le mot ne s'applique qu'aux hommes, au contenu de l'histoire civile.

Cette ambiguïté, relativement récente, a beaucoup intéressé les philosophes et, dans une moindre mesure, les historiens eux-mêmes ; comme si la langue elle-même avait voulu attirer notre attention sur la situation particulière du savoir historique. L'histoire-récit est prise et entraînée dans l'histoire-événements : les connaissances évoluent, les méthodes s'affinent, etc. Et l'historien étudie la situation, les problèmes, les disputes, les contradictions des hommes du passé, alors qu'il est lui-même un homme, pris, à un autre moment, dans une situation, des problèmes, des disputes, des contradictions. Le mathématicien n'est pas un nombre, le géologue n'est pas un minerai, l'*historien est une partie de l'histoire.* Il ne faut pas pour autant dénier à l'historien le titre de savant ni le réduire à un essayiste d'opinion, mais comprendre, au moins, que le rapport de l'historien à ce qu'il étudie est tout à fait particulier, et compliqué.

Signalons, enfin, deux notions spécifiquement philosophiques, qui ont trait à l'histoire-événements.

• La ***philosophie de l'histoire*** est une conception selon laquelle la suite des événements n'est pas incohérente et hasardeuse, mais suit un mouvement déterminé, se fait selon certaines grandes lignes de force. La connaissance juste du passé, à défaut de nous permettre de prévoir l'avenir dans tous ses détails, pourrait au moins nous indiquer un sens, une direction (voir ci-dessous). On distingue essentiellement deux doctrines.
— l'***idéalisme historique,*** surtout représenté par Hegel, selon lequel la Raison se réalise à travers la suite des événements, aussi irrationnels qu'ils puissent nous paraître quand on les regarde chacun isolément.

> L'histoire universelle est la représentation de l'esprit dans son effort pour acquérir le savoir de ce qu'il est.
>
> Hegel

— le ***matérialisme historique,*** forgé par Marx et Engels, selon lequel les forces matérielles (c'est-à-dire, pour la société, essentiellement économiques) dominent ; elles donnent leurs formes à des forces spirituelles (pensées, idées politiques, religion, art, etc.), celles-ci ne pouvant agir en retour sur les forces matérielles que de façon limitée. Marx et Engels admiraient beaucoup la conception de Hegel, mais ils lui reprochaient ironiquement d'avoir mis l'histoire « sur la tête », et se flattaient de l'avoir remise « sur ses pieds » : l'esprit dont parle Hegel n'est que le produit de l'histoire, non son moteur.

• Le ***sens de l'histoire*** est ce que la philosophie de l'histoire s'emploie à déchiffrer. Il y a là encore une ambiguïté, sinon voulue, du moins acceptée par les philosophes : *sens* signifie à la fois « signification » et « direction ». Ce long parcours de l'humanité, zigzaguant, trébuchant, mène-t-il tout de même quelque part, ou bien on ne sait où, n'importe où ? Selon la réponse qu'on donne à cette question, on pourra dire que notre histoire a un sens, qu'on peut y comprendre quelque chose ou, au contraire, qu'il n'y a rien à comprendre, que

> c'est une histoire racontée par un idiot, pleine de bruit et de fureur, et qui ne signifie rien.
>
> Shakespeare

Homme

> C'est un homme qui... ah !... un homme... un homme, enfin...
>
> Molière

L'homme paraît à l'homme une chose tellement évidente qu'il lui est difficile de se dire que ce mot *homme* ne désigne pas un objet réel, mais une idée. Une certaine variété animale, que les anthropologues appellent *homo sapiens,* existe sur cette planète depuis quelques dizaines de milliers d'années. On peut raisonnablement penser que cette espèce disparaîtra un jour, mais nous ignorons, bien sûr, quand. Pourtant, l'homme, ce que nous entendons par ce mot, par lequel nous nous désignons nous-mêmes, est une idée qui n'a pas toujours existé, qui de surcroît n'existe pas partout où il y a des hommes. Ce mot, vraisemblablement, disparaîtra sous la forme que nous lui donnons aujourd'hui, bien avant que ne disparaisse l'espèce *homo sapiens.* C'est ce qu'il faut comprendre dans l'étrange expression qui apparaît dans la philosophie contemporaine : ***la mort de l'homme.*** C'est de l'idée occidentale de l'homme qu'il s'agit.

Sans entrer dans des détails savants, fixons quelques repères. Cette idée s'est forgée dans la civilisation qui reconnaît comme son héritage la Bible, le christianisme et l'Antiquité gréco-latine. La Bible affirme la position dominante de l'homme sur la nature (histoire d'Adam, histoire de Noé), puis raconte l'Alliance que le Dieu unique et créateur passe avec une partie des descendants d'Adam, la lignée d'Abraham, qui constituera le peuple juif. Avec le christianisme, non seulement cette Alliance s'étend à tous les hommes (et n'est plus conditionnée par l'appartenance à un peuple particulier), mais elle prend une forme extraordinaire, puisque Dieu se fait homme, pour mourir en homme, afin de sauver les hommes. La pensée judéo-chrétienne produit donc une conception très particulière de l'homme, qu'on ne retrouve pas, par exemple, dans les divers courants de la pensée orientale. L'homme traite avec Dieu, non pas sans doute d'égal à égal, mais le seul fait d'avoir affaire avec Dieu le rend radicalement différent du reste de la nature (minérale, végétale, animale).

De son côté, la pensée grecque établit une distinction parallèle : elle dégage peu à peu l'idée que l'homme est « un animal doué de raison » (Aristote). Les deux courants vont se rencontrer par les hasards de l'histoire (déplacement géographique du christianisme de la Palestine vers Rome, récupération de la culture grecque par les Romains, puis transmission de l'héritage gréco-latin à la nouvelle Europe barbare grâce à l'Église). Ils vont se combiner, grâce notamment aux efforts conceptuels de la scolastique. A la fin du Moyen Âge la fusion est à peu près réalisée, et s'enrichit de la découverte, grâce à l'arrivée des intellectuels byzantins après la prise de Constantinople par les Turcs (1453), d'une partie de la culture grecque que l'Europe ignorait.

Des découvertes bouleversantes sont faites alors par les Européens : la Terre est ronde, il y a des hommes de l'autre côté de l'océan. Ce qui est remarquable, à ce moment, c'est que les Européens, rencontrant des êtres si différents d'eux, ne doutent pas que ce soient des hommes ; cela nous paraît bien simple aujourd'hui, mais n'était pas évident dans l'Antiquité. Puis on découvre que la Terre n'est pas le centre de l'univers, qu'elle tourne autour du soleil, parmi les autres planètes, et non l'inverse. C'est l'époque de *l'humanisme* (voir page 233), pendant laquelle l'idée d'homme va se laïciser.

En même temps qu'on commence à recourir systématiquement aux mathématiques pour connaître et décrire le monde (Galilée, Newton), Descartes apporte aux savants la philosophie dont ils avaient besoin : dans le doute méthodique, la seule évidence qui subsiste, c'est « je pense, donc je suis ». Tout ce qui n'est pas la pensée, c'est l'étendue, et cet énorme domaine indifférencié n'est pas habité par des esprits, des démons, des forces mystérieuses, mais est simplement soumis aux lois mathématiques de la mécanique. L'homme devient donc un être abstrait, maître de l'univers non parce que Dieu lui a confié ce rôle, mais parce qu'il sait qu'il pense, et parce qu'il sait mesurer l'étendue. Le prodigieux essor des sciences, alors, semble confirmer cette vision, qui trouvera sa forme militante, si l'on peut dire, au XVIIIe siècle, dans l'*Encyclopédie* et la philosophie des « Lumières » : les nations s'enrichissent, les sciences progressent, les superstitions et les contraintes irrationnelles reculent.

Un tournant a lieu au XIXe siècle. L'homme, sujet de la connaissance depuis le XVIIe, commence à devenir objet de connaissance. Darwin le remet dans une lignée évolutive et lui rappelle qu'il est aussi un animal. Marx montre que les hommes ne dominent pas les lois de l'économie, mais sont dominés par elles. La linguistique se constitue, on comprend mieux les langues, et l'idée classique que les langues sont l'expression des lois logiques vole en éclat ; la psychologie se constitue et découvre que l'homme est loin de faire ce qu'il veut, ou d'être ce qu'il croit être. La grande idée est sérieusement ébranlée, elle n'est pas encore tout à fait morte.

Nous en sommes à peu près là. Deux siècles après l'ère des Lumières, le progrès des sciences de l'organisation permet la déportation et le génocide d'un peuple par un autre, en plein milieu de l'Europe ; le progrès de la physique permet la destruction radicale, par des occidentaux, de deux grandes villes du Japon. Ces événements ont créé un choc, et nous amènent à remettre en question le noyau même de l'idée d'homme : la raison. Tend-elle à l'émancipation du genre humain, ou à sa destruction ?

Ce que nous entendons par *homme* n'est donc qu'une idée, située dans l'histoire ; elle a connu sa forme la plus consistante entre la fin du XVIe et le XIXe siècle. Depuis un peu plus de cinquante ans, elle est en train de changer lentement sous nos yeux. Il est trop tôt pour en savoir plus.

• ***Humanisme :*** on a donné ce nom au mouvement intellectuel qui apparaît à la Renaissance. Luttant contre la sclérose de la philosophie scolastique et profitant d'une meilleure connaissance de la civilisation gréco-latine, les ***humanistes*** se sont efforcés de montrer la dignité de l'esprit humain. Ils prônent la confiance dans la raison et l'esprit critique. Citons, parmi les grands humanistes, Érasme, Thomas More, Guillaume Budé.

Par glissement, le mot a pris deux sens particuliers :

— en philosophie, on appelle humanisme toute doctrine qui met l'homme au centre de sa réflexion et se propose pour but de rechercher les moyens de son épanouissement ;

— dans le vocabulaire universitaire, l'humanisme désigne l'idée selon laquelle toute formation solide repose sur la culture classique (celle-ci étant appelée *les humanités*).

Identique, identité

> L'amour est une question d'identité. Qui aime à perdre son identité ? Quel « autre » a pu me désobséder de « moi » ?
>
> Marcel Jouhandeau

Identité s'emploie surtout, dans notre vie sociale, au sens d'« état civil » : l'ensemble des renseignements qui figurent sur la carte d'identité. *Identique* est, lui, un synonyme de « pareil », « semblable ». On ne voit pas, dans la langue courante, le lien entre le nom et l'adjectif. Ces deux mots ont été forgés, en latin d'Église, à partir du pronom-adjectif latin *idem* (encore employé tel quel en français), qui signifie « le même ». Voltaire proposait assez finement de remplacer *identité* par *mêmeté*, mais ce mot n'est pas passé dans la langue.

Au sens strict, *identité* et *identique* s'emploient à propos d'un objet dont on veut préciser qu'il est seul et unique, bien qu'il puisse être désigné sous des noms différents, ou considéré de points de vue différents : l'identité de Dieu et de l'Être parfait, du lac Léman et du lac de Genève, de Stendhal et d'Henri Beyle. C'est ce que signifie l'identité de l'État Civil : vous pouvez vous sentir identique à vous-même aussi loin que remontent vos souvenirs, ou vous sentir très différent de l'enfant que vous avez été, mais la société ne peut pas entrer dans ces subtilités psychologiques ; chaque enfant se voit attribuer un certain nombre de titres à la naissance (nom, prénom, date et lieu de naissance) et la société considère que l'individu ainsi repéré reste identique à lui-même de la naissance à la mort.

En un sens plus lâche, l'adjectif *identique* renvoie à plusieurs objets distincts appartenant à une même classe. Il est synonyme de « semblable, égal, pareil ». Si deux personnes disent : « nos salaires sont identiques » ou « notre salaire » est identique, elles parlent de deux salaires égaux, et non d'un seul et même salaire pour deux. L'ambiguïté est plus marquée avec *même :* « Ma femme et moi avons la même voiture » signifie-t-il : « Nous avons une seule voiture pour deux » ou : « Nous avons deux voitures du même modèle » ?

Image, imagination

Imagination : toujours vive. S'en défier. Quand on n'en a pas, la dénigrer chez les autres. Pour écrire des romans, il faut de l'imagination.

Flaubert

En latin, le nom *imago,* portrait, image, imitation, est de la même famille que le verbe *imitari,* imiter. On pourrait dire que l'image est le résultat d'une imitation, que ce résultat soit abstrait ou concret. Il est concret lorsque l'image a un support matériel : photo, toile peinte, miroir, flaque d'eau.

Il est abstrait lorsqu'il n'a d'autre support que notre cerveau : on parle alors d'***image mentale***, pour désigner toute représentation de l'imagination, du rêve, du souvenir. Même dans ce sens abstrait, *image* renvoie encore à la vue, et signifie « copie d'un objet réel ».

Chez les psychologues, dans un usage relativement récent (depuis la fin du XIXe siècle), le mot *image* s'est étendu à toute représentation sensible (auditive, tactile, etc.). Nous pouvons avoir une image d'une mélodie dans notre tête, sans la chanter ; nous avons une image de notre corps (dont on suit bien la formation dans les dessins d'enfants qui l'expriment), qui ne correspond pas qu'à la vue, mais aussi au toucher, aux sensations internes : les aveugles de naissance ont aussi l'image de leur corps.

Cette image, objet de l'esprit, se distingue de cet autre objet de l'esprit qu'est l'idée, dans la mesure où elle a toujours pour point de départ une perception sensible. La faculté de produire les images mentales est ***l'imagination.*** On distingue, traditionnellement :
— ***l'imagination reproductrice,*** qui produit des images de ce qu'on a perçu ; elle est associée à la mémoire ;

— ***l'imagination créatrice,*** qui produit des images de ce qu'on n'a jamais perçu. Si l'image n'est pas alors copie d'un objet réel, le processus est néanmoins une imitation de la perception. Lorsque nous imaginons Dieu, le diable, la licorne, l'image que nous produisons ne copie aucun objet réel qui serait tel, mais se compose d'éléments d'objets réels, que nous combinons de façon nouvelle.

Cet enfermement dans l'univers perçu, même s'il y a possibilité de combiner autrement les éléments, est la limite propre de l'imagination : la géométrie et la physique contemporaines raisonnent sans difficulté sur des espaces à plus de trois dimensions, que nous sommes totalement incapables de nous représenter par l'imagination.

Inconscient

> Autre part, autre part, dans l'espace infini, l'Inconscient est plus avancé. Quelles fêtes !...
>
> Jules Laforgue

C'est d'abord un adjectif, qui signifie soit « ce dont on n'a pas conscience », soit « ce qui n'a pas de conscience ».

Il se passe en permanence dans notre organisme des centaines de transformations chimiques inconscientes, au sens où les cellules qui produisent ces transformations ne sont pas conscientes d'elles-mêmes, ni de faire ce travail ; mais aussi au sens où l'ensemble conscient de lui-même constitué par ces cellules (vous, moi) n'est pas conscient que ce travail s'accomplit en lui.

Au sens de « ce dont on n'a pas conscience », l'adjectif *inconscient* peut être employé de façon absolue ou de façon relative : notre métabolisme basal nous est absolument inconscient ; mais on peut appeler aussi inconscients certains phénomènes qui échappent actuellement à la conscience, mais peuvent être conscients : la respiration est le plus souvent inconsciente, mais dans certains cas (bâillement, essoufflement, chant, yoga) elle est consciente.

Le nom ***l'inconscient*** apparaît chez certains philosophes du XIXe siècle. Schopenhauer, qui l'écrit avec I majuscule, désigne ainsi une force primitive qui soutient toute vie, et qui tend à la préservation et à la reproduction de l'espèce.

Surtout, le nom est passé dans la langue grâce à l'œuvre de Freud : l'inconscient est une hypothèse qui explique que les rêves, les angoisses, certaines bizarreries de la vie quotidienne regroupées sous le nom d'***actes manqués*** (lapsus, oublis, égarement d'objets) ne sont pas, quand on y regarde d'un peu près, dénués de sens. Freud suppose que toute une partie de ce qui constitue notre moi (par exemple des souvenirs, des désirs) est inconsciente, c'est-à-dire échappe à notre conscience, mais est active. Les désirs ou les souvenirs devenus inconscients sont dits ***refoulés ;*** tout se passe comme si notre conscience ne voulait pas les connaître, sans pourtant parvenir à les abolir. Ils se manifestent alors dans notre vie consciente sous forme de bizarreries (rêves, actes manqués) dont nous ne percevons pas le sens. C'est parce que, avant de pouvoir se manifester ainsi, désirs ou souvenirs refoulés sont soumis à une ***censure,*** qui les déguise et les rend méconnaissables à notre esprit. *Refoulement* et *censure,* qui sont au service de la conscience, sont cependant des processus inconscients.

• ***Préconscient :*** terme employé par Freud pour désigner « les faits psychiques ***latents,*** mais susceptibles de devenir conscients ». Ces faits psychiques sont inconscients (*latent* vient du latin *latens,* qui se cache) plutôt par défaut d'attention actuelle que par suite d'un refoulement.

• ***Subconscient :*** terme employé par les philosophes et par certains psychologues, en un sens assez proche de « préconscient » chez Freud. On désigne ainsi ce qui appartient à l'esprit et est susceptible de devenir conscient, sans l'être actuellement : dans notre mémoire, l'essentiel de nos souvenirs sont à l'état subconscient ; ils deviennent conscients quand nous nous les rappelons.

Dans le langage courant, *subconscient* a le sens assez vague de perception mystérieuse : je rêve d'un ancien camarade, et le lendemain je le rencontre, comme si mon subconscient avait précédé l'événement.

Intention

> Le bien se dit quand l'intention bonne
> Naissant par bon vouloir en bonne œuvre foisonne.
>
> Maurice Scève

Ce mot désigne le plus souvent, dans la langue courante, ce qu'on se propose de faire (« J'ai l'intention de... »), ou le but que l'on poursuit en faisant une certaine action (« C'est l'intention qui compte »). La distinction entre *intention* et *action* est importante dans notre pensée : les ***procès d'intention*** soulèvent l'indignation (on doit juger quelqu'un sur ce qu'il a fait et non sur ce qu'on suppose qu'il voulait faire ou qu'il aurait fait si...). Et un proverbe nous rappelle que « l'Enfer est pavé de bonnes intentions » (combien de crimes affreux ont été commis dans un but louable !). Dans le mot *intention* il y a le verbe *tendre :* projet ou but désignent des objets *vers lesquels on tend.* Dans le vocabulaire de la scolastique, parfois repris dans la philosophie classique, le mot *intention* a un double sens.

— Un sens dit *volitif,* qui correspond au sens courant moderne du mot *intention :* l'action de la volonté tendant vers un but.

— Un sens dit *cognitif,* qui s'applique non à la volonté, mais à la pensée : c'est l'application de la pensée vers un objet de connaissance. On distingue alors ***l'intention formelle,*** qui est l'action même de la pensée tendue vers son objet, et ***l'intention objective,*** qui désigne par extension (ou par métonymie) l'objet de connaissance vers lequel tend la pensée.

Ce sens cognitif, étranger à la langue courante, était un peu tombé en désuétude dans la langue philosophique ; mais il est réapparu au XXe siècle dans le vocabulaire de la phénoménologie.

> La conscience est toujours conscience de quelque chose.
>
> Husserl

L'intention est l'acte par lequel la conscience donne un sens aux données de la perception. Pour reprendre un exemple de Sartre, la donnée brute d'une photo en noir et blanc, c'est un carton sur lequel il y a, à des degrés divers, des zones claires et des zones sombres. Ma conscience donne un sens à cela, j'y vois des personnes, des lieux, des objets connus ou inconnus. Ce réemploi d'*intention* dans la phénoménologie a donné lieu au néologisme ***intentionner,*** qui signifie « viser par la pensée ».

Intuition

> Si je crois à l'inspiration ? Mais bien sûr ! Je crois même que tous les hommes sont inspirés. Ça s'appelle l'intuition.
>
> Max Jacob

Ce mot désigne dans la langue courante, soit un trait de caractère, qui serait une certaine finesse d'esprit : « Cette personne a beaucoup d'intuition », « l'intuition féminine » ; soit une connaissance subtile, qui relève plutôt du sentiment que de la raison : « J'ai l'intuition que... ».

Les philosophes sont dans une situation étrange, devant ce mot. Beaucoup s'accordent à penser qu'il est indispensable, car il désigne quelque chose pour quoi nous ne disposons d'aucun synonyme. D'autres sont tentés de penser qu' « il ne faut plus se servir de ce mot, puisque personne ne sait ce qu'il veut dire » (Edmond Goblot). Essayons de faire apparaître un accord minimal : l'intuition est un mode de connaissance immédiat ; elle s'oppose au discours ou au raisonnement, qui est médiat. A la différence de ce qui se passe dans la langue courante, l'intuition, en philosophie, loin d'être vague, a un caractère de certitude absolue ; elle s'applique aux éléments premiers de chaque domaine de connaissance, à ce que le raisonnement ne peut pas construire. On distingue alors, selon le domaine auquel elle s'applique, deux types d'intuition.

• ***L'intuition empirique*** est la connaissance immédiate de ce qui a trait à l'expérience ; elle est divisée en ***intuition sensible,*** ou connaissance de ce qui vient des sens, et ***intuition psychologique,*** ou connaissance de ce qui nous est intérieur (sentiments, images).

Exemples : l'intuition vous donne la certitude absolue que vous existez, certitude qu'aucun raisonnement ne pourrait vous donner. On peut comprendre par l'entendement ce qu'est un triangle ou un cercle (le dessin qu'on en fait n'est qu'un auxiliaire, dont on peut se passer), mais l'entendement ne permettra jamais à un aveugle de naissance de comprendre ce que c'est que bleu, rouge ou vert.

• ***L'intuition rationnelle*** est la connaissance immédiate des objets de la raison.

> Au sujet des propositions qui sont la conséquence immédiate des premiers principes, on peut dire, suivant la manière différente de les considérer, qu'on les connaît tantôt par intuition, tantôt par déduction, mais les premiers principes eux-mêmes ne peuvent être connus que par intuition ; et au contraire les conséquences éloignées ne peuvent l'être que par la déduction.
>
> Descartes

Jugement

> Selon que vous serez puissant ou misérable,
> Les jugements de Cour vous rendront blanc ou noir.
>
> La Fontaine

Ce mot a, dans la langue courante, trois sens essentiels : une faculté particulière qui nous permet d'apprécier des personnes, des situations : « avoir du jugement », « manquer de jugement » — dans ce sens seulement la langue populaire a créé le doublet *jugeotte ;* un contenu de pensée particulier, synonyme d'opinion ou d'appréciation : « C'est un jugement hâtif », « porter un jugement » ; l'action de la justice : « poursuivre en jugement » ; et le résultat de cette action, c'est-à-dire la décision prise par les magistrats ou les jurés : « rendre un jugement », « casser un jugement ». Seuls les deux premiers sens font partie du vocabulaire philosophique, qui leur apporte quelques précisions.

• *Jugement* = faculté de juger : cette faculté nous permet, en l'absence d'une connaissance certaine, de nous faire une opinion la plus proche possible de la vérité. Elle nous permet notamment de régler notre action : dans toute entreprise, comme nous ne sommes pas devins, nous n'avons jamais de certitude absolue de notre réussite ou de notre échec. Le jugement nous permet d'apprécier raisonnablement ce qu'il en sera. Kant formule cela de façon technique en appelant jugement « la faculté de penser le particulier comme contenu dans le général ».

• *Jugement* = appréciation. On distingue :

— le ***jugement psychologique :*** décision prise par l'esprit ; c'est le résultat de la faculté de juger ;

— le ***jugement logique :*** c'est le fait de poser, soit comme une vérité, soit à titre d'hypothèse, l'existence d'une certaine relation entre deux ou plusieurs termes : « Tout homme est mortel », « Pierre est plus grand que Paul », etc. En ce sens, le mot jugement est inséparable du mot proposition (p. 129).

Liberté

> Liberté : c'est un de ces détestables mots qui ont plus de valeur que de sens ; qui chantent plus qu'ils ne parlent ; qui demandent plus qu'ils ne répondent.
>
> Paul Valéry

L'idée de liberté paraît simple : « Être libre, c'est faire ce qu'il me plaît ». Soit. J'adore les sucreries, je m'en gave ; au bout d'un certain temps, j'ai les dents gâtées, de l'embonpoint, et je suis bien malheureux. Si je continue de m'en gaver, tout en sachant que je vais être de plus en plus malheureux, suis-je libre ? ou suis-je esclave d'une passion plus forte que ma volonté ? Au point que, peut-être, c'est dans l'acte contraire que je me sentirai libre : « Finies les sucreries ! » Alors, être libre c'est aussi pouvoir *ne pas* faire ce que j'aimerais faire : une partie de moi impose quelque chose à une autre partie de moi.

Transposons cette dualité dans la société : votre voisin est musicien de rock et se sent particulièrement inspiré vers 3 heures du matin ; il aimerait bien *être libre* de répéter à cette heure favorable. Vous habitez au-dessous, vous vous levez tous les matins à sept heures, et vous aimeriez bien *être libre* de dormir tranquille. On voit donc que le mot *liberté,* par lui-même n'a pas de sens, et que l'idée n'est pas si simple. Il faut toujours préciser : liberté de qui, ou de quoi, qu'est-ce qui est interdit ou qui est lésé quand telle liberté est reconnue ? C'est ainsi que la « loi sur la liberté du travail », dite « loi Le Chapelier », votée pendant la Révolution Française et abrogée seulement en 1884, contenait pour disposition essentielle... l'interdiction des syndicats.

Il y a de multiples formes de liberté. Citons-en quelques unes, qui sont évoquées dans les textes philosophiques.

• La ***liberté physique :*** c'est le pouvoir de décider de ses mouvements. Le prisonnier, l'enchaîné en sont privés, mais aussi le grand malade, le paralysé.

• La ***liberté civile :*** c'est le pouvoir de disposer de sa personne en société, c'est-à-dire la liberté de changer de lieu, d'accepter ou de refuser un travail, de choisir de se marier ou non, etc. L'esclave et le serf sont, à des degrés variables, dépourvus de cette liberté. Cette liberté prend la forme des *droits* civils, définis par les lois.

Nous avons vu, dans l'exemple des conflits de voisinage, que la liberté de l'un revient, le plus souvent, à priver l'autre de sa liberté. En l'absence de lois, c'est le plus fort qui impose son point de vue, c'est-à-dire que le plus fort est toujours libre et le plus faible toujours contraint. Tout se passe alors comme si les citoyens renonçaient individuellement à leur liberté, pour la confier à l'entité abstraite qu'ils constituent collectivement, la société. Celle-ci crée des lois qui redistribuent la liberté.

Toute la réflexion des philosophes du XVIIIe siècle sur ce problème peut se résumer dans cette phrase de Voltaire :

La liberté consiste à ne dépendre que des lois.

• La ***liberté politique :*** au sens propre, cette liberté concerne un peuple ; c'est le fait de ne pas dépendre d'un autre peuple, de pouvoir se constituer en société indépendante, qui décide de ses lois : les colonies, les démocraties populaires dominées par l'U.R.S.S. n'ont pas la liberté politique. Le synonyme est *indépendance nationale.* Cette expression s'est ensuite étendue aux citoyens au sein d'une société ; le synonyme, alors, est *droits politiques :* c'est la liberté de juger l'action du gouvernement par le vote, ou de briguer les fonctions de gouvernement en se faisant élire.

• La ***liberté de pensée :*** au sens strict, cette liberté est inaliénable. Si je ne crois pas en Dieu, aucune force physique ne peut m'imposer d'y croire, on peut seulement m'imposer de taire mon athéisme, ou de déclarer publiquement (et hypocritement) le contraire de ce que je pense. Tout le monde s'accorde à considérer que, dans une telle situation, il n'y a pas de liberté de penser. Revendiquer la liberté de penser est en fait revendiquer la liberté d'*exprimer sa pensée.* La meilleure illustration de cette liberté est cette phrase de Voltaire à un de ses adversaires :

> Je ne suis pas d'accord avec ce que vous dites, mais je me battrai pour que vous ayez le droit de le dire.

Les philosophes, s'efforçant d'être un peu moins naïfs que le commun des mortels, se sont demandés si l'on n'était pas toujours, d'une façon ou d'une autre, déterminé à agir de telle façon plutôt que de telle autre. La liberté serait alors le fait de ne pas être déterminé, et sa définition serait purement négative. Je fais ce que je veux. Sans doute, mais pourquoi fais-je ceci et non cela ? Je sais que les bonbons me font grossir, mais je les adore. Ils sont là, devant moi, si tentants. Si j'en prends, c'est poussé par ma gourmandise, dont je suis l'esclave. Mais si je n'en prends pas, c'est poussé par ma coquetterie ; la crainte de grossir me dicte ma conduite. Je fais certes preuve de caractère en résistant, mais qui m'a dicté cette crainte de grossir ? Quoi que je fasse, comment pourrais-je me prétendre libre ?

On admet pourtant qu'il existe des situations où l'on fait ceci plutôt que cela sans aucune raison. Exemple : un ami, prestidigitateur de société, m'invite à tirer une carte parmi deux cartes retournées, strictement identiques. On pourrait imaginer, dans ce genre de situations limites, que l'absence totale de raison de choisir ceci plutôt que cela nous bloque, nous empêche d'agir. C'est ce qu'illustre l'histoire de l'âne de Buridan (voir p. 35). Ce n'est heureusement pas le cas. Nous disposons de ce que les philosophes appellent la ***liberté d'indifférence :*** c'est la faculté de choisir quelque chose indépendamment de tout motif. Entre deux choses rigoureusement équivalentes (à supposer que cela soit possible), ou entre deux choses différentes, mais dont aucune ne me paraît préférable à l'autre, je peux choisir. Cette liberté permet à l'âne de ne pas mourir de faim. Sans cette liberté, la vie serait peut-être impossible.

Une blague juive, citée par Cooper, envers exact de la fable de l'âne de Buridan, l'illustre bien : une mère offre à son fils adulte deux cravates, une rouge et une bleue. A sa prochaine visite, le jeune homme, pour montrer qu'il a apprécié le cadeau, met une des deux cravates, disons la rouge. Sa mère le regarde, prend soudain un air affligé, et dit : « Alors, comme ça, tu n'aimes pas la bleue ! » Cette liberté d'indifférence, qui apparaît à beaucoup si précieuse, n'est pourtant, pour les philosophes, que le plus bas degré de liberté. Voici un curieux paradoxe : il est, à proprement parler, impossible de doter un ordinateur de la liberté d'indifférence, et pourtant n'importe quel animal en dispose. Bénissons donc le ciel d'en disposer, mais n'en concevons pas un orgueil excessif !

Au-dessus de la liberté d'indifférence, les philosophes mettent le ***libre-arbitre :*** c'est la faculté de choisir en se déterminant selon des motifs. Si je choisis, sans qu'aucune force extérieure ne m'y contraigne, et en connaissant clairement les conséquences de mon choix, de continuer à me gaver de sucreries ou à fumer, je fais usage de mon libre-arbitre. Notons qu'on rencontre quelques désaccords d'emploi : certains philosophes entendent par libre-arbitre la liberté d'indifférence.

Enfin, la plupart des philosophes s'accordent à penser que le plus haut degré de liberté est la faculté dont nous disposons (mais qui exige effort) de nous déterminer selon la raison. L'être de l'homme étant la raison, l'homme n'est vraiment lui-même, donc n'est vraiment libre, que lorsqu'il agit selon la raison. Dans tous les autres cas, notre liberté n'est qu'une illusion : ou bien nous nous soumettons à une passion, même si nous en acceptons les conséquences, ou bien nous ignorons ce qui nous fait choisir.

C'est ce qui explique le peu de cas que les philosophes font de la liberté d'indifférence.

> Plus on agit suivant la raison, plus on est libre (...) car plus nous agissons suivant la raison, plus nous agissons selon les perfections de notre nature.
>
> Leibniz

Loi

Car je n'ai, moi,
Par la Sang-Dieu,
Ni foi ni loi,
Ni feu ni lieu

Victor Hugo

Le plus souvent, ce mot s'applique, dans la langue courante, à des prescriptions qui règlent les rapports sociaux, et dont le respect est obligatoire. Le mot *loi* a cependant un sens beaucoup plus large, et nous avons tous entendu parler de la *loi de la chute des corps,* qui n'a rien à voir avec la société ou les tribunaux.

Il importe donc de distinguer les ***lois sociales,*** qui sont des commandements, et les ***lois naturelles :***

> Jusque vers 7-8 ans (...) toute loi observée dans les choses est considérée comme étant une loi sociale : les choses sont censées agir conformément à des règles qui leur sont imposées du dehors. (...) S'il y a des lois naturelles, ce n'est pas parce que les corps sont physiquement déterminés : ils pourraient fort bien se soustraire à la loi s'ils le voulaient. C'est seulement qu'ils sont obéissants.
>
> Jean Piaget

Une loi naturelle, ou plus exactement une loi de la nature, est une généralisation d'observations vérifiées. Elle énonce que, l'enchaînement des phénomènes étant déterminé, si un certain ensemble de conditions se trouve réalisé, un certain phénomène aura nécessairement lieu. On se gardera de confondre loi et cause : la loi n'est que l'énoncé d'une relation régulière et prévisible entre des phénomènes. La loi de la chute des corps nous explique pourquoi et de quelle manière les corps tombent, mais elle n'est en aucune façon responsable de la chute des corps.

Mal, mauvais

Il vaut encor mieux
Souffrir le mal que le faire.

Florian

Mal est un adverbe : « mal faire », « mal manger » ; il peut se trouver en position d'adjectif attribut : « C'est mal », « Ce tableau n'est pas mal ». L'adjectif correspondant est *mauvais;* c'est la seule forme qu'on trouve en position d'épithète : « un mauvais film ». *Mal* est aussi un nom : le mal, les maux.

Une définition classique du mal, en philosophie, a été donnée par Leibniz :

> On peut prendre le mal métaphysiquement, physiquement et moralement. Le mal métaphysique consiste dans la simple imperfection, le mal physique dans la souffrance, et le mal moral dans le péché.

Les philosophes ont eu, dans l'ensemble, tendance à penser le mal comme un manque de bien. Le mal n'a pas d'être, il est purement négatif : c'est un « pas assez bien ».

Le ***problème du mal*** a préoccupé les philosophes et les moralistes. Il se pose surtout (mais pas uniquement) dans la mesure où on admet un Dieu bon. Le mal métaphysique ne pose pas trop de problèmes : si nous étions parfaits, nous serions Dieu, il n'y aurait donc plus de création. En effet, toute créature, est nécessairement moins parfaite que son créateur ; aussi parfaite que soit la créature, elle doit à Dieu d'avoir été créée, donc Dieu aura toujours sur elle la supériorité d'être, lui, increé. Mais pourquoi Dieu bon a-t-il fait en sorte que nous ayons à subir la souffrance et le péché ? La réponse de la religion chrétienne, c'est que le mal est une épreuve, dont la récompense sera le bien infini du paradis : Dieu l'a indiqué clairement, en se faisant homme et en souffrant (la Passion du Christ).

Mais cette réponse n'est pas satisfaisante pour les philosophes. Que le mal nous serve d'épreuve montre assurément la bonté de Dieu, mais, si l'on peut dire, après coup. « Si Dieu n'était pas bon, le mal serait gratuit, nous souffririons sans profit. » Cela n'explique pas pourquoi il y a le mal. Dieu nous récompensera du mal que nous avons subi, mais n'aurait-il pas pu nous éviter, tout simplement, d'avoir à le subir ? Une réponse est donnée par Leibniz, encore : le monde auquel nous appartenons est le *meilleur des mondes possibles* (voir p. 37).

Matière

> SGANARELLE — Va-t-elle où vous savez ?
> GÉRONTE — Oui.
> SGANARELLE — Copieusement ?
> GÉRONTE — Je n'entends rien à cela.
> SGANARELLE — La matière est-elle louable ?

Molière

Matière vient du latin *materies* ou *materia,* dont le sens premier est « bois dur ». Il faut chercher le sens philosophique du mot *matière* dans deux directions : *matière* s'oppose à *esprit,* ou à *forme.*

1) *Matière* s'oppose à *esprit :* cette opposition est relativement récente ; elle n'est clairement établie qu'à partir de Descartes. Recherchant ce dont il ne peut pas douter, Descartes trouve, au bout de son examen, deux choses : la *chose pensante,* c'est-à-dire le sujet, et la *chose étendue,* c'est-à-dire la matière.

Sans adopter nécessairement la réduction cartésienne de la matière à l'étendue, la langue moderne appelle *matière* ce que nous percevons comme indépendant de notre esprit, situé dans l'espace et possédant une masse. Atomes, molécules, corps, sont de la matière, tandis que les phénomènes ne sont pas de la matière, mais des modifications de l'état de la matière, si l'on prend le mot *matière* en un sens strict. Si on le prend au sens large, les phénomènes étant des conséquences des propriétés de la matière (au sens strict), on les inclura dans la matière. Par exemple, au sens strict, un son n'est pas de la matière, mais la modification de l'état d'un milieu élastique, l'air (vibration de l'air) ; mais l'air est de la matière, c'est un gaz composé d'oxygène, d'azote, etc.

2) *Matière* s'oppose à *forme :* cette opposition est beaucoup plus ancienne ; elle définit le sens du mot *matière* chez Aristote et chez les Scolastiques. La matière n'est pas une réalité par elle-même, mais quelque chose de relatif : « Il n'y a rien en ce sens qui soit *la* matière, mais telle ou telle donnée est *matière* par rapport à telle ou telle forme » (Lalande). La matière est ce en quoi les choses sont faites, mais pour que les choses soient, existent effectivement, il faut que la matière reçoive une forme. La matière est un *objet en puissance,* la forme est cet *objet en acte.*

Appliquée au monde physique, cette opposition est devenue assez étrangère à notre pensée. On peut essayer de la comprendre en pensant au sens abstrait du mot *matière :* la matière de l'œuvre de Marcel Proust, c'est la volonté de rendre le passé présent à la conscience, par l'effort du style ; mais cette « matière » n'existe que par la « forme » dans laquelle elle s'exprime, l'œuvre de Proust, et ce n'est que par une vue de l'esprit qu'on peut séparer l'œuvre et la matière de l'œuvre.

Ainsi, pour Aristote, la matière, dans le monde physique, est un élément indéterminé qui entre dans la composition des êtres (recevant ses déterminations de la forme), mais qui ne peut être, par elle-même, l'objet d'une analyse. On peut comprendre, par comparaison, comment la conception cartésienne est liée à la naissance de la science moderne : pour Descartes, la matière n'est pas quelque chose de relatif, mais une substance étendue, qu'on peut mesurer, dont on peut étudier les différents états.

L'opposition *forme/matière* s'est maintenue, en philosophie, dans des domaines particuliers, avec des sens particuliers.

— Dans la théorie de la connaissance, chez Kant, la matière est la donnée de l'expérience sensible :

> J'appelle matière, dans le phénomène, ce qui correspond à la sensation ; mais ce qui fait que le divers du phénomène est coordonné dans l'intuition selon certains rapports, je l'appelle forme du phénomène.

— En logique, la forme est la relation entre les propositions dans le raisonnement, indépendamment de leur contenu ; la matière est le contenu particulier de chaque proposition (voir : *vi formae, vi materiae*, p. 105).

• ***Matérialisme :*** ce mot est récent et, bien que nous parlions aujourd'hui du ***matérialisme antique***, les philosophes qu'on range sous cette étiquette ne s'appelaient pas eux-mêmes ainsi. Ce mot apparaît au XVIIe siècle, chez Leibniz notamment, qui oppose le matérialisme (représenté, selon lui, par Épicure) et l'idéalisme (représenté par Platon).

Les termes *matérialisme* et *matérialiste* évoquent volontiers, dans le langage courant, l'esprit terre-à-terre, les sentiments grossiers, l'appétit de jouissance. Leur acception philosophique est différente. Au sens le plus général, le matérialisme est la doctrine selon laquelle il n'existe pas d'autre substance que la matière, conçue comme un ensemble d'objets dont chacun occupe une portion déterminée de l'espace. On en tire une conséquence méthodologique : toute connaissance vient de l'étude de la matière. Ainsi, dans

l'étude des êtres vivants, les phénomènes vitaux et psychiques (la vie, la pensée) ne peuvent être compris que si l'on comprend les phénomènes physico-chimiques qui leur correspondent, et sans lesquels il n'y aurait ni vie, ni pensée (voir ci-dessous).
Le matérialisme a également un sens moral : dans son acception philosophique, c'est la thèse selon laquelle il n'y a pas, dans l'homme, divorce entre deux principes, la matière et l'esprit, c'est-à-dire conflit douloureux et insoluble entre les appétits de l'animal et les aspirations de l'âme immortelle. Il y a en l'homme une unité, c'est un être homogène, ce qui n'exclut pas une diversité d'aspirations. Le matérialisme s'accompagne du refus de croire en une âme immatérielle et immortelle. Le matérialisme moderne est athée, alors que le matérialisme antique invoquait des dieux (chez les Épicuriens) ou un Dieu (chez les Stoïciens), des dieux eux-mêmes faits de matière.

• ***Matérialisme classique*** et ***matérialisme dialectique.***
On range sous le nom de matérialisme classique le matérialisme antique et les doctrines matérialistes jusqu'au XIXe siècle, notamment un important courant français du XVIIIe siècle, illustré par d'Holbach, La Mettrie, et, dans une moindre mesure Diderot. C'est une conception statique de la matière : les éléments matériels peuvent se mouvoir, mais l'ensemble de ce qui constitue la matière est toujours semblable à lui-même. Il ne peut y avoir dans la matière que des changements quantitatifs. Il y a bien des transformations des éléments matériels : l'œuf devient poule, la poule meurt et sa matière passe dans ceux qui la mangent ou dans la terre, mais tous les éléments matériels que nous connaissons ont toujours été *dans l'état* où nous les connaissons, ils ne sont pas apparus au terme d'une longue évolution. Peut-être qu'il n'y a pas toujours eu des poules, mais un jour la poule est apparue, toute armée de ses plumes, par « génération spontanée ». Il y a un texte saisissant de Diderot qui évoque, sous forme de rêve, comment le taureau est sorti de la terre, puissant et cornu !

Le matérialisme dialectique, surtout développé par Engels, et repris par le courant marxiste, est une conception dynamique de la matière. Des *changements quantitatifs* peuvent devenir *changements qualitatifs*, et la matière produit peu à peu des choses entièrement nouvelles, qui se développent, suivent leur propre mouvement, et prennent la forme que nous leur connaissons, qui continuera d'évoluer. La matière, si l'on veut, a une histoire, alors que dans le matérialisme classique les espèces demeurent, telle qu'en elles-mêmes, depuis leur première apparition.

La différence entre les deux matérialismes est surtout marquée dans la façon de considérer la pensée. Pour d'Holbach, il est « naturel de conclure que puisque l'homme qui est matière et qui n'a d'idées que de la matière jouit de la faculté de penser, la matière peut penser ». Une telle déclaration est, pour un matérialiste dialectique autant que pour un idéaliste, une pure pétition de principe : d'Holbach explique autant le problème qu'un médecin de Molière expliquait les effets de l'opium en disant : l'opium fait dormir parce qu'il a une vertu dormitive. Lénine, qui était un matérialiste disait :

> Je préfère un idéaliste conséquent à un matérialiste vulgaire.

Pour le matérialisme dialectique, la pensée n'est pas une qualité de la matière ; la matière, dans sa dynamique, à un moment donné de son histoire, produit la conscience et la pensée. Ce produit de la matière acquiert une relative autonomie par rapport à elle, et se développe. La pensée n'est certainement pas apparue un jour, dans toute sa splendeur, dans la cervelle d'un anthropoïde ; elle s'est créée peu à peu, mais comme quelque chose d'entièrement nouveau ; il y a entre la pensée et les phénomènes matériels qui la supportent une différence de nature.

On sait que la pensée est le résultat d'un ensemble extraordinairement compliqué de phénomènes physico-chimiques dans le cerveau, et que lorsque ces phénomènes cessent, il n'y a plus de pensée. Mais la pensée a aussi sa propre histoire, autonome. Les neurologues contemporains disent qu'il y a un hiatus entre le cerveau et la pensée. Cela dit, l'opposition avec l'idéalisme est parfaitement tranchée : même s'il y a une différence de nature entre nos idées et le monde matériel, l'être même des choses n'est pas l'idée que nous nous en faisons, car sans matière il ne saurait y avoir d'idée.

La théorie du matérialisme dialectique s'accorde assez

bien avec les données actuelles de la science : l'évolution des espèces en biologie, la transformation des corps en chimie, la formation des planètes en astrophysique, etc.

Mémoire

> *Mémoire :* se plaindre de la sienne, et même se vanter de n'en pas avoir.
>
> Flaubert

Au sens le plus général, le mot *mémoire* désigne la faculté d'enregistrer dans son esprit des événements ou des connaissances, et de les rappeler à un autre moment. Aristote distinguait la mémoire (grec *mnêmê,* traduit en latin par *memoria*) et la *réminiscence* (grec *anamnêsis,* latin *reminiscentia*). La première est la faculté de retenir des choses, qui reviennent à l'esprit sans aucun effort — telle situation réveille en vous tel souvenir : l'enregistrement et le rappel se sont fait indépendamment de votre volonté. La seconde est la faculté de retrouver par l'effort quelque chose qu'on sait savoir : par exemple, quand vous essayez de retrouver le numéro de téléphone d'un ami, ou le titre d'un livre, au moment où vous en avez besoin.

Bergson a établi une distinction tout à fait différente entre

— la ***mémoire-habitude :*** c'est la faculté d'enregistrer des choses et de les rappeler de façon purement fonctionnelle ; quand vous avez appris à nager, à faire du vélo, à parler, vous ne l'oubliez plus ;

— la ***mémoire-souvenir :*** c'est le rappel conscient, volontaire ou involontaire, du passé. Quand vous vous rappelez que 6 fois 8 font 48, il n'y a là rien qui vous paraisse appartenir intimement à votre histoire. Mais quand vous vous rappelez telle punition que vous a donné un jour votre maître (peut-être parce que vous ne saviez pas vos tables), c'est un moment de votre vie, perçu comme tel, qui revient à votre conscience. Proust, qui avait suivi certains cours de Bergson, développe, par les moyens de l'art, une distinction assez proche entre la mémoire utilitaire (je me souviens de telle date, de tel fait) et la mémoire qui fait revivre, dans le présent, avec une violente émotion, des pans entiers du passé. En référence à Bergson, ou à Proust, on parle parfois des ***deux mémoires.***

Méthode

Nous avons changé de méthode :
Jodelet n'est plus à la mode :
Et maintenant il ne faut pas
Quitter la nature d'un pas.

La Fontaine

Étymologiquement, ce mot signifie « poursuite, recherche ». Le mot grec *methodos* est formé de *meta*, vers, et *hodos*, chemin. Ce mot évoque généralement l'idée d'un certain ordre, d'une organisation dans une suite de pensées ou d'actions : « travailler avec méthode ». En un sens plus technique, le mot « méthode » ne se réduit pas à l'idée d'ordre, mais englobe aussi l'idée qu'on respecte des règles. Descartes, qui a honoré philosophiquement ce mot par son *Discours de la Méthode*, la définit ainsi :

> Par méthode j'entends des règles certaines et faciles, grâce auxquelles tous ceux qui les observent exactement ne supposeront jamais vrai ce qui est faux et parviendront, sans se fatiguer à des efforts inutiles, à la connaissance vraie de ce qu'ils peuvent atteindre.

Le mot peut s'entendre en deux sens.

— L'un, étroit, est parfois synonyme de « recette » : méthode pour faire les confitures, méthode d'apprentissage de la lecture, etc. Il s'agit d'un ensemble de règles définies par rapport à un objet précis.

— L'autre, plus large, désigne un ensemble de règles générales, susceptibles de recevoir des contenus variables, selon le domaine auquel on les applique.

Exemple : la ***méthode expérimentale*** ne dit pas comment il faut s'y prendre pour faire des découvertes, mais elle donne au chercheur des garde-fous et des repères, qui lui évitent d'errer et lui permettent de justifier le bien-fondé de son éventuelle découverte.

Mode

Ronsard, qui le suivit, pour une autre méthode
Réglant tout, brouilla tout, fit un art à sa mode.

Boileau

Du latin *modus* (qui signifie « mesure », puis « juste mesure », « limite convenable », d'où enfin « manière »), le français a fait, pour ses besoins propres, deux mots, *la mode* et *le mode*. La première forme (qui apparaît vers le XVe siècle) était le féminin, couvrant tous les usages actuels des deux mots. Au XVIIe siècle est apparu un doublet masculin (formation savante qui rétablissait le masculin de *modus*), réservé aux usages techniques, dans des domaines comme la grammaire ou la philosophie.

La mode désigne aujourd'hui une manière d'être passagère (« la mode vestimentaire », « être à la mode »), ou une façon de faire quelque chose en suivant l'usage d'un certain groupe de gens : « tripes à la mode de Caen ». *Le* mode désigne une manière d'être durable (« le mode de vie »), ou une façon de faire quelque chose par rapport à un objet particulier, indépendamment du temps ou des personnes

(« le mode d'emploi », « le mode mineur, le mode majeur »). Si *la* mode peut, à l'occasion, intéresser tel ou tel philosophe, le mot n'a pas chez eux de sens particulier. Par contre, *le* mode est un terme technique de la philosophie.

1) *Le mode,* appliqué aux *êtres,* signifie « manière d'être, détermination ». Dans la philosophie scolastique, *mode* désigne toute détermination d'un être ; on distingue alors : les ***modes substantiels,*** c'est-à-dire les propriétés qui fondent l'être lui-même, comme la substance ou l'existence ; les ***modes accidentels,*** c'est-à-dire des qualités variables qui s'ajoutent à l'être qu'on considère, comme la couleur, la position ; les ***modes transcendentaux,*** c'est-à-dire des déterminations très générales qu'on peut rapporter à tout être, comme l'unité, la vérité.

Chez les philosophes du XVIIe siècle, Descartes et Spinoza notamment, on distingue les *modes* et les *attributs.* Les attributs sont les modes substantiels, propriétés permanentes de l'être considéré ; les modes sont les modes accidentels, qualités contingentes ou affections passagères de l'être considéré.

2) *Le mode,* appliqué aux *propositions,* ou plus exactement aux raisonnements, désigne, dans la logique classique, des types répertoriés de syllogismes (voir p. 57).

• ***Modal, modalité :*** alors que *modalité* apparaît dans la langue courante (« modalité de paiement »), *modal* y est inconnu. En philosophie, la modalité est une notion logique : c'est la manière dont le prédicat est lié au sujet. On distingue les ***modalités assertorique, apodictique*** et ***problématique.*** Une ***proposition modale*** est une proposition qui exprime une de ces modalités.

Moi, je

... Nous avons remarqué que quatre phrases de gosse sur dix commençaient par : « Je parie que tu ne... »
— Et les six autres ?
— Par : « Moi, je... »
— Voici qui n'est pas mal observé, je le crains.

André Gide

Un certain nombre de langues n'emploient pas de pronoms personnels dans la conjugaison, car les terminaisons des formes verbales suffisent à distinguer les personnes. C'est le cas, par exemple, de l'espagnol : cant*o*, *je* chante ; cant*as*, *tu* chantes ; cant*a*, *il* chante.

Mais en français, à l'oreille, la distinction serait impossible si nous n'y adjoignions les pronoms *je*, *tu*, *il*. On est amené alors à se demander si *je*, *tu*, *il* sont de simples marques grammaticales, comme les terminaisons de l'espagnol, ou si ces termes désignent des choses qui existent en dehors du langage.

Il peut être assez clairement conçu : on peut, par ce mot, désigner n'importe quel objet dont on dit quelque chose (un homme, un animal, une chose, un sentiment, etc.) ; et nous admettons sans trop de peine que les objets n'attendent pas que nous parlions d'eux pour exister.

Tu pose déjà plus de problèmes ; rien ni personne n'est *tu ;* ce mot ne désigne aucun objet, mais exprime une relation entre quelqu'un qui parle et celui ou celle à qui il parle. Cette relation, évidemment, n'existe que le temps d'un acte de parole, au moment où quelqu'un s'adresse à quelqu'un.

Mais voici la question cruciale : et *je ?* Faut-il l'analyser plutôt comme *il*, ou plutôt comme *tu ?* Quand nous pensons ou disons *je*, *je* existe, indubitablement, au moins comme un acte de parole ou de pensée. Mais quand il n'y a ni parole ni pensée, y a-t-il quelque chose qui continue d'exister et de s'appeler *je ?* L'emploi de *je*, dirons-nous, manifeste la conscience qu'a chacun de lui-même. Soit, mais la conscience n'est pas une chose. Chacun d'entre nous est une chose, qui peut être désignée par *il* ou *elle ;* de temps en temps cette chose a conscience d'elle-même, et dit ou pense « je ». *Je* ressemblerait donc plutôt à *tu*, et ce mot désignerait seulement une certaine relation qu'une chose douée de conscience entretient avec elle-même ; cette relation n'existerait alors qu'aussi longtemps qu'elle est effectivement en œuvre, c'est-à-dire seulement dans les moments où cette chose est consciente d'elle-même, dit ou pense « je ».

Tout un chacun a pourtant la tranquille assurance de sa propre permanence. « *Je me* souviens que quand *j'* étais petit... » disons-nous, sans douter un instant que ces deux *je* sont identiques. Pas de doute, je, moi, ça existe, aussi massivement, aussi silencieusement que l'arbre, la chaise, cet homme, tout ce dont on dit *il* ou *elle*. Ne disons-nous pas

tous les jours : « *Je me* suis fait mal », « *J'*ai souri malgré *moi* », « Ça, c'est bien de *moi !* », etc. Le *moi* s'efforce d'apparaître comme un objet stable, qu'on pourrait considérer indépendamment de l'existence fugitive de *je* dans un acte de parole ou de pensée.

Le *cogito* de Descartes est bien connu : « Je pense, donc je suis ». On peut douter de tout, explique Descartes, se demander si les objets que nous percevons ne sont pas des fantômes, les visions d'un rêve. Mais, pendant que nous sommes en train de douter, nous nous apercevons qu'il y a au moins une chose qui demeure à l'abri du doute : il existe un certain être, qui est là, en train de douter.

> Cette proposition : « je suis, j'existe » est nécessairement vraie toutes les fois que je la prononce ou que je la conçois en mon esprit.

commente Descartes. Jusque-là, personne n'a rien trouvé à redire, la démonstration est irréprochable. Mais la suite est plus aventureuse. Du *cogito,* Descartes croit pouvoir tirer la conclusion : je suis une substance qui pense. Nous avons bien l'expérience psychologique de *je* chaque fois que nous pensons ou disons « je », c'est-à-dire chaque fois que nous avons la conscience actuelle d'exister. Mais cette conscience est un acte, non une chose : nous ne pouvons rien connaître d'autre de *je* que cet acte. Poser qu'il existe un ***moi pensant,*** une chose stable, c'est excéder les limites de notre expérience.

Cette critique du *cogito* par les philosophes postérieurs à Descartes, notamment Kant, les a amenés à élaborer certaines notions. On distingue ainsi plusieurs « moi ».

— Le ***moi psychologique :*** c'est cette conscience complexe, mouvante, peut-être passagère, que j'ai de moi dans mes pensées ou dans mes actes.

— Le ***moi ontologique*** (voir *ontologique*, p. 61) : c'est, ou plus exactement, ce serait un être immuable et non passager, auquel chaque sujet rapporterait ses états ou ses actes, mais qui existerait indépendamment des états ou des actes. C'est la substance pensante de Descartes, qui s'identifie avec l'âme immortelle :

> Une substance dont toute l'essence ou la nature n'est que de penser et qui, pour être, n'a besoin d'aucun lieu ni ne dépend d'aucune chose matérielle ; en sorte que ce moi, c'est-à-dire l'âme, par laquelle je suis ce que je suis, est entièrement distincte du corps.
>
> Descartes

Mais si l'on considère, comme l'ont fait les critiques de Descartes, que le moi ontologique est une invention que rien ne justifie, un grave problème se pose à la pensée : s'il n'y a d'autre moi que cette conscience que j'ai de moi-même quand je pense ou quand je parle, l'esprit n'est que *mon* esprit, la pensée n'est que *ma* pensée, tout le reste est illusion. Comment peut-on croire alors qu'il y ait la moindre connaissance, puisqu'il n'y a plus rien à connaître. Vous n'existez pas, ce papier, cette machine à écrire ne sont que les images que je fabrique pour agrémenter mes rêves ; dès que je penserai à autre chose, tout cela aura disparu. Mais vous allez faire la même chose que moi, vous considérerez que vous seul existez et que je ne suis qu'un fantôme de votre imagination. Or, je sais bien, moi, que j'existe. On voit d'ici la bagarre :

— Allons, tu n'es qu'un fantôme, sans moi tu n'existerais pas.

— Mais non ! c'est toi le fantôme, c'est toi l'image fabriquée par moi. Ne renverse pas les rôles !

Ce sac de nœuds s'appelle, dans la langue chatiée des philosophes, le ***solipsisme*** (voir p. 93). Pour parer à cette contradiction aussi absurde qu'insoluble, Kant a introduit une notion originale, le ***moi transcendantal :*** ce n'est ni une substance, ni la conscience psychologique fugitive et strictement individuelle de soi, c'est une fonction de l'esprit, qui fait que toutes nos représentations (idées, sentiments, images), qui sont extrêmement différentes d'un individu à l'autre, s'accompagnent toujours d'un « je pense » conscient de soi, qui est identique dans toute conscience. Cela explique que, malgré la diversité des sujets et l'impénétrabilité des consciences, chacun d'entre nous peut comprendre ce que signifie *je* quand quelqu'un d'autre que nous dit « je », et ne le tient pas pour un rêve.

Moment

> Il n'y a point de vieille femme. Toute, à tout âge, si elle aime et si elle est bonne, donne à l'homme le moment de l'infini.
>
> Michelet

Dans la langue courante, ce mot désigne soit une durée (« Attendez un moment »), soit un instant (« Il est arrivé au moment où je sortais »). Il faut rappeler qu'étymologiquement *moment* vient du latin *momentum*, qui signifie d'abord « mouvement, impulsion », puis « poids », enfin « durée » (pendant laquelle se produit un mouvement).

L'idée de durée est la seule qui ait été retenue dans notre emploi courant. L'idée de poids apparaît dans le sens du mot *moment* en physique : le moment d'une force par rapport à un point est le produit de cette force par sa distance à ce point ; cette notion dit ce que nous faisons quand, pour soulever une lourde pierre, nous préférons agir sur elle à distance par l'intermédiaire d'un levier.

L'idée de poids, ou plus exactement de pression d'un poids, combinée à l'idée de mouvement, explique le sens très particulier du mot *moment* dans un certain emploi philosophique, notamment chez Hegel. Un moment d'un certain développement, est une phase de ce développement non au sens d'un découpage temporel, mais en considérant que chaque état d'un certain être fait pression vers sa transformation, est cause du mouvement qui le transformera.

Exemple : l'état de gland est aussi la force qui fait que le gland se transformera en pousse, puis en arbuste, puis en arbre. La forme gland n'est donc pas à proprement parler un *état*, ce qui suggère l'immobilité, mais un *moment* du processus qui va de la graine à l'arbre.

Mouvement

Je hais le mouvement qui déplace les lignes.

Baudelaire

Tout le monde comprend le mot *mouvement*, et tout le monde comprend, par la simple évidence sensible, que le monde dans lequel nous vivons est plein de mouvement : les animaux se déplacent, les plantes croissent ou sont agitées par le vent, les rochers roulent le long des pentes, et la terre elle-même change sans cesse de position par rapport à d'autres astres. On comprend sans peine que le mouvement soit un des concepts fondamentaux de la physique.

La langue courante ne distingue pas clairement *mouvement* et *déplacement*. Du point de vue de la physique, le déplacement est le simple changement de position : mon livre était ici, il est là. Le mouvement est ce qui se passe entre ces deux bornes, c'est-à-dire la suite des positions occupées par mon livre dans l'espace, mise en relation avec des instants du temps. On peut définir le mouvement : « au sens propre, changement continu de position dans l'espace, considéré en fonction du temps, et par suite ayant une vitesse définie » (Lalande). L'étude rationnelle du mouvement (de tout mouvement, aussi bien celui des machines que celui des astres) est l'objet d'étude de la *mécanique.*

Les philosophes emploient le mot *mouvement* dans le même sens que les physiciens (en associant toujours temps et espace), et non comme simple synonyme de déplacement. Dans un sens plus large, qui insiste plus sur l'idée de temps, ils entendent par *mouvement* toute modification, ce qui fait que les choses changent, que le monde est en devenir.

• ***Moteur, mobile, motif :*** on appelle *moteur* ce qui produit le mouvement, et *mobile* ce qui est mû. Dans la philosophie antique, *moteur* est souvent synonyme de « cause » et le mouvement désigne alors le passage du virtuel à l'actuel. Le *premier moteur* est celui qui donne le mouvement sans avoir lui-même été mû ; c'est le ***moteur immobile,*** « la cause sans antécédent », c'est-à-dire Dieu.

Mobile a, par ailleurs, d'un point de vue moral ou psychologique un sens particulier, exactement contraire à son sens physique : non pas ce qui est mû, mais ce qui meut. Dans les enquêtes policières on cherche le mobile, c'est-à-dire ce qui a poussé l'assassin à commettre son crime. On distingue alors *motif* et *mobile :* un motif est une raison d'agir d'ordre intellectuel, un mobile est ce qui pousse à agir, et qui est d'ordre affectif ou sensible. Un motif est toujours conscient ; un mobile peut être inconscient. Nous agissons souvent sans motif, mais on peut se demander s'il nous arrive jamais d'agir sans mobile.

Nature

La Nature t'attend dans un silence austère.

Vigny

Voilà encore un de ces mots très courants, que tout le monde comprend, mais qu'on est assez en mal d'expliquer. On s'y promène, on y retourne — cela signifie à peu près « campagne » ; il arrive qu'on la « laisse agir », ou qu'elle « reprenne ses droits » — c'est une sorte d'organisation ou de force dont on admet qu'elle nous échappe ou qu'elle est plus forte que nous ; il y a des gens dont on dit qu'ils sont des « natures » (que faut-il penser des autres ?), et des yaourts qu'on préfère « nature », comme si l'artifice humain n'intervenait que pour les parfumer. Retenons quelques sens de ce mot.

• *Nature,* suivi d'un complément de nom : « la nature d'une chose », désigne l'ensemble des caractères spécifiques de cette chose. Le médecin étudie la nature d'une maladie, le chimiste la nature d'un corps. En philosophie, *nature* est synonyme d'« essence » :

> L'essence ou la nature de l'âme est de penser.
>
> Descartes

> La nature d'un gouvernement (...) est ce qui le fait être tel.
>
> Montesquieu

C'est en ce sens qu'on parle d'objets ou de phénomènes « de même nature », ou d'une ***différence de nature,*** par opposition à une « différence de degré».

• En un sens plus général, la nature est tout ce qui n'a pas été réalisé par l'homme, tout ce qui est *naturel,* par opposition à ce qui est *artificiel.* Ainsi, les jardins de Versailles ne nous paraissent pas naturels, bien qu'ils soient composés d'éléments naturels : l'herbe, les arbres, l'eau, etc. Mais la main de l'homme a utilisé ces éléments naturels pour construire un ensemble artificiel, le parc à la française.

On appelle *nature,* dit Cuvier, « les propriétés qu'un être tient de sa naissance, par opposition à celles qu'il peut devoir à l'art ». Le mot latin *natura* est en effet un dérivé de *natus,* né. La nature est l'ensemble des choses qui sont *nées comme ça,* ou plutôt qui n'ont pas été créées par l'homme. C'est uniquement l'intervention humaine qui marque la frontière entre ce qui est naturel et ce qui ne l'est pas. En effet, le nid ou le rayon de miel ne sont pas *nés comme ça,* ils ont été fabriqués ; pourtant, on les considérera comme des objets naturels, car ce n'est pas l'homme qui les a fabriqués.

Le terme *nature* englobe ainsi à la fois l'ensemble des *êtres* naturels, et l'ensemble des *lois* qui régissent ces êtres naturels. L'œuf est un objet naturel, mais c'est aussi le résultat d'un certain processus, la reproduction : tous deux, l'objet et le processus, appartiennent à la nature. Pour distinguer ces deux aspects, on se sert parfois des expressions ***nature naturante*** (celle qui crée) et ***nature naturée*** (l'ensemble des choses créées). Ainsi, lorsqu'on se promène dans la nature, c'est de la nature naturée qu'il s'agit ; mais lorsqu'on dit : « La nature reprend ses droits », « La nature ne fait rien en vain », c'est de la nature naturante qu'on parle. Cette dernière est parfois personnifiée par la majuscule et l'absence d'article : « Dame Nature », « Nature est un doux guide » (Montaigne).

Cette distinction est très importante pour comprendre sans naïveté le panthéisme : lorsqu'un panthéiste soutient que Dieu n'est pas extérieur à la création, il ne croit pas que Dieu est présent dans n'importe quel arbre ; il appelle Dieu la nature naturante, c'est-à-dire l'ensemble des lois qui régissent la création. C'est ainsi qu'on peut l'entendre chez Spinoza.

• Mais si c'est l'intervention de l'homme qui marque la frontière entre le naturel et l'artificiel, quelle est la place de l'homme dans la nature ? L'homme crée des objets, mais il ne crée pas des hommes ; il se reproduit comme les autres animaux, il est soumis comme eux à des besoins qu'il ne peut pas ne pas satisfaire : se vider, se remplir, se reposer. L'homme appartient donc à la nature, mais comment ?

Tantôt, lorqu'on parle de la ***nature humaine,*** on y inclut la raison, donc la morale, la capacité de connaître la vérité, etc. Tantôt, au contraire, la nature, chez l'homme, désigne tout ce qui n'est pas la raison, c'est-à-dire la part animale de l'homme. Ainsi, Kant oppose la *nature* et la *liberté :* l'homme appartient à la nature, mais quelque chose en lui ne relève pas de la nature, c'est « la sphère de la liberté », sur laquelle seule est fondée la morale. C'est en ce sens que les philosophes disent que la nature est amorale.

Une opposition plus récente apparaît entre *nature* et *culture*. Rousseau opposait déjà nature et civilisation. Mais cette opposition est très discutée : on se demande, en effet, dans quelle mesure on peut distinguer, chez l'homme, ce qui serait naturel (c'est-à-dire partagé avec les autres animaux) et ce qui serait culturel (c'est-à-dire produit par la vie en société, le langage, les idées). Sans doute accomplissons-nous ou subissons-nous certains gestes ou certains phénomènes naturels : naître, mourir, manger, se reproduire. Mais ces épisodes de notre vie sont tellement chargés de sens, tellement transformés par des rites et des coutumes (repas, mariage, baptême ou fête de la naissance, enterrement, etc.), qui varient d'un pays à l'autre et sont donc culturels (produits par la vie dans telle société), qu'on ne sait plus au juste quelle en est la part de nature.

Cette distinction entre nature et culture, chez l'homme, est pourtant fort utile à la pensée. Elle apparaît nettement dans la façon dont l'homme s'étudie lui-même : les sciences humaines étudient l'homme en tant qu'*être de culture* (son langage, ses modes d'organisations sociales, etc.). Mais l'homme en tant qu'*être de nature* est étudié par les sciences naturelles.

Il est important de ne pas mettre sur le même plan des différences de taille, de pilosité, ou de couleur de peau, qui sont *naturelles*, et des différences d'aptitude ou de comportement entre les populations, qui sont *culturelles ;* les premières ont des causes génétiques, et relèvent du champ

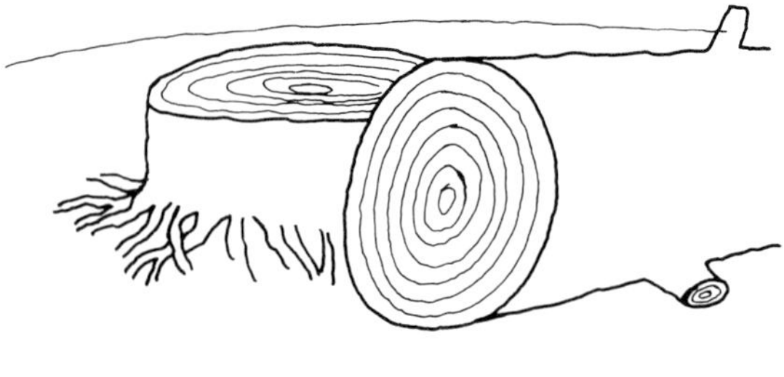

d'étude des sciences naturelles, les secondes ont des causes historiques, et relèvent du champ d'étude des sciences humaines.

Néant

> Si la vie du cœur n'est qu'un néant agité, ne vaut-il pas mieux la laisser pour un néant plus tranquille ?
>
> Senancour

Pour qui ne croit à aucune sorte de prolongation de son existence après la mort, la mort, pense-t-il, le plongera dans le néant. Mais s'imaginer mort, c'est encore s'imaginer soi, mort, alors qu'il n'y aura rien qui ressemble à soi, mais seulement un amas de matière organique sans conscience.

De même que l'absence ne peut se penser que par rapport à la présence, le néant, pour nous qui sommes entourés d'être, ne peut se penser qu'à partir de l'être ; non comme un rien absolu, mais comme une cessation (la mort), un manque (la mention « néant » à la rubrique « signes particuliers » des passeports). La mort nous angoisse parce que notre être cessera (peut-être), mais, sauf les petits enfants, qui sont de remarquables métaphysiciens, à peu près personne ne se préoccupe d'avant sa naissance, quand il n'était *vraiment rien*. C'est pourquoi, les philosophes distinguent le ***néant absolu***, dont ils s'accordent presque tous à reconnaître que c'est un concept vide, et des formes variables de ***néant relatif***, telles que :

— l'absence d'une qualité déterminée : l'imperfection de l'homme, opposée à la perfection de Dieu est exprimée par Descartes : « Je suis comme un milieu entre l'être et le néant », c'est-à-dire « Je n'ai ni toutes les qualités, ni aucune qualité » ;

— la suppression par la pensée de quelque chose qui est : ainsi quand nous pensons à la mort. Mais la suppression d'un être suppose d'abord cet être :

> Il y a plus, et non pas moins, dans l'idée d'un objet conçu comme « n'existant pas » que dans l'idée d'un objet conçu comme « existant », car l'idée de l'objet « n'existant pas » est nécessairement l'idée de l'objet « existant », avec, en plus, la représentation d'une exclusion de cet objet par la réalité actuelle prise en bloc.
>
> Bergson

Nous regroupons ici des termes qui, pour une partie importante de leurs emplois, ne se comprennent clairement que les uns par rapport aux autres : ***nécessaire, contingent, possible, impossible, probable.***

Nécessaire, nécessité

Le superflu, chose très nécessaire...

Voltaire

Le sens le plus simple de *nécessaire* est « qui ne peut pas ne pas être ». Comme souvent, la langue courante emploie ce mot en en atténuant beaucoup la rigueur. « Il est nécessaire de respirer pour vivre » est un emploi rigoureux : sans respiration, pas de vie. Mais « faire le nécessaire » signifie seulement s'occuper de quelque chose ; « être nécessaire à quelqu'un » signifie seulement lui être très utile ; « un nécessaire de toilette » comprend des objets bien futiles.

En son sens le plus rigoureux, la nécessité apparaît fondamentalement dans des *relations.*

— Dans une relation *de cause à effet :* si un phénomène B suit immanquablement un phénomène A. Exemple : s'il y a arrêt prolongé de la respiration, la mort suit nécessairement.

— Dans une relation *de moyen à fin :* si cette fin ne peut être obtenue que par ce moyen. Exemple : il est nécessaire de respirer pour vivre ; un combustible est nécessaire pour faire marcher un moteur.

— Dans la déduction logique : soient A = B et B = C, on a nécessairement A = C.

— Dans un sens très particulier, hors relation, on appelle nécessaire l'être dont l'existence ne dépend d'aucune cause : c'est Dieu.

Contingent

Je m'en remets, sur tous les futurs contingents, aux ordres de Sa Sacrée Majesté le Hasard ou plutôt aux ordres plus réels de Sa Divine Majesté la Destinée.

Voltaire

D'une façon générale, on appelle *contingent* un fait qui pourrait ne pas être, un effet particulier qui n'est pas la conséquence d'une loi générale. Par exemple M. Untel étant un homme et les hommes étant mortels, c'est par *nécessité* qu'il est mort ou qu'il mourra un jour. Mais la date précise de sa mort est *contingente*. Ce soir ? demain ? dans un an ?

L'expression ***futur contingent*** qui apparaît dans la philosophie classique désigne un événement futur qui, étant donné les lois de la nature, peut aussi bien avoir lieu que ne pas avoir lieu. « On n'est jamais sûr de rien », dit la sagesse populaire. Pourtant les voyantes et les faiseurs d'horoscope ont toujours des clients : leur gagne-pain, ce sont les futurs contingents ! Aucun esprit rationaliste ne croit sérieusement que ces gens voient dans l'avenir, mais comme ils énoncent au futur des événements possibles, il arrive, de temps en temps, que tel de ces événements « prédits » se réalise — et le client naïf de dire, avec étonnement : « La voyante me l'avait annoncé ! »

De même que Dieu est l'être *nécessaire,* car il est la cause de son existence, l'homme est un être *contingent :* si votre mère n'avait pas eu d'enfant, vous ne seriez pas. Cette contingence peut s'étendre à tout élément du monde réel : rien dans ce monde n'a son principe d'existence en lui-même, ni ne devait nécessairement être produit par autre chose.

> L'essentiel c'est la contingence. Je veux dire que, par définition, l'existence n'est pas la nécessité. Exister, c'est *être là*, simplement ; les existants apparaissent, se laissent *rencontrer,* mais on ne peut jamais les *déduire*.
>
> Jean-Paul Sartre

Possible, impossible

> A cœur vaillant, rien d'impossible.
>
> (*proverbe*)

Ces mots très courants s'emploient de multiples façons, et nous ne faisons pas toujours attention à leurs différents sens. « Il est possible d'aller de Paris à Nice en une heure » : cette proposition est vraie depuis que l'avion existe, elle exprime une réalité (= nous avons le pouvoir de, la faculté de...). « Il est possible qu'il pleuve demain » : cette proposition exprime quelque chose qui pourra être, mais nous n'en savons rien, et il n'est pas en notre pouvoir qu'il en soit ainsi. De même, « Il est impossible de faire marcher un moteur sans combustible » exprime une réalité (= il n'est pas en notre pouvoir de...) ; « Il est impossible qu'il ait dit cela » exprime, sauf si nous parlons d'un muet, notre refus d'admettre une certaine chose. On pourrait remplacer *possible* par *probable* dans la seconde phrase, mais non dans la première ; *impossible* par *improbable*, *peu probable* dans la quatrième mais non dans la troisième. Essayons de mettre de l'ordre dans ces emplois.

• *Possible* et *impossible* ont un sens clairement défini *d'un point de vue logique*. Imaginons la situation suivante : un soir d'élections législatives, votre radio et votre téléviseur étant en panne, vous faites le tour des bureaux de vote de votre ville pour avoir, au moins, des informations partielles. Il y avait trois sièges à pourvoir dans votre ville et vous apprenez que ces trois sièges sont gagnés par des candidats socialistes. Vous ne savez rien de plus à ce moment-là. Que pouvez-vous en conclure pour l'ensemble du pays ?

1) Il y aura *nécessairement* quelques députés socialistes dans la nouvelle assemblée (au moins les trois élus dans votre ville).

2) Il est *impossible* qu'il n'y ait aucun député socialiste dans la nouvelle assemblée (puisqu'il y aura au moins ces trois-là).

L'impossible et le nécessaire s'opposent comme le vrai et le faux : si A est vrai, la négation de A est fausse ; si A est nécessaire, la négation de A est impossible. Est impossible ce qui ne peut pas être, car cela entrerait en contradiction avec ce qu'on tient pour vrai. Si vous reconnaissez que tous les hommes sont mortels et si vous reconnaissez que vous êtes un homme, alors vous êtes forcé de reconnaître qu'il est impossible que vous soyez immortel.

Mais de notre situation électorale on peut encore tirer une troisième conclusion.

3) Il est *possible* que tous les députés de la nouvelle assemblée soient socialistes.

La conclusion « Tous les députés sont socialistes » ne peut être tirée avec certitude de ce que vous savez (ce serait une nécessité) ; elle ne peut non plus être rejetée avec certitude à partir de ce que vous savez (ce serait une impossibilité). On définit donc le possible ainsi : *est possible ce qui n'est ni nécessaire, ni impossible.*

Votre bon sens sera peut-être choqué : ce qui est nécessaire est forcément possible, sinon cela ne serait pas. Admettons l'objection. Mais dire d'une chose nécessaire qu'elle est possible, c'est une information nulle. Invitez vos amis à dîner, et, au milieu du repas, dites-leur : « Il est possible que nous soyons en train de dîner. » Pensez-vous qu'ils souriront poliment ou qu'ils appelleront un psychiatre ? Le nécessaire implique le possible (1re règle), mais le possible n'implique pas le nécessaire (2e règle). Si l'on s'en tient à la première règle, *possible* est une information nulle ; si l'on s'en tient à la seconde règle (ce que font les logiciens), *possible* a un sens précis.

• Dans le vocabulaire de la métaphysique classique, est possible ce qui ne contredit pas les lois générales de l'être, mais n'est pas réalisé. *Possible* s'oppose alors à *impossible* d'une part, à *réel* d'autre part. Plus exactement, le réel n'est qu'un cas particulier du possible. Dans un certain bloc de marbre, il y a plusieurs statues possibles. La *Pietá* de Michel-Ange était une des statues possibles parmi toutes celles qu'on pouvait faire avec ce bloc de marbre ; elle est maintenant réelle. *Possible* est alors synonyme de *virtuel*, et renvoie au nom *puissance*, par opposition à *acte*.

• D'un point de vue physique, *possible* signifie « qui n'est pas contradictoire avec les lois de la nature », et *impossible* « qui est contradictoire avec les lois de la nature ». Mais il faut distinguer deux nuances.

1) *Possible* renvoie à *pouvoir*, et signifie « réalisable et dont la réalisation dépend de nous » : « Il est possible d'envoyer des hommes sur la lune » ; « Il est impossible de faire aller des fusées à la vitesse de la lumière ».

2) *Possible* renvoie à *possibilité* seulement, et signifie « qui peut arriver, mais dont la réalisation ne dépend pas de nous ». Exemple : à chaque coup de dé (s'il n'est pas pipé), il est possible que le 3 sorte.

• Il faut enfin distinguer un emploi de *possible* d'un point de vue subjectif. Par exemple, on peut trouver dans des livres d'histoire la phrase suivante : « Il est possible que Montaigne ait servi de négociateur secret à Henri IV pendant les guerres de religion. » Cela signifie qu'on a quelques raisons de penser que Montaigne a joué ce rôle, bien qu'on n'ait retrouvé aucun document historique qui nous permette d'en être sûr. L'idée de possible n'apporte donc aucun renseignement sur l'objet Montaigne (sauf qu'il vivait à la même époque qu'Henri IV), mais *sur le degré de connaissance que nous avons* de l'objet Montaigne : un épisode de sa vie dont nous ne sommes pas sûrs, une supposition. C'est pourquoi on précise : d'un point de vue subjectif.

Probable, probabilité

Je ne me contente pas du probable (...), je cherche le sûr.

Pascal

Le probable est une variété du possible : ce qui n'est pas, mais pourrait être. Il s'y ajoute une nuance supplémentaire : alors que *possible* signifie seulement que rien n'interdit que cela arrive, *probable* signifie qu'on peut raisonnablement attendre que cela arrive. Il est toujours possible qu'il pleuve ce soir ; c'est peu probable si nous sommes une belle après-midi d'été en Provence, fort probable si nous sommes une après-midi grise de mars à Paris. C'est ce qu'on appelle la ***probabilité psychologique***, qui est un sentiment portant sur la réalisation du possible.

Il faut en distinguer la ***probabilité mathématique.*** Lorsque vous lancez un dé, une multitude de causes (dont plusieurs échappent à notre perception) intervient dans le fait que tel numéro sort plutôt que tel autre : position du dé dans la main, force du jet, température du dé, de la surface qui le reçoit, etc. Il est donc impossible de s'assurer qu'on fera deux fois le même coup. On décide pourtant de calculer le nombre de *chances* qu'on a d'obtenir un certain résultat ; c'est la *probabilité,* ainsi définie :

> Si parmi un grand nombre d'événements analogues nous en distinguons certains sous le nom de cas favorables, nous dirons que la probabilité est le rapport du nombre de cas favorables au nombre total d'événements.
>
> Emile Borel

Exemple : si je lance un coup de dé, la probabilité que le 3 (ou n'importe quel autre nombre) apparaisse est de un sur six ; on dit aussi que le 3 a une chance sur six d'apparaître. Si je désire obtenir le 1 *ou* le 4, j'ai deux chances sur six (= la probabilité est de deux sur six, ou un tiers, ou 33 %), etc. Si l'on pouvait jouer une infinité de coups, on obtiendrait autant de fois le 1, que le 2, que le 3, etc. Plus le nombre de coups joués est grand, plus on se rapproche de cette répartition uniforme : c'est *la loi des grands nombres.* Cela n'enlève rien au fait qu'à chaque nouveau coup, chaque numéro a une chance sur six de sortir, et il serait totalement irrationnel de ne pas parier sur le 3 au onzième coup sous prétexte qu'il est déjà sorti dix fois.

La ***probabilité statistique,*** dont on fait grand usage aujourd'hui, est une probabilité mathématique, mais calculée après observation, dans un domaine réel particulier.

Par exemple, pendant une période donnée, sur un ensemble donné (une maternité, une ville, un pays), on note le sexe des nouveaux-nés, et on extrapole les résultats de cette observation à un ensemble plus large (tout le pays, ou toute la population de la terre, pendant les années à venir). Si l'on constate que, sur la population observée, il y a à peu près autant de garçons que de filles, on en induira que la naissance d'un garçon ou la naissance d'une fille sont également probables. Beaucoup de sciences modernes, la biologie et la physique particulièrement, se servent de ce type de probabilité. Quand les méthodes d'observation qui ont servi à calculer la probabilité sont suffisamment fines, les savants s'autorisent à considérer comme certain un événement hautement probable, et comme impossible un événément hautement improbable. Ainsi, dans les expériences de réaction nucléaire, on ne peut pas savoir avec certitude si deux particules envoyées l'une vers l'autre se rencontreront, mais on peut calculer combien de particules il faut envoyer les unes contre les autres pour être sûr qu'au moins deux d'entre elles se rencontreront.

Dans un sens très daté, mais qu'on peut trouver encore dans certains textes philosophiques classiques, *probable* signifie « qu'on peut approuver », « digne d'être approuvé ». C'est ce sens qu'il faut entendre dans une expression comme « une doctrine probable ».

Nombre

Tout fait nombre, dit l'homme en prenant son butin.

La Fontaine

L'idée de nombre, si l'on s'en tient, du moins, à ceux parmi les nombres que les mathématiciens appellent les entiers naturels (1, 2, 3, ...), nous paraît d'une grande simplicité. Le nombre est pourtant le résultat d'une très grande abstraction, il suppose la capacité permanente de considérer les objets d'un point de vue général et non dans leur particularité. L'idée de nombre, en effet, suppose l'idée de concept : on ne considère pas des êtres particuliers, mais des objets définis seulement comme éléments d'un ensemble.

Papa, Maman, Jeanine et Robert ne sont quatre que si on fait disparaître leur individualité sous l'appellation commune « membre de la famille Dupond », ou « occupant tel appartement », etc. De même, la somme de trois poires et de cinq pommes est impossible, sauf si je considère un ensemble plus puissant, dont les poires et les pommes sont sous-ensembles : je peux dire alors que j'ai huit fruits.

L'idée de nombre, qui est universelle (tous les peuples utilisent au moins les entiers naturels), est très compliquée et très lente à acquérir par l'enfant. Pour beaucoup de philosophes, le nombre apparaît comme la synthèse de l'un et du multiple. Quand je pense « huit fruits », j'ai à la fois une multiplicité, plusieurs fruits, et une unité, le groupe de huit fruits que je considère. Il importe de distinguer les nombres ordinaux (le 1e, le 2e, ...), qui indiquent un rang, et les nombres cardinaux (1, 2, 3, ...), qui indiquent une quantité. La synthèse de l'un et du multiple n'apparaît évidemment que pour les cardinaux : le huitième fruit ne désigne pas un ensemble, mais un seul élément.

La définition traditionnelle du nombre est « le rapport d'une grandeur à une grandeur de même espèce prise comme unité » (Foulquié). Les philosophes et les logiciens modernes préfèrent définir le nombre comme « une classe de classes équivalentes » (Bertrand Russell), c'est-à-dire l'ensemble des appariements opérables, élément par élément, entre plusieurs ensembles.

Cette définition très abstraite peut se comprendre par un exemple. Supposons un berger de l'Antiquité qui ne sait pas compter, au sens où nous l'entendons ; cela ne l'empêche pas de vérifier qu'il ramène le soir à la bergerie autant de brebis qu'il en a fait sortir le matin. Il construit une porte étroite, par laquelle ne peut passer qu'une brebis à la fois, il prépare un tas de cailloux et un sac vide. Chaque fois qu'une brebis sort, il met un caillou dans le sac, quand elles sont toutes sorties, il arrête et ferme le sac. Le soir, chaque fois qu'une brebis rentre dans la bergerie, il enlève un caillou du sac ; si

le sac est vide quand toutes les brebis sont rentrées, c'est qu'il a ramené son troupeau au complet. Le berger n'a pas besoin de nommer le nombre de brebis ou de cailloux ; il manipule ce nombre en appariant une brebis et un caillou (n'importe laquelle avec n'importe lequel).

La seule différence entre ce berger et nous qui « savons compter », c'est que nous avons appris à donner des noms différents (« un », « deux », etc.) à différents regroupements. Tous les ensembles de trente-six éléments (qu'il s'agisse de cailloux, d'animaux, etc.) ont une propriété commune, le fait d'avoir trente-six éléments ; de même tous les ensembles de un, deux, trois éléments, etc.

Chaque nombre cardinal, désigne la propriété commune à tous les ensembles qui ont le même nombre d'éléments. On peut donc constituer l'ensemble des ensembles qui ont un élément, qu'on appellera le nombre 1, l'ensemble des ensembles qui ont deux éléments, qu'on appellera le nombre 2, etc. Le fait de savoir compter 1, 2, 3, ... facilite bien la vie, mais ne change rien à la nature des objets mathématiques ainsi baptisés 1, 2, 3.

Normal, norme

C'est normal, c'est normand !

(*slogan publicitaire*)

L'adjectif *normal*, que nous employons couramment, implique souvent un jugement de valeur. Si après vous avoir examiné, le médecin vous dit « Tout est parfaitement normal », vous sortez content : c'est plutôt bien d'être normal, plutôt inquiétant d'être anormal. Si on laisse de côté ces connotations, *normal* et *anormal* sont des notions relatives. Le sens le plus précis de *normal* est à chercher du côté de la moyenne statistique, ou de ce qui apparaît dans la majorité des cas de même espèce : un phénomène est normal, s'il se déroule comme se déroulent généralement les phénomènes de même nature dans les mêmes conditions. Qu'il fasse entre 0 et $-5°$ en février, à Paris, n'a rien qui nous réjouisse, mais c'est une température normale pour la saison (c'est-à-dire conforme à la moyenne des températures enregistrées à Paris, à la même date). S'il faisait $-5°$ en juillet, ce serait anormal, et nous serions fâchés, mais s'il faisait + 25° en février, toujours à Paris, ce serait tout aussi anormal, pourtant ne faudrait-il pas avoir l'esprit bien chagrin pour le déplorer ?

La langue courante joue allégrement entre le sens purement technique et la connotation morale. Le mot *normal* sert ainsi à dissimuler ce que la morale pourrait réprouver : « Je dissimule une partie de mes revenus au fisc, mais c'est normal, presque tout le monde le fait ! » ; et le mot *anormal* sert à condamner ce qui est différent : « L'homosexuel est un anormal » ne signifie pas seulement qu'il y a nettement plus d'hétérosexuels que d'homosexuels (ce qui serait à vérifier), mais que l'homosexuel est un être inférieur, voire coupable. Le langage plus rigoureux de la philosophie utilise les deux sens de *normal*, mais en s'efforçant de les distinguer nettement.

Quand *normal* signifie « conforme à la moyenne statistique ou à la majorité des cas », aucun jugement de valeur n'y est associé. Il est peut-être normal, en ce sens, de frauder le fisc, cela ne rend pas pour autant la chose bonne ou juste ou excusable.

Quand *normal* est employé, en morale, comme synonyme de « juste » ou « bien », il signifie « conforme à une *norme* », et la valeur du fait dit normal n'est pas fondée sur le nombre de gens qui le voient tel.

Le nom ***la norme*** désigne un ensemble de prescriptions qu'on adopte, et par rapport auquel on est en droit de porter des jugements de valeur. Si l'on adopte pour norme qu'il ne faut jamais frauder, frauder le fisc est anormal, quand même 99 % de la population le ferait. De même, dans l'industrie, une norme est un ensemble de prescriptions techniques auquel doivent se soumettre les constructeurs de produits manufacturés : toute voiture doit être équipée de quatre ceintures de sécurité.

Le glissement, ancien, entre le sens technique et le sens moral de *normal*, a produit un glissement équivalent du sens de *norme*. On dit d'un fait, d'un objet qu'ils sont « dans les normes », ou « conforme à la norme », non pour indiquer qu'ils obéissent à une prescription convenue, mais seulement qu'ils présentent les mêmes caractères que la majorité des faits et des objets de même espèce.

Ce sens est soit évité par les philosophes, soit utilisé avec les précisions qui permettent de ne pas le confondre avec le sens de prescription. En règle générale, la philosophie interdit donc le glissement que pratique la langue courante : grand nombre = bien ; minorité = mal. Socrate ou Galilée étaient presque seuls contre la majorité de leurs contemporains ; ce sont pourtant eux qui avaient raison.

L'adjectif ***normatif*** désigne non ce qui est conforme à une norme (au sens de prescription), mais ce qui constitue une norme, ou concerne une norme. « Voler est mal » est un jugement normatif : ce n'est pas un constat (comme « voler est risqué », « voler crée des remords »), mais l'énoncé d'une norme. On appelle parfois ***sciences normatives*** la logique, la morale et l'esthétique, car elles constituent, ou sont censées constituer des ensembles de prescriptions par rapport auxquelles on peut décider qu'une chose est vraie ou fausse, bonne ou mauvaise, belle ou laide.

Objet, objectif, objectivité

Attention, fragile !... Objet d'art !

(dialogue du film *Les Enfants du Paradis*)

Dans la langue courante, un objet est une chose inanimée, assez petite pour être maniée. Un stylo, un verre sont des objets, mais non un chat (animé), un immeuble (trop gros), le vent (insaisissable). Le mot s'emploie aussi dans un sens abstrait : « l'objet de ma visite », « Rome, l'unique objet de mon ressentiment » (Corneille), « le Président de la République fait l'objet d'une surveillance rapprochée ». *Objet* désigne alors une chose abstraite (cause, pensée) ou quelque chose de concret, une personne, par exemple, considérée non pour elle-même, mais dans la mesure où elle est ce sur quoi porte une certaine action ou un certain sentiment.

Tous ces sens peuvent être englobés dans le sens philosophique du mot *objet,* beaucoup plus vaste et plus abstrait. Il se fonde sur l'étymologie : *objectum,* en latin, est le participe passé du verbe *objicere,* jeter devant, placer devant (cf. *ob-* dans *obstacle*, *obstruction*). De même, l'allemand traduit *objet* par *Gegenstand* (mot à mot : « ce qui se tient » *stehen,* « contre » *gegen*). *Objet* désigne donc, en philosophie, tout ce qui se présente à la pensée ou à la perception.

Chaque corps qu'on voit est un objet qui tombe sous les sens, chaque idée qu'on a est un objet qui s'offre à l'esprit.

Condillac

En philosophie, *objet* s'oppose toujours à *sujet :* le sujet est le moi pensant ou percevant, et l'objet tout ce que le moi pense ou perçoit. Cette opposition n'est pas aussi marquée dans le langage courant, où, dans certains cas, *sujet* et *objet* sont synonymes : « Quel est le sujet de votre plainte ? » ou : « Quel est l'objet de votre plainte ? » Mais cette opposition s'établit de deux façons très différentes.

— Ou bien on reconnaît à l'objet (c'est-à-dire tout élément du monde susceptible d'être devant le sujet, pensé ou perçu par lui) une existence indépendante de la connaissance qu'en a le sujet : c'est le point de vue du réalisme. Il est exprimé par Einstein, par exemple, lorsqu'il dit que même s'il n'y avait personne pour les observer, les astres poursuivraient leurs mouvements déterminés.

— Ou bien l'objet désigne toujours ce que le sujet pense ou perçoit, mais sans qu'on se préoccupe de l'existence de cet objet hors du sujet : ce qui est se confond avec ce qui est connaissable ; il n'y a pas autre chose que l'objet, c'est-à-dire que l'existence des choses se confond avec la connaissance que nous en avons. C'est le point de vue de l'idéalisme.

La distinction pourra paraître subtile, et la confusion entre les deux n'est pas rare. Dans tous les cas, une chose est dite objet par rapport au sujet : c'est ce qui est pensé ou perçu par le sujet. Dans le cas de la distinction réaliste, le clivage passe, si l'on peut dire, entre l'esprit et le monde : les éléments du monde sont dits objets par rapport au sujet qui les pense ou les perçoit, mais ils n'ont pas besoin de l'esprit pour exister. Dans le cas de la distinction idéaliste, le clivage passe à l'intérieur de l'esprit, entre le sujet pensant et percevant (la faculté de penser ou de connaître) et ce que le sujet pense et perçoit (ses pensées, ses connaissances).

• ***Objectif*** signifie, dans la langue courante, « impartial, fidèle à la réalité ». Ce sens ne se retrouve pas dans tous les emplois d'*objectif* dans le vocabulaire philosophique, et les risques de contresens sont fréquents. Pour comprendre *objectif*, il faut partir du sens philosophique d'*objet*.

Un premier sens n'a plus aujourd'hui qu'une valeur historique ; il fut employé jusqu'au XVIIe siècle, et on le trouve notamment chez Descartes et Spinoza : c'est celui qui prête au plus grave contresens. *Objectif* s'oppose à *formel*, comme on pourrait opposer *mental* et *réel*. Une chose est dite objective lorsqu'elle est considérée uniquement en tant qu'objet de pensée, indépendamment de sa réalité extérieure à l'esprit. Lorsque au contraire on la considère du point de vue de sa réalité extérieure à l'esprit, elle est dite formelle (*formel* est synonyme d'*effectif*). Ainsi Descartes distingue le soleil considéré objectivement, c'est-à-dire « l'idée de soleil (ou) le soleil même existant dans l'entendement », et le soleil considéré formellement, c'est-à-dire « comme il est au ciel ».

Ce sens d'*objectif* est donc pratiquement le contraire du sens actuel de la langue courante : c'est ce que Descartes appelle formel que nous appellerions aujourd'hui objectif.

Le sens du mot *objectif* a basculé à partir de Kant. Nous sommes moins loin de la langue courante, mais il faut toujours se rapporter à *objet* et distinguer deux nuances non négligeables.

— En référence à la distinction *réaliste* sujet/objet, est objectif ce qui existe indépendamment de la pensée.

— En référence à la distinction *idéaliste* sujet/objet, est objectif ce qui se présente comme un objet de pensée fondé, valable pour tous les esprits et non pour un esprit individuel. Le cercle de la géométrie n'existe pas hors de l'esprit ; dans la nature il n'y a que des figures rondes, qui sont des approximations de cercle. Mais tous les esprits qui considèrent cette pure idée qu'est le cercle tombent d'accord sur ses propriétés. Il n'y a rien à disputer, rien à chipoter, pas de « Moi, je pense que... », « Mais non, moi je vois plutôt... », comme on peut le faire, lorsqu'on discute d'une œuvre d'art ou que l'on juge l'action d'un homme. Le cercle, c'est-à-dire l'ensemble des propriétés de ce concept, est objectif.

• ***Objectivité*** désigne, en philosophie comme dans la langue courante, le caractère de ce qui est objectif. La différence vient donc de la différence de sens d'*objectif.*

Les épistémologues et les savants tendent aujourd'hui à distinguer une ***objectivité forte*** et une ***objectivité faible*** (Bernard d'Espagnat). L'objectivité forte correspond au sens réaliste d'objectif : ce qui est conforme à la réalité, indépendamment de la pensée. L'objectivité faible correspond au sens idéaliste d'objectif : ce qui est valable pour tous les esprits. Cette distinction n'a guère de sens pour une science comme les mathématiques, dont les objets n'existent pas en dehors de la pensée, et dont l'objectivité est donc essentiellement idéaliste. Mais elle est très importante pour des sciences comme la physique, la biologie, etc., qui prétendent étudier le monde extérieur à notre esprit.

La plupart des savants s'accordent aujourd'hui avec les philosophes pour considérer que ce que nous appelons *réel* est toujours le résultat d'une construction de notre esprit, et que l'expression « le monde tel qu'il est » soit ne veut rien dire, soit désigne quelque chose que nous ne pouvons pas connaître. L'observateur influe toujours, si peu que ce soit, sur ce qu'il observe. L'état réel (totalement indépendant de nous) d'un système physique ne se confond jamais exactement avec la description qu'on en fait : puisqu'il est décrit, c'est qu'un observateur était là, qui a modifié quelque chose.

Une description qui correspondrait exactement à l'état réel du système physique qu'elle décrit serait objective au sens de l'objectivité forte : c'est ce à quoi rêvait de parvenir Einstein, tout en reconnaissant que nous n'y parvenions pas.

A défaut de cette objectivité forte, dénuée de sens pour les uns, utopique pour les autres, les savants se satisfont de l'objectivité faible, parfaitement fondée elle : « une affirmation est objective si elle est vraie pour n'importe quel observateur. » (Bernard d'Espagnat.) On ne sait pas si, et on ne prétend pas que les choses se passent exactement comme ça ; on se contente de constater que n'importe quel observateur compétent, doté du matériel nécessaire et suivant les instructions convenables observera les mêmes effets observés par un autre, dans les mêmes conditions. L'accord des esprits suffit à fonder le vrai.

On remarquera, pourtant, que le fait d'appeler « faible » cette objectivité est un postulat réaliste : cela revient en effet à supposer que les choses existent en dehors de notre esprit et fonctionnent peut-être autrement. Pour l'idéaliste, à proprement parler, les choses n'étant que ce que nous connaissons d'elles, il n'y a qu'une seule forme d'objectivité, la faible, mais qui ne mérite pas d'être appelée faible.

Observation, observer

> Mais tous les livres ne valant pas une observation personnelle, ils entraient dans les cours et demandaient aux laboureurs s'ils avaient vu des taureaux se joindre à des juments, les cochons rechercher les vaches, et les mâles des perdrix commettre entre eux des turpitudes.
>
> Flaubert

Ces deux termes ont essentiellement deux sens dans la langue courante : regarder attentivement (observer quelque chose) ; respecter (observer un conseil, la loi).

Le premier sens reçoit quelques nuances en philosophie dans le vocabulaire philosophique. Dans l'activité de connaissance, on distingue, dans un premier temps, observation et expérience.

> Une expérience diffère d'une observation en ce que la connaissance qu'une observation nous procure semble se présenter d'elle-même, au lieu que celle qu'une expérience nous fournit est le fruit de quelque tentative que l'on fait dans le dessein de savoir si une chose est ou n'est pas.
>
> Claude Bernard

Cette distinction n'est pas tout à fait satisfaisante, dans la mesure où l'observation est aussi une partie de l'expérience : on provoque quelque chose à fin de l'observer. C'est pourquoi on distingue plutôt ***observation empirique*** et ***observation scientifique.***

> Les observations empiriques sont les observations faites sans aucune idée préconçue et dans le seul but de constater le fait.
>
> Claude Bernard

On remarque quelque chose qui est en train de se passer, indépendamment de notre volonté, et on y fixe son attention.

> Les observations scientifiques (...) sont nécessairement faites en vue d'une idée préconçue qu'il s'agit de vérifier.
>
> Claude Bernard

On observe un certain phénomène, dans des conditions particulières, en fonction d'une certaine hypothèse.

Cette distinction est indépendante de la relation à l'expérience. Dans les sciences dites expérimentales, comme la physique, le phénomène observé est provoqué par celui qui veut l'observer. Dans les ***sciences*** dites ***d'observation,*** comme l'astronomie, le phénomène observé n'est pas provoqué, mais l'observation est néanmoins organisée par rapport à une hypothèse : ainsi, un astronome ayant une certaine hypothèse sur le cours de tel astre mal connu, décide de diriger ses instruments vers telle partie du ciel à tel moment, pour vérifier son hypothèse : c'est donc bien une observation scientifique, et non une observation empirique.

Les épistémologues et les savants actuels s'interrogent sur l'influence qu'à l'observateur sur ce qu'il observe. Cette influence n'a rien de psychologique (sauf dans le domaine des sciences humaines), ni de mystérieux ou d'irrationnel, elle est simplement physique : tout corps à des effets physiques sur son environnement, même s'ils ne sont pas perceptibles à nos sens ; ce qu'on observe est donc modifié par la présence de l'observateur, qu'il s'agisse d'une personne ou d'un instrument de mesure. La question se pose alors : les choses se seraient-elles passées exactement de la même façon s'il n'y avait eu personne pour les observer ? Les physiciens se partagent aujourd'hui en deux grands courants. Pour les uns, « il n'y a pas de phénomène sans observateur » (Niels Bohr), ce qui conduit à la limite au solipsisme (voir p. 93) : si nous n'étions pas là pour voir, il ne se passerait rien. Les autres s'en tiennent au contraire à la réalité des phénomènes naturels, indépendamment de l'observateur, tout en reconnaissant que ce que nous connaissons n'est sans doute pas exactement ce qui se passerait si nous n'y étions pas.

La réflexion contemporaine sur l'objectivité (voir ci-dessus) est une conséquence directe de cette réflexion sur le rôle de l'observateur.

Opinion

> C'est mon opinion, et je la partage.
>
> Henri Monnier

On appelle généralement *opinion* un jugement ou une appréciation propres à un individu ou à un groupe : « C'est mon opinion », « Quelle est votre opinion ? », « l'opinion publique ».

Dans la langue courante, ce terme n'est nullement péjoratif, mais il l'est le plus souvent en philosophie. La philosophie ne se préoccupe pas des pensées ou des esprits individuels (qui sont éventuellement l'affaire de la psychologie), mais de *la* pensée ou de *l'*esprit, c'est-à-dire l'ensemble des propriétés communes à tous les esprits, l'ensemble des idées sur lesquelles les esprits peuvent s'accorder. « Toutes les opinions se valent », dit le sens commun (ce qui n'est pas faire grand cas de chaque opinion, mais s'en rend-on compte ?). Le philosophe est tout à fait d'accord avec cette formule : toutes les opinions se valent en tant qu'elles sont opinions, c'est-à-dire jugements sans fondement, donc sans valeur ; ce qui revient à peu près à dire : « Tous les zéros se valent ».

L'opposition entre *opinion* et *savoir* ou *vérité* joue un grand rôle dans la philosophie de Platon, et tous les philosophes en ont peu ou prou hérité. Il arrive aux philosophes d'avoir des opinions, car la vérité n'est pas toujours accessible, mais ils s'efforcent de ne jamais confondre opinion et vérité.

> L'opinion est le fait de tenir quelque chose pour vrai avec la conscience d'une insuffisance subjective aussi bien qu'objective de ce jugement.
>
> Kant

Parfait

> ... un chimiste de grande valeur, une cervelle magnifique, et, à part cela, un parfait salaud.
>
> Georges Duhamel

Employé comme attribut, cet adjectif est synonyme de « très bien » dans la langue courante : « C'est parfait ! » C'est rarement ainsi qu'il faut l'entendre en philosophie. En latin, *perfectus* est le participe passé de *perficere*, faire complètement, achever, accomplir. La valeur laudative est accessoire, l'idée essentielle est celle d'accomplissement. Ce sens apparaît dans le verbe *parfaire* (« parfaire son ouvrage »), mais aussi dans l'adjectif *parfait* employé comme épithète ou dans l'adverbe *parfaitement*, quand il exprime le degré extrême de quelque chose, qui peut être mauvais : « Ce devoir est parfaitement nul », « Votre proposition est d'une parfaite malhonnêteté ». C'est dans ce sens qu'il faut l'entendre en philosophie, mais en distinguant deux nuances non négligeables.

— On appelle parfait un état, une chose, un phénomène qui est exactement ou complètement comme il doit être. Le vide étant défini comme l'absence totale de corps (solide, liquide ou gazeux) dans un espace donné, on dit qu'on a réalisé le ***vide parfait*** dans un récipient quelconque lorsqu'on a su produire cet état. *Parfait* est donc synonyme d'*absolu*.

— A cette idée d'absolu, d'accompli dans son genre, s'est associée une idée de supériorité, qui s'explique assez bien. Si j'ai réalisé le vide parfait dans un récipient, ce n'est pas la peine que je continue de pomper, je ne peux pas aller plus loin. Par comparaison avec d'autres objets ou d'autres états du même genre, parfait en vient alors à signifier « qui est tel qu'on ne peut rien concevoir de supérieur ». C'est en ce sens que cet adjectif est appliqué plus particulièrement à Dieu, dans l'expression « l'Être parfait » :

> La substance que nous entendons être souverainement parfaite et dans laquelle nous ne concevons rien qui enferme quelque défaut ou limitation de perfection s'appelle Dieu.
>
> Descartes

Passion

Un peu de passion augmente l'esprit, beaucoup l'éteint.

Stendhal

Ce mot désigne aujourd'hui, dans la langue courante, un intérêt très vif pour quelque chose ou pour quelqu'un. Si c'est une personne, il est synonyme d' « amour, grand amour » : « vivre une grande passion » ; si c'est une chose, il est synonyme d' « obsession, intérêt dévorant » : « la passion des échecs ».

Dans des textes antérieurs au XVIIe siècle, ou dans des textes plus récents, mais de contenu philosophique, ce sens n'est pas pertinent. Ainsi, tout chrétien a entendu parler de la « Passion du Christ » et sait bien que cette expression ne désigne pas un grand amour de Jésus. L'histoire du mot *passion* explique ces ambiguïtés. Il faut partir du mot grec *pathos,* qui signifie « ce qu'on subit », « le fait de subir quelque chose ». Ce terme a été traduit en bas-latin par *passio,* dérivé du verbe *pati,* subir (qui a donné en français le verbe *pâtir*).

Selon cette étymologie, *passion* s'oppose à *action,* comme *subir* (ou *pâtir*) s'oppose à *agir.* Si l'opposition *passion/action* n'est plus ressentie dans le français moderne, on l'entend encore dans des termes de même famille : très nettement dans *passif/actif,* plus faiblement dans *patient/agent.*

L'agent, en effet, est celui qui agit (du latin *agens,* participe présent du verbe *agere,* agir) et le patient celui qui subit ou pâtit (du latin *patiens,* participe présent de *pati*).

Il faut encore rattacher à cette famille *impassible* et *impassibilité.* Le mot latin *impassibilitas* était la traduction du mot grec *apatheia,* sur quoi les médecins ont forgé *apathie,* et qui signifiait « le fait de ne rien éprouver ». Dans le français moderne, l'impassibilité et l'apathie évoquent tous deux le fait de ne rien ressentir ; mais l'impassibilité est plutôt une qualité — on ne ressent rien parce qu'on est maître de soi, toujours calme — alors que l'apathie est un défaut ou une maladie : on ne ressent rien parce qu'on a perdu tout goût, tout désir. Dans son sens savant, *impassible* se dit d'un être à qui on ne peut rien faire subir, dont l'état ne peut être modifié par aucune force extérieure, mais seulement par sa propre action. A proprement parler, cette propriété n'appartient qu'à Dieu incréé, car toute créature, fût-ce l'être le plus puissant du monde, subit au moins deux choses, le fait de naître et le fait de mourir.

Or, dans la religion chrétienne, apparaît un Dieu qui se fait homme et subit, sous son enveloppe humaine, ce que subissent les hommes : la souffrance, la mort. C'est donc tout naturellement que, pour désigner les derniers épisodes de la vie de Jésus, depuis son arrestation jusqu'à sa mort, les Évangélistes ont employé le mot grec *pathos,* que les Pères de l'Église ont ensuite traduit en latin par *passio.* Ainsi, la « Passion » du Christ n'est pas strictement synonyme de « souffrances » ; elle signifie que le Christ, bien que Dieu, a *subi* quelque chose. Le même mot, *pathos,* apparaissait chez Aristote pour désigner une catégorie, le fait de subir (sans idée de souffrance), et il fut traduit également par *passio* par les philosophes du Moyen Âge.

C'est en ce sens que l'entend Descartes, lorsqu'il écrit :

> Tout ce qui se fait ou qui arrive de nouveau est généralement appelé par les philosophes une passion au regard du sujet auquel il arrive, et une action au regard de celui qui fait qu'il arrive.

A partir du XVIIe siècle, le mot *passion,* tout en gardant le sens de « fait de subir », a été peu à peu cantonné dans le domaine psychologique. C'est ainsi qu'il faut comprendre le titre de l'ouvrage de Descartes *Les Passions de l'âme :* tous les phénomènes passifs de l'âme. Tout état affectif : colère, envie, crainte, pitié, etc., est une passion. C'est donc un synonyme, dans le français moderne, de « sentiment ». A ce mot s'est attaché un jugement de valeur, qui a évolué au cours de l'histoire. Dès le XVIIe siècle, hors de la philosophie, *passion* commence à prendre le sens de « sentiment fort », et est jugé négativement ; la tragédie classique repose sur la dépréciation de la passion : c'est une faiblesse morale chez Corneille, une malédiction chez Racine. Un glissement s'opère, par lequel *passion* ne s'oppose plus à *action*, mais à *raison ;* la passion est l'envahissement par une force extérieure, la perte de la maîtrise de soi.

A partir du XVIIIe siècle, l'idée de passion devient positive ; cela apparaît très nettement chez Diderot, et ce point de vue triomphera avec le Romantisme. La passion ne s'oppose plus du tout à l'action, elle est au contraire moteur d'action.

Aujourd'hui, en philosophie comme dans la langue courante, *passion* désigne une « tendance d'une certaine durée (...) assez puissante pour dominer la vie de l'esprit » (Lalande). Le mot *passion* ne reçoit plus de valeur par lui-même, mais seulement d'après son objet : le jeu ou l'alcool sont des passions regrettables, l'amour de la vérité ou le patriotisme pourront être considérées comme des passions nobles. Dans ce dernier cas, la passion renforce la raison et la volonté (nous sommes proches du sens romantique), dans le premier cas, la passion annulle la raison et la volonté (nous sommes proches du sens classique). C'est en ce sens qu'on dit de quelqu'un qu'« il est aveuglé par la passion » ; et, devant les tribunaux, « les crimes passionnels » bénéficient souvent des circonstances atténuantes, non parce que la passion est bonne en soi, mais parce qu'on estime que l'individu passionné n'est pas entièrement maître de sa volonté, et que sa responsabilité doit donc être atténuée.

Penser, pensée

> O récompense, après une pensée,
> Qu'un long regard sur le calme des dieux !
>
> Paul Valéry

Le verbe et le nom désignent, de façon très générale, l'activité de l'esprit. Ils peuvent englober tous les phénomènes de l'esprit, pourvu qu'ils soient conscients.

Par le mot de penser, j'entends tout ce qui se fait en nous de telle sorte que nous l'apercevons immédiatement par nous-mêmes ; c'est pourquoi non seulement, entendre (= comprendre), vouloir, imaginer, mais aussi sentir, est la même chose ici que penser.

Descartes

En un sens plus restreint, *penser* et *pensée* ne s'appliquent qu'à la partie intellectuelle de l'esprit, ce qui écarte aussi bien les sentiments que la mémoire ; en ce sens, l'animal ne pense pas. Mais ces termes restent vagues et (paradoxalement ?) peu employés par les philosophes, qui préfèrent des notions mieux circonscrites : entendement, raison, juger, concevoir, se représenter, etc.

Le nom *pensée* a un double sens en français :

— La pensée est l'activité de l'esprit, la faculté de penser ;

— Une pensée, des pensées désignent tout produit de cette faculté. Ce deuxième sens est également très vague : un théorème, ou le *cogito*, sont des pensées ; mais s'il vous vient à l'esprit, au milieu de la journée : « Tiens, si j'allais au restaurant ce soir », c'est aussi une pensée.

En philosophie il est très important que le sujet pensant soit distingué de ses pensées ; c'est sur cette distinction qu'est fondée la distinction sujet/objet dans la philosophie idéaliste.

Perception, percevoir

La perception commence au changement de sensation ; d'où la nécessité du voyage.

André Gide

Le percepteur perçoit votre impôt, votre oreille perçoit un bruit dans la nuit : quel lien entre ces deux emplois ? En remontant une série de formes latines, on trouve le verbe *capere*, qui signifie « prendre ». La perception, dans son sens le plus général, c'est la faculté qu'a un sujet de *prendre quelque chose en dehors de lui-même*.

La perception est d'abord liée aux sens : on perçoit un bruit, une lumière. Mais les philosophes s'efforcent de distinguer *perception* et *sensation :* la sensation est une impression brute, la perception est construite par celui qui perçoit.

Exemple : une forme vient faire tache d'ombre sur un fond plus clair, voilà la sensation ; cette forme est un chien, une voiture, une personne, voilà la perception. Cette distinction entre sensation et perception est cependant critiquée par les psychologues modernes : *tout* ce qui vient de l'extérieur s'organise dans notre esprit ; nous n'aurions donc *que des perceptions*, dont le degré de finesse varie.

Perception et *percevoir* s'emploient aussi pour désigner l'action par laquelle le moi connaît ses propres états intérieurs. La matière de cette ***perception interne*** n'est plus alors la sensation, mais le sentiment. Par extension, il arrive qu'on emploie ces termes pour désigner l'action de l'entendement : la perception d'une différence, d'une idée, d'une vérité.

Le problème qui s'est posé aux philosophes, c'est de préciser quel lien on pouvait établir entre *perception* et *conscience*. Ce problème ne se pose en principe que pour la perception sensible, ou externe, et non pour la perception interne. La perception désigne tout ce qui est reçu par un corps de l'extérieur, mais pas forcément consciemment : le tournesol perçoit la présence du soleil, le dormeur perçoit le froid. Pour marquer l'idée de perception consciente, les philosophes emploient un terme qui fut créé par Leibniz : *aperception*.

> Il est bon de faire la distinction entre la perception, qui est l'état intérieur de la monade représentant les choses externes, et l'aperception, qui est la conscience ou la connaissance réflexive de cet état intérieur.
>
> Leibniz

Personne

> L'Angleterre est un empire, l'Allemagne un pays, une race, la France est une personne.
>
> Michelet

Sait-on que notre mot *personne* vient du latin *persona*, qui désignait primitivement le masque que portaient les acteurs au théâtre ? Par un glissement de sens assez aisé à comprendre, le mot a désigné le rôle lié à ce masque (c'est encore le cas dans le théâtre Nô, au Japon) ; puis de rôle, c'est-à-dire de l'idée de l'incarnation d'un certain personnage, on est passé à l'idée de personne, au sens où nous l'entendons.

Mais qu'entendons-nous par là ? Dans la langue courante, *personne* s'oppose à *chose*, mais exclut également l'animal. Le Code Civil distingue « les personnes » et « les biens », et ce qui a trait aux malheurs que quelqu'un a pu causer à votre chien ou à votre vache est traité au chapitre des atteintes aux biens.

Du point de vue philosophique, la personne est une notion juridique, morale, éventuellement métaphysique, mais pas psychologique (en psychologie, on parle plutôt de ***personnalité***). Juridiquement, une personne est un individu doté de droits et de devoirs, ce qui implique sa liberté ; en ce sens, dans le droit romain, l'esclave n'est pas une personne.

En revanche, dans le monde moderne, des sociétés commerciales ou des associations sont qualifiées de *personnes morales* parce qu'elles ont, comme les *personnes physiques* (vous et moi), des droits et des devoirs : droit de posséder des biens, d'accomplir certains actes juridiques ; devoir de payer des impôts, etc.

Dans la philosophie médiévale, la personne est aussi une notion métaphysique :

> *Personne* se dit proprement d'une substance individuelle de nature raisonnable.
>
> Boèce

Cette définition peut s'appliquer à l'homme, mais aussi à Dieu. C'est en ce sens que le Dieu du judaïsme et du christianisme est un Dieu ***personnel***, ce qui exclut toute forme de panthéisme.

Surtout, dans la philosophie moderne, depuis Kant, *personne* est une notion morale : on appelle personne l'individu doué de raison (donc capable de distinguer le vrai et le faux, le bien et le mal) et libre (donc capable de se déterminer par des motifs qu'il peut justifier devant d'autres personnes).

L'idée de personne suppose aussi l'idée de société : on est une personne par rapport à d'autres personnes. La personne se sait membre d'une communauté, et respecte les autres personnes, c'est-à-dire les traite comme des fins en soi, et non comme des moyens. On retrouve ici la distinction juridique entre personne et chose : une chose peut être traitée comme un moyen, car elle n'est pas autonome et peut être remplacée par une autre chose équivalente ; toute chose a un prix. Au contraire, la personne doit être traitée comme une fin en soi, car elle est autonome et irremplaçable : une personne n'a pas de prix. Cette analyse morale implique donc une condamnation radicale (mais non psychologique ni sentimentale) de l'esclavage, de la torture, du meurtre.

Pratique

Vivre est une pratique essentiellement monotone.

Paul Valéry

Ce mot est emprunté au grec *praktikos*, qui concerne l'action (voir *praxis*, p. 104). Dans la langue courante, l'adjectif *pratique* est souvent synonyme d'« utile », appliqué à une chose (« un agenda très pratique »), de « débrouillard, efficace » appliqué à une personne (« un homme pratique »). Ces sens ne se retrouvent pas dans l'usage philosophique.

Le nom *la pratique*, suivi d'un complément de nom, explicite ou implicite (« la pratique de l'anglais », « manquer de pratique »), signifie le fait de *faire* quelque chose, la connaissance tirée de l'action, par opposition au savoir livresque. Ce sens se rapproche de l'usage philosophique.

En philosophie, *pratique*, nom et adjectif, se comprend par opposition à *théorie* et *théorique*. Dans son sens le plus général, *pratique* désigne ce qui concerne l'action. Ainsi, en schématisant un peu, la science, dans la mesure où elle est pure connaissance, est théorique ; au contraire, la technique, qui agit directement sur les choses, est pratique.
Mais pratique et théorie sont liées : l'action sur les choses se fait à partir d'une certaine connaissance des choses sur lesquelles on agit. Dans l'usage moderne du mot, d'inspiration marxiste, la pratique englobe la totalité des activités humaines (économiques, politiques, intellectuelles) dans la mesure où elles ont pour effet, conscient ou inconscient, de transformer le monde. L'opposition entre théorie et pratique est alors considérablement nuancée ; ce sont deux points de vue d'une même chose, le rapport entre les hommes et le monde (entendu au sens le plus large : la nature, la société). On agit parce qu'on connaît, et on apprend parce qu'on agit.

C'est ce qui explique l'apparent paradoxe d'une expression comme la ***pratique théorique*** (Louis Althusser). L'idée est la suivante : la coupure connaissance/action, science/technique est trop schématique ; le travail du savant, du philosophe, de l'artiste peut ne viser aucune application immédiate dans le monde, mais contribuer cependant, à moyen ou à long terme, à une transformation du monde. La connaissance est englobée dans l'action, la théorie est une « forme spécifique de la pratique » (Louis Althusser).

Par exemple, les pamphlets de Voltaire visaient à un effet immédiat sur la société française de son temps ; on peut dire qu'ils avaient un but pratique (sans prétention d'élaborer une connaissance approfondie). Au contraire, l'*Esprit des lois* de Montesquieu, œuvre de longue haleine, écrite dans le recueillement du cabinet d'étude, n'avait pas un but d'action directe. Pourtant, la transformation de la société française entre 1750 et 1800 doit autant, sinon plus, à Montesquieu qu'à Voltaire.

Dans un sens tout à fait particulier, propre à la philosophie, l'adjectif *pratique* désigne ce qui a trait à la façon dont il faut se conduire. C'est pourquoi, pour le philosophe, cet adjectif renvoie alors à la morale (la question centrale de la morale est en effet : comment dois-je me conduire ?). C'est le sens qu'il a notamment dans le titre de l'ouvrage célèbre de Kant, *Critique de la Raison Pratique*. Pour Kant, la question « que puis-je connaître ? » est une question spéculative, qui relève de la « raison pure » ; tandis que la question « que dois-je faire ? » est une question pratique, qui relève de la « raison pratique ».

Premier

> J'aime mieux, comme César, être le premier au village que le second dans Rome.
>
> Musset

Tout le monde comprend ce mot. Précisons pourtant son sens : est dit premier ce avant quoi il n'y a rien, et après quoi il y a des choses. En effet, un objet unique ne sera pas dit premier, puisqu'il n'y a pas d'autres objets du même ordre par rapport auxquels il serait dit premier : il faut au moins deux objets pour qu'il y en ait un premier. Reste à savoir dans quel ordre est défini ce premier. La langue courante utilise *premier*, le plus souvent,

— dans l'ordre chronologique : « le 1er de l'An », « le premier homme sur la lune », « le premier roman de Balzac », etc. ;
— dans l'ordre d'excellence ou de valeur : « le premier de la classe », « le Premier ministre » ;

Le premier de tous les biens est la liberté.

Rousseau

La philosophie y ajoute un troisième ordre, qu'on peut appeler l'ordre logique. *Premier* signifie alors « ce sur quoi se fonde tout le reste ».
— En *logique* ou en *mathématiques,* on appelle *premiers* le petit nombre d'éléments non démontrables sur lesquels repose tout l'édifice de la démonstration : les axiomes mathématiques, les principes logiques.

— En *métaphysique,* est dit *premier* ce qui constitue la cause au-delà de laquelle on ne peut pas remonter. Exemple : le ***premier moteur,*** la ***cause première,*** c'est-à-dire Dieu. C'est donc par métonymie que la métaphysique est parfois appelée ***philosophie première :*** elle étudie les éléments premiers de la connaissance et de l'être.

• ***Primaire*** est un doublet savant de *premier :* les deux adjectifs viennent l'un et l'autre du latin *primarius,* de premier rang. *Primaire* ne s'emploie que dans certains contextes : l'enseignement primaire (par opposition à secondaire, supérieur) ; les réflexes primaires (par opposition aux réflexes acquis). En philosophie, les ***qualités primaires*** (on dit aussi « premières ») sont les qualités essentielles de la matière : l'étendue, le mouvement, la résistance, par opposition aux « qualités secondaires » : la couleur, la forme, la consistance.

Primaire a souvent dans la langue courante une valeur péjorative : « un être primaire » = fruste, peu civilisé ; cette valeur est absente des emplois ci-dessus.

Principe

Aujourd'hui les filles s'émancipent
Et vous parlent de leurs grands principes
Mais elles font comme leurs mamans
En vertu des grands sentiments.

Guy Béart

Ce mot en est venu à signifier, dans la langue courante, « règle stricte » : « être à cheval sur les principes », « avoir des principes », « en principe ». Ce n'est pas le sens philosophique. *Principe* vient du latin *principium,* qui signifie « commencement ». *Principium* est un dérivé de *princeps* (qui a donné notre *prince*). Dans l'empire romain, « empereur » (*imperator*) est un titre militaire ; le titre politique de l'empereur est *princeps* (prince), c'est-à-dire celui qui occupe la première place.

C'est le sens qu'il faut donner à *principe* en philosophie : *principe* est le nom qui correspond à l'adjectif *premier.* « Ce mot s'emploie surtout par métaphore, et quand il s'agit d'un ordre idéal plutôt que d'une succession réelle » (Lalande). Descartes définit ainsi les « principes de la philosophie » :

> Ces principes doivent avoir deux conditions : l'une, qu'ils soient si clairs et si évidents que l'esprit humain ne puisse douter de leur vérité, lorsqu'il s'applique avec attention à les considérer ; l'autre, que ce soit d'eux que dépende la connaissance des autres choses, en sorte qu'ils puissent être connus sans elles, mais non pas réciproquement elles sans eux.

Le mot *principe* a pris alors deux sens légèrement différents, mais qui s'écartent tous deux du sens étroitement technique.

1) Le principe est la cause essentielle non de l'état, mais du fonctionnement de quelque chose. Ainsi, chez Montesquieu :

> Il y a cette différence entre la nature d'un gouvernement et son principe, que sa nature est ce qui le fait être tel, et son principe ce qui le fait agir. L'un est sa structure particulière, l'autre les passions qui le font mouvoir.

C'est dans ce sens qu'on parle, dans la langue courante, du principe d'une machine. Par exemple, le principe du vélo, c'est la transmission du mouvement d'une roue dentée sur une autre, par l'intermédiaire d'une chaîne.

2) Le principe est une vérité universellement admise qui commande toutes les sciences de la nature, indépendamment des théories : le principe de la non-réversibilité du temps, le principe de la conservation de l'énergie.

Problématique

> Il provient d'une mère assez mal située dans le monde et d'un père problématique qu'elle n'a jamais voulu lui faire connaître.
>
> Théophile Gautier

C'est un adjectif et aussi un nom féminin : *la problématique*. L'adjectif est employé dans la langue courante au sens de « douteux », « qui pose problème ». « — Pourras-tu venir demain matin ? — C'est problématique. »

Le sens philosophique est très différent : *problématique* se dit d'une proposition « qui ne renferme aucune contradiction (...), mais dont la réalité objective ne peut être connue d'aucune manière » (Kant). On l'exprime souvent en y glissant « peut-être » : « L'ordre du monde est *peut-être* un effet du hasard ». *Problématique* est donc assez proche de *possible*.

Le nom *la problématique*, très employé par les philosophes, est rare dans la langue courante. C'est un terme d'usage récent. La problématique, c'est l'ensemble des problèmes que pose un domaine particulier de connaissance.

Exemple : la problématique de la métaphysique. Par un glissement de sens, cela peut signifier aussi une certaine façon de poser un ou des problèmes propres à une notion ou à un domaine de connaissance ; c'est ainsi qu'on parle de la problématique de tel auteur dans tel ouvrage.

Psyché, psychique, psychologie

> Depuis que je suis dans la poulaillerie, j'ai fait mes classes en matière de psychologie appliquée.
>
> San-Antonio

Psukhê désigne d'abord en grec le souffle, puis, par l'intermédiaire de l'idée de « souffle de vie », l'âme, par opposition au corps. Certains psychologues et philosophes modernes ont réutilisé ce mot, dans sa transcription *psyché,* pour désigner tout ce qui dans un être humain (éventuellement animal) n'est pas purement organique. Cela englobe la conscience, la pensée, mais aussi les sentiments, les réflexes et tout ce qui dans l'esprit est inconscient. C'est donc un synonyme d' « esprit », mais au sens le plus large du mot *esprit,* et sans connotation religieuse ou intellectuelle.

Un usage rigoureux voudrait qu'on réserve *psychique* pour désigner ce qui relève de la psyché, et *psychologique,* pour désigner ce qui relève de la *psychologie,* science de la psyché. Ainsi, il est légitime de parler d'une étude ou d'une méthode psychologique, et d'un état ou d'un processus psychique. Mais la confusion d'emploi (qui est parfois une confusion de pensée) est très fréquente.

Puissance

> Du côté de la barbe est la toute-puissance.
>
> Molière

Ce mot a le même sens dans la philosophie que dans la langue courante, sauf dans un emploi particulier, en métaphysique : *puissance* s'oppose à *acte.* Est dit « en acte » ce qui est effectivement, ce qui est réalisé ; est dit « en puissance » ce qui pourrait être. La Pietà de Michel-Ange est une statue en acte, ou actuelle, le bloc de marbre est une statue en puissance, ou virtuelle.

Qualité

> Il y a de méchantes qualités qui font de grands talents.
>
> La Rochefoucauld

Le mot *qualité* a le plus souvent, dans la langue courante, une valeur appréciative : c'est quelque chose de bien, opposé à *défaut :* « Il a beaucoup de qualités » ; « Il a plus de qualités que de défauts ». Ce mot est utilisé aussi, sans être par lui-même appréciatif, pour préciser une valeur sur une échelle de valeurs : « des pommes d'excellente qualité, de piètre qualité ».

Le sens philosophique est entièrement étranger au premier sens ; il se rapproche du second, mais *qualité* n'est pas cantonné dans l'expression d'une valeur. On appelle qualité tout ce qui est ou peut être affirmé du sujet d'une proposition. « Pierre est bagarreur » peut se traduire : « Pierre a la qualité : bagarreur. » Dans une proposition, la qualité est donc ce qui est exprimé par le prédicat. C'est un synonyme d'*attribut.*

Radical

> Il ne parvenait pas à accepter cette suppression systématique et radicale de cette culture bourgeoise dont il se sentait encore tout proche.
>
> Roger Martin du Gard

Cet adjectif s'entend en philosophie dans son sens étymologique : qui est pris à la racine, qui va à la racine, c'est-à-dire au point de départ (logique, plus souvent que chronologique) de ce qu'on considère : « l'origine radicale des choses » (Leibniz). En latin, *radicalis* était en effet un dérivé de *radix*, racine (d'où notre « radis », qui a la même origine, mais nous est venu par l'intermédiaire de l'italien *radice*).

Raison, raisonnement. Rationnel, rationalisme

> Raisonner est l'emploi de toute ma maison,
> Et le raisonnement en bannit la raison.
>
> Molière

Les mots qui appartiennent à la famille du mot *raison* ont été forgés à partir de deux radicaux, *raison-* et *ratio-* Il existe en latin le mot *ratio*, qui fait *rationem* à l'accusatif ; notre *raison* est une formation populaire, qui résulte de l'évolution phonétique de *rationem*. On a construit sur *raison* les dérivés *raisonner, raisonnement, raisonnable,* etc. Les autres dérivés sont des formations savantes, tirées de l'adjectif latin *rationalis ;* ce sont *rationnel, rationnellement, rationalisme,* etc. Le sens primitif de *ratio* en latin est « calcul, compte », puis « considération, jugement, cause explicative ». Ce sens primitif de « calcul » a donné, par une autre formation savante, notre mot français *ration* et ses dérivés : *rationner, rationnement.* Les mots *raison* et *ration* sont donc, si l'on peut dire, frères par la forme, mais très éloignés l'un de l'autre par le sens. Cependant, l'idée de calcul se retrouve dans quelques emplois particuliers de *raison :* l'expression « à raison de » : « Trois mille feuilles (...) qui lui rapportèrent, à raison de deux sous pièce, trois cents francs » (Balzac) ; et un emploi vieilli en mathématiques : « en raison directe de » (= proportionnellement à),. « en raison inverse de » (= inversement proportionnel à).

On peut regrouper les divers sens du mot *raison* selon deux points de vue.

1) Un point de vue *subjectif :* la raison appartient à l'esprit. Cela peut désigner :
— la faculté d'établir des relations entre les choses et de former des concepts ; c'est un synonyme d' *entendement,* et c'est le propre de l'homme ;
— la faculté de juger, c'est-à-dire de distinguer le vrai et le faux, le bien et le mal. C'est un synonyme de *jugement* ou de *bon sens* tel que l'entend Descartes. C'est aussi une propriété de tous les hommes. *Raison* s'oppose à *passion* ou *folie* (qui sont des déraisons ou des pertes de raison), mais la raison s'oppose aussi aux sens :

> Quand l'eau courbe un bâton, ma raison le redresse.
>
> La Fontaine

— l'ensemble des idées innées qui permettent l'expérience et la connaissance du monde, mais ne peuvent pas être tirées de l'expérience. L'empirisme ne reconnaît pas cette « raison ».

2) Un point de vue *objectif :* la raison est un objet de connaissance, une propriété des choses. Cela peut signifier :
— « rapport, proportion » : voir ci-dessus l'idée de calcul ;

— « principe d'explication » : « la raison des choses », « la raison du mal sur la terre » ; *raison* est alors parfois synonyme de *cause ;*
— « justification » : « J'ai de bonnes raisons de penser que... » ;

La raison du plus fort est toujours la meilleure.

La Fontaine

Dans le sens subjectif, *raison* est toujours au singulier ; dans le sens objectif, il peut être au pluriel. Les jeux de mots sont permis, et les auteurs ne s'en sont pas privé. Le plus célèbre est sans doute celui de Pascal :

Le cœur a ses raisons que la raison ne connaît pas.

Ces deux groupes de sens sont en fait deux points de vue différents d'une opération unique de connaissance ou d'explication. Le mot *raison* désigne « tantôt une faculté de l'être raisonnable, tantôt un rapport entre les choses mêmes : de sorte que l'on peut dire que la raison de l'homme (la ***raison subjective***) poursuit et saisit la raison des choses (la ***raison objective***) » (Antoine Cournot)

• ***Le principe de raison suffisante.*** Dans cette formule de Leibniz, que Voltaire raille dans *Candide*, le mot *raison* s'entend au sens objectif de « principe, explication ».
Leibniz le définit ainsi :

> (C'est le principe) en vertu duquel nous considérons qu'aucun fait ne saurait se trouver vrai, ou existant, aucune énonciation véritable, sans qu'il y ait une raison suffisante pourquoi il en soit ainsi et non pas autrement. Quoique ces raisons le plus souvent ne puissent point nous être connues.

C'est bien un principe, c'est-à-dire une proposition que la raison (subjective) admet comme vraie, et sur laquelle elle fonde son travail, mais qu'elle ne peut pas démontrer. Le principe de raison suffisante est à la base de tout travail scientifique : pourquoi est-ce que cela se passe comme cela ? il y a certainement une raison...

• ***Raisonnement.*** La raison subjective permet le raisonnement, c'est-à-dire l'opération de l'esprit par laquelle on passe d'une ou plusieurs propositions à une conclusion. Le raisonnement est donc une inférence ou une suite d'inférences (voir p. 134). Déterminer les conditions de validité des raisonnements est un des objets de la logique.

• ***Rationnel.*** Ce mot se rattache également au sens subjectif de *raison*. On appelle rationnel ce qui relève de la raison (« les principes rationnels », « la connaissance rationnelle » ou ce qui lui est conforme (« une organisation rationnelle »).

Les mathématiques donnent à *rationnel* un sens particulier, qu'il faut rattacher à *raison objective*. Un ***nombre rationnel*** est un nombre qui peut être mis sous forme de fraction : 1, 2, 1/1, 4/2, 7/8... Inversement, un ***nombre irrationnel*** est un nombre qui ne peut pas être exprimé par une fraction : π (= 3,141592...), $\sqrt{2}$ (= 1,414213...). On se méfiera donc des contresens : ni π, ni $\sqrt{2}$ ne sont des nombres « fous », étrangers à la raison subjective.

• ***Rationalisme :*** ce mot désigne une attitude d'esprit ; c'est à la fois la confiance dans la capacité de la raison (subjective) de connaître le monde (il s'oppose alors au *scepticisme*) et le recours privilégié ou exclusif à cette faculté pour établir le vrai et le faux. En ce sens, le rationalisme est parfois connoté d'irreligion (car la raison ne permet pas d'établir l'existence de Dieu, ni d'ailleurs, sa non-existence).

Rationalisme est aussi employé dans un sens plus technique, proprement philosophique. C'est une doctrine qui a trait à l'origine de la connaissance, et qui présente plusieurs nuances. La thèse générale du rationalisme est que l'expérience ne peut pas nous fournir toutes nos connaissances. La raison est l'ensemble des notions innées qui permettent l'expérience, mais ne peuvent être tirées d'elle ; le rationalisme s'oppose donc à *l'empirisme*. A partir de là, on distingue

— un ***rationalisme relatif :*** la raison ainsi entendue est la condition nécessaire de la connaissance, mais elle n'en est pas la condition suffisante ; sans la raison, l'expérience ne serait pas organisable en connaissance, mais c'est de l'expérience que nous tirons nos connaissances ; c'est, par exemple, la doctrine de Kant ;

— un ***rationalisme absolu :*** la raison est la condition nécessaire et suffisante de la connaissance. Toute connaissance vient des principes a priori de la raison. L'expérience ne sert qu'à donner un contenu particulier aux idées innées de la raison. C'est une interprétation qu'on peut donner de la doctrine de Platon sur les idées. C'est surtout la doctrine de Hegel : chez celui-ci, le rationalisme absolu unifie le monde et la pensée, et devient une doctrine métaphysique ; tout ce qui existe a sa raison (objective) d'être, que la raison (subjective) peut comprendre. L'univers est régi par la raison, les lois de la pensée rationnelle et les lois de la nature sont les mêmes.

Ce qui est rationnel est réel, ce qui est réel est rationnel.

Hegel

Le débat entre rationalisme et empirisme est toujours actuel, et les problèmes fondamentaux de la connaissance ne sont toujours pas résolus : comment le monde existe-t-il en dehors de notre pensée ? comment notre pensée peut-elle connaître ce monde qui lui est extérieur ? par quel processus passons-nous d'une série de sensations à une idée ? etc. Le double sens du mot *raison* ***(raison subjective/raison objective)*** indique un problème éminemment philosophique, mais que chacun a pu se poser un jour. Comme notre raison subjective élabore, à partir de l'observation du monde, des connaissances fondées (à l'aide desquelles nous pouvons agir sur le monde), nous sommes conduits à penser que le monde lui-même *doit se comporter raisonnablement* — c'est un des sens possibles de l'expression *raison objective.*

En effet, si quelqu'un venait vous dire qu'il a ajouté deux pommes et deux pommes et en a trouvé cinq, c'est de la raison subjective de cette personne que vous douteriez (il se trompe, il est fou), mais non de la raison objective du monde. Seul un Dieu, si l'on y croit, est capable de forcer cette raison objective du monde, mais alors, pour bien marquer le caractère exceptionnel de cet événement, nous parlons de *miracle :* Jésus, ne disposant que de sept pains, put nourrir plusieurs centaines de personnes en donnant un pain à chacun !

Cet accord entre le comportement « raisonnable » du monde et le caractère « raisonnable » de notre pensée a conduit certains philosophes à considérer qu'il s'agissait d'une seule et même raison. On peut supposer, par exemple, qu'un Dieu parfait a créé un monde raisonnable et a doté certains êtres qui appartiennent à ce monde, les hommes, d'une faculté raisonnable de le connaître. Raison subjective et raison objective sont comme les deux faces d'une même pièce ; les lois de la nature et les lois de la pensée sont deux formes d'une réalité unique, la ***Raison universelle.*** C'est la doctrine du rationalisme absolu.

Mais de nombreux esprits acceptent mal cette souveraineté de la raison. Croyant pouvoir s'appuyer sur des critiques philosophiques de la raison, qui ont montré que la raison était un instrument précieux mais limité et qui ne saurait s'appliquer à tout, ces esprits se satisfont allégrement d'un univers étranger à la raison subjective. C'est la tentation de l'irrationnel : puisque rien n'est absolument sûr, tout est imaginable, et on ne voit pas de raison de douter de l'existence de phénomènes qui violent les lois de la raison, comme l'action à distance sur les objets sans aucun instrument, ou la possibilité de retourner dans le passé (où on s'amusera à assassiner ses arrière-grands-parents quand ils étaient encore enfants), etc.

Sans avoir l'ambition de résoudre tous les problèmes, on peut essayer de mettre un peu d'ordre dans cette confusion.

La doctrine du rationalisme absolu ne fixe à la raison aucune limite, puisque le monde est entièrement rationnel ; elle ne reconnaît donc pas l'existence de phénomènes qui violeraient les lois de la raison. Une critique philosophique qui s'efforce de préciser quels sont les pouvoirs et les limites de la raison détermine quelles sont les questions auxquelles la raison ne peut pas apporter de réponse. Exemple : Dieu existe-t-il ? avons-nous une âme immortelle ? les hommes sont-ils libres ? l'ordre du monde est-il un effet du hasard ? Mais cette critique ne reconnaît pas non plus l'existence de phénomènes qui violeraient les lois de la raison.

La critique philosophique de la raison commence toujours par distinguer, au moins implicitement, raison objective et raison subjective. La raison objective d'un phénomène est la cause de ce phénomène. La raison subjective explique le phénomène, c'est-à-dire en définit la cause. Mais l'explication d'un phénomène ne se confond pas avec ce phénomène. Le fait que nous utilisions l'expression, peut-être maladroite, de *raison objective*, ne nous autorise pas à prétendre que le monde se comporte « raisonnablement ».

Mais alors, dira-t-on, comment la raison peut-elle le connaître ? Il se trouve que le monde se comporte, le plus souvent, régulièrement. Nous observons cette régularité, et notre raison en induit des lois. Pourquoi le monde se comporte-t-il régulièrement ? Voilà une des questions auxquelles la raison ne peut pas répondre. C'est fort gênant, dira-t-on. Non, il suffit de savoir que c'est comme ça.

Avant que la raison humaine n'élabore la loi de la chute des corps, les corps tombaient déjà vers le sol, et de la même façon. Ce n'est pas la loi de la chute des corps qui fait que les corps tombent d'une certaine façon ; elle n'est que l'explication raisonnée de ce phénomène.

Mais alors, le monde peut-il se dérégler ? Un bloc de fonte d'un kilo lancé du troisième étage sur la tête d'un homme peut-il l'assommer le matin, et le même bloc, lancé dans les mêmes conditions, voleter gracieusement dans les airs le soir ? Voilà encore une question à laquelle la raison ne peut pas répondre. Elle se contente d'admettre que si le monde se déréglait, ça se saurait. Les choses s'étant toujours passées de la même façon depuis que nous les observons, on considère qu'il est hautement probable que cela continuera ainsi, extrêmement improbable que cela changera brutalement. Dans les limites de notre raison, nous considérons alors que ce qui est hautement probable est sûr, et que ce qui est extrêmement improbable est impossible. Autrement dit, jusqu'à plus ample informé, il est aussi dangereux de jeter de la fonte par la fenêtre le soir que le matin, et toutes les fois que vous aurez sept pains, quand vous aurez donné un pain par personne à sept personnes, vous vous retrouverez les mains vides !

C'est abuser de la philosophie ou de la modestie prudente de la science que de prétendre se réclamer d'elles pour prôner l'irrationnel. Si l'on pouvait remonter dans le temps, parler aux morts, agir sur les objets à distance, cela aussi se saurait. Ceux qui prétendent le faire pourraient l'expliquer et l'apprendre aux autres, comme le physicien qui sait provoquer une explosion atomique sait apprendre à le faire à d'autres. Sans doute y a-t-il bien des phénomènes que nous ne savons toujours pas expliquer, mais comme nous n'avons aucune raison de penser que le monde s'est déréglé, les explications irrationnelles, qui contredisent ce que nous savons déjà, sont irrecevables. Entre « Je ne sais pas » et « J'imagine ce qui me plaît », il y a plus qu'une nuance ; c'est une différence de méthode radicale.

Réel, réalité, réalisme

La réalité s'écrit avec de la boue.

San-Antonio

Réel et *réalité* s'opposent, dans la langue courante, à *rêve, fiction, imagination*. Le mot *réel* vient du latin médiéval *realis*, adjectif dérivé du latin classique *res*, qui signifie « chose ». Dans le vocabulaire philosophique, *réel* s'oppose à *possible ;* c'est un synonyme d'*actuel*.

Actuel et ses dérivés (*actualité, actuellement*) ont perdu en français leur sens d' « existence effective », et leur lien avec *acte ;* ils ont surtout aujourd'hui un sens temporel. *Réel* et ses dérivés s'y sont donc substitués dans la langue philosophique moderne.

Mais l'adjectif *réel* a aussi, dans certains emplois philosophiques, un sens qui le rattache fortement à l'idée de chose (donc à son étymologie, *res*). *Réel* peut alors s'appliquer à des corps, mais non à des phénomènes, au sens physique de ces deux mots : « l'arc-en-ciel n'est pas un objet réel ; l'air en est un » (Lalande).

• ***Réalité.*** C'est le caractère de ce qui est réel, dans les divers sens de ce mot : « Je doute de la réalité de cette histoire » ; c'est aussi l'ensemble des choses et des événements réels : « La réalité dépasse la fiction ». Mais les philosophes font un emploi assez complexe du mot *réalité*.

Quand certains philosophes idéalistes s'interrogent sur la *réalité* du monde extérieur, ils se demandent si le monde a une existence effective extérieure à notre pensée, ou s'il n'est pas simplement l'ensemble des représentations de notre pensée. Mais que l'on reconnaisse ou non au monde extérieur une réalité ainsi entendue, tous les philosophes s'accordent à considérer que les objets de la pensée (l'idée de cause, d'égalité, etc.) constituent eux aussi des réalités. C'est ainsi qu'il n'y a aucun paradoxe à parler de la ***réalité idéale*** dont s'occupent les mathématiques. Cela signifie que les objets mathématiques n'ont pas d'existence hors de la pensée (les objets physiques en donnent tout au plus une image approximative), mais qu'il y a néanmoins une réalité du cercle, de l'angle, du nombre, qu'ils existent effectivement, bien qu'uniquement dans notre esprit.

• ***Réalisme.*** Le mot, en philosophie, ne désigne pas une représentation fidèle des choses (« la littérature réaliste »), ni une façon juste et sans illusion de considérer les choses (« un homme politique réaliste ») ; pas plus que l'*idéalisme* qu'on lui oppose n'est synonyme de générosité rêveuse. L'opposition réalisme/idéalisme dans la langue courante n'a pratiquement rien à voir avec l'opposition réalisme/idéalisme en philosophie. D'une façon générale, le réalisme est une doctrine qui admet que certaines choses existent indépendamment de la pensée, et qui appelle ces choses « réelles ». Il y a deux types de réalisme nettement différents, selon les choses considérées et dites réelles.

1) S'il s'agit du *monde extérieur*, le réalisme s'oppose à l'idéalisme absolu. C'est la doctrine selon laquelle « il existe une réalité indépendante des représentations de notre esprit » (Paul Foulquié). On distingue ***réalisme naïf*** et ***réalisme critique.***

— Le réalisme naïf est une attitude que nous avons tous spontanément et avant réflexion, qui consiste à considérer que les choses sont ce qu'elles paraissent être. Nous considérons que le bâton est cassé dans l'eau, avant de découvrir qu'il ne l'est pas réellement. Dans ce cas, nous ne restons pas longtemps des réalistes naïfs. Nous mettons plus de temps à nous débarrasser de l'idée que la neige est froide, et à parvenir à considérer que le froid et le chaud sont des notions relatives et non des propriétés des objets : la neige n'*est* ni chaude, ni froide, elle a une certaine température nettement inférieure à la nôtre, et le froid n'est que l'impression produite en nous par cette différence.

— Le réalisme critique ne doute pas de l'existence du monde extérieur à l'esprit, mais ne le tient pas spontanément pour ce qu'il paraît. Le bâton n'est pas cassé dans l'eau, c'est un effet d'optique ; la neige n'est pas froide, c'est notre impression ; le tonnerre et l'éclair ne sont pas deux phénomènes différents successifs, mais le même phénomène perçu en deux instants différents parce que la lumière et le son ne se propagent pas à la même vitesse, etc. Tout le travail de la science repose sur le réalisme critique.

En un sens particulier, chez Kant et ses successeurs, le réalisme critique est la doctrine selon laquelle le monde que nous connaissons est le monde tel qu'il est pour nous (ce qui ne se confond pas avec l'apparence du réalisme naïf), mais qu'*il existe aussi indépendamment de nous*, d'une façon que nous ne pouvons pas connaître.

2) S'il s'agit des *idées*, le réalisme s'oppose au nominalisame ou au conceptualisme (voir pp. 90-91). C'est la doctrine selon laquelle les idées ont une réalité en dehors de notre esprit. Nos idées ne sont pas le simple produit de notre esprit, mais la découverte par notre esprit d'êtres réels (l'idée de genre, l'idée d'égalité) qui existent hors de lui et hors des choses matérielles. C'est le ***réalisme platonicien.*** Mais il faut prendre garde que le réalisme platonicien est un idéalisme (on dit aussi ***l'idéalisme platonicien***), car il prétend que seules les idées ont une existence effective.

Cette doctrine est réapparue, dans la pensée moderne, chez les mathématiciens : certains se demandent si les objets mathématiques ont été *créés* par le savant, ou *découverts* par lui ; dans le dernier cas, il faut supposer que ces objets préexistaient à leur découverte par le savant et qu'

> ils existent en dehors de nous avec le même caractère de nécessité que les choses de la réalité objective, et que nous les rencontrons ou les découvrons ou les étudions, comme les physiciens, les chimistes et les zoologistes.
>
> Charles Hermite

Réfléchir, réflexion, réflexif

> J'ose presque dire que l'état de réflexion est un état contre nature et que l'homme qui médite est un animal dépravé.
>
> Rousseau

Le miroir réfléchit la lumière, et il vous arrive de réfléchir à un problème. Quel rapport entre ces deux verbes ? Aucun dans la langue courante, qui marque d'ailleurs dans la syntaxe la différence complète entre les deux. Le premier (optique) se construit avec un complément d'objet direct : « réfléchir quelque chose », le second (pensée), avec un complément d'objet indirect : « réfléchir à quelque chose ». Le même écart de sens apparaît dans le nom *la réflexion.*

Les philosophes ne confondent évidemment pas la réflexion optique et la réflexion intellectuelle, mais la coupure n'est pas complète dans le vocabulaire philosophique. La réflexion est à proprement parler le retour de l'esprit sur lui-même :

> La réflexion n'est autre chose qu'une attention à ce qui est en nous.
>
> Leibniz

L'idée de renvoi apparaît donc : l'esprit est à lui-même son propre miroir. Des éléments qui forment déjà le moi (idées, images, souvenirs, sentiments) deviennent objet pour le moi, ou du moins pour la partie intellectuelle du moi.

Quand nous employons le mot *réflexion* dans la langue courante, nous entendons bien l'idée d'attention de l'esprit, mais nous ne prenons pas garde que les objets sur lesquels se fixe cette attention sont déjà des éléments de l'esprit. La réflexion repose sur la distinction faite entre la pensée (faculté de penser) et les pensées (produits de cette faculté) : la réflexion est le travail de la pensée sur les pensées.

En un sens plus étroit, la réflexion est l'opération par laquelle la pensée fait retour sur elle-même, c'est-à-dire non pas sur les éléments de l'esprit au sens large (idées, images, sentiments), ni même sur les produits propres de la pensée (les idées), mais sur le processus même de la pensée. Quand nous nous demandons : « Qu'est-ce que penser ? », nous pratiquons la réflexion au sens étroit. La réflexion décrite tout à l'heure débouche sur la psychologie, la réflexion au sens étroit est proprement philosophique, et débouche sur la métaphysique ou la logique.

• ***Réfléchir*** n'est guère utilisé en philosophie, à l'exception du participe passé *réfléchi*, dans l'expression ***conscience réfléchie***, par opposition à ***conscience spontanée***, ou ***attention réfléchie***, par opposition à ***attention spontanée***. La conscience et l'attention spontanées sont conscience et attention à quelque chose ; la conscience et l'attention réfléchies y ajoutent la conscience et l'attention à l'esprit lui-même en train d'être conscient ou attentif.

• ***Réflexif*** n'apparaît pas dans la langue courante. Il signifie : « ce qui relève de la réflexion », au sens étroit.

> (Les) actes réflexifs (...) nous font penser à ce qui s'appelle *moi*, et à considérer que ceci ou cela est en nous.
>
> Leibniz

L'adjectif *réflexif* marque un degré d'abstraction supplémentaire par rapport à l'adjectif *réfléchi*.

Cette abstraction est un peu difficile ; essayons de l'expliquer par des exemples. L'automobiliste confirmé ne met en pratique, lorsqu'il conduit, que sa conscience spontanée : il est conscient du feu rouge et réagit adéquatement, tout en pensant éventuellement à autre chose en même temps. L'apprenti conducteur, au contraire, y ajoute la conscience réfléchie, c'est-à-dire qu'il pense à ce qu'il est en train de faire, et que cela occupe toute sa pensée. La conscience réfléchie est donc un regard que l'esprit jette sur lui-même lorsqu'il est en plein travail, mais ce travail porte sur n'importe quel objet ; c'est une sorte de constat qui accompagne éventuellement la conscience spontanée. La conscience réflexive, c'est le regard que l'esprit jette sur lui-même, sans autre objet extérieur sur lequel il serait en train de travailler, c'est l'analyse, par la pensée, de ce que c'est que penser.

Lorsque Descartes énonce son célèbre *cogito*, « Je pense donc je suis », il pratique la conscience réfléchie : « je pense » se double de « je pense que je pense », d'où l'on peut tirer cette certitude que, à ce moment précis au moins, j'existe. Ce n'est qu'ensuite, lorsqu'il entreprend d'analyser ce que c'est que ce « je pense » (une pure fonction momentanée ? une substance stable ?), qu'il pratique la conscience réflexive.

Règle

> Les règles du jeu sont les seules qui n'admettent ni exception, ni relâchement, ni variété, ni tyrannie.
>
> Voltaire

Une règle est une prescription, c'est-à-dire une proposition qui dit ce qu'il faut faire dans une situation déterminée. Le « règlement » d'une école, d'une entreprise, est constitué de règles. La règle du jeu indique comment il faut jouer, ce qui est autorisé, ce qui est interdit, qui gagne, qui perd, etc.

Dans la vie sociale, *règle* et *loi* sont presque synonymes ; toutes deux indiquent ce qu'il faut faire. La différence d'emploi tient seulement à une différence de domaine d'application. S'agissant de la société en général, on parle de lois (les lois s'imposent à tous). S'agissant d'une collectivité particulière, on parlera de règles (elles ne s'imposent qu'aux membres de ces collectivités particulières : telle entreprise, tel immeuble, telle profession, etc).

Dans le domaine de la connaissance, règles et lois ont des sens nettement différents. Une loi constate (tel rapport constant entre deux phénomènes, telle succession constante de phénomènes), une règle prescrit. Schématiquement, la loi dit : « Voilà comment les choses se passent » ; la règle dit : « Pour obtenir tel résultat, voilà comment il faut s'y prendre ». La *loi* de la chute des corps explique comment les corps sont attirés vers le sol ; on peut en tirer des *règles* pour construire des avions qui ne s'écraseront pas au sol. C'est pourquoi on parle des « lois de la nature », mais des « règles de la méthode scientifique ».

Relation

> J'ai des relations mondaines,
> J'ai des relations !
>
> Charles Trénet

« Les relations humaines » ; « Il y a une relation entre le pourcentage d'immigrés dans une population et le développement du racisme », etc. Dans ces emplois, le mot *relation* évoque l'idée de lien ou de rapport.

Dans son sens le plus général, on appelle relation l'acte de pensée unique par lequel on associe deux ou plusieurs objets différents. La causalité, l'identité, l'égalité, la succession,

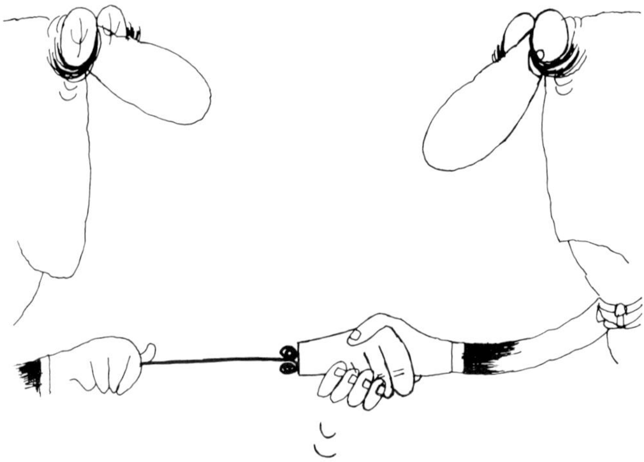

etc. sont des relations : A produit B, A est le même objet que B, A a la même grandeur que B, A vient après B. La relation est une des catégories générales de la pensée. Sans elle, nous serions incapables de construire une véritable connaissance : nous percevrions une multitudes d'objets différents sans possibilité de les regrouper en concepts (les arbres, les hommes, l'animé, l'inanimé), une multitude de phénomènes différents à des moments différents, sans possibilité de reconnaître ceux qui se ressemblent, ceux qui diffèrent, ceux qui vont toujours ensemble, ceux qui ne vont jamais ensemble, etc. Essayez de vous imaginer incapable de ces opérations, et voyez ce qu'il resterait de vos connaissances, même les plus élémentaires.

En un sens plus particulier, on appelle relation le fait que deux ou plusieurs objets sont liés entre eux, objectivement et non par notre esprit, par un lien tel que la modification de l'un entraîne ou est susceptible d'entraîner la modification de l'autre, ou des autres. *Relation* est alors partiellement synonyme de « fonction ». Exemple : la relation entre le taux de magnésium dans le sang et la tension artérielle. Dans tous ces cas, *relatif* est l'adjectif qui correspond à *relation*, et signifie « qui est en relation avec, qui dépend de » (voir *absolu*, p. 163).

Relation a un sens plus technique en logique (p. 130).

L'histoire des mots est souvent compliquée. Notre verbe *savoir* vient du latin *sapere ;* un adjectif dérivé de ce verbe latin, *sapius,* a donné notre mot français *sage,* sur lequel le français du Moyen Âge a forgé *sagesse.* Il y eut donc un premier groupe de mots français : *savoir, sage, sagesse.* Sur le verbe *savoir,* l'ancien français a construit le mot *savant :* c'était d'abord le participe présent du verbe, avant qu'il soit remplacé dans cette fonction par notre actuel *sachant.*

Le verbe latin *sapere* signifiait originellement « avoir du goût » (cf. notre *saveur,* qui appartient à la même famille étymologique), et n'a pris qu'ultérieurement en latin le sens de « avoir du jugement, de l'intelligence », « comprendre », « savoir ». Or, le latin avait un verbe signifiant proprement « savoir », le verbe *scire.* Dans le lent passage du latin au français, ce *scire* n'est pas tombé aux oubliettes au profit de *sapere :* il nous est resté par l'intermédiaire d'un de ses dérivés, *scientia,* qui signifiait « connaissance », et dont nous avons fait notre mot *science.* Il y eut donc un second groupe de mots français : *savoir, savant, science.*

Une répartition des sens s'est faite peu à peu : *sage* et *sagesse* ont perdu leur lien avec l'idée de savoir, et n'ont pas retrouvé de verbe, sauf la forme attributive « être sage ». *Savoir* est passé entièrement dans le groupe *savoir, savant, science.*

Sage, sagesse

> Tandis que ce nigaud, comme un évêque assis,
> Fait le veau sur son âne et pense être bien sage.
>
> La Fontaine

Ces mots ont essentiellement deux sens en français moderne. Quand on parle de la sagesse d'un enfant, on évoque son calme ou son obéissance ; quand on parle de la sagesse d'un adulte ou de la sagesse d'une décision, on évoque la prudence ou la justesse de jugement propres à cette personne ou manifestées par cette décision. On peut regrouper ces deux sens sous l'idée de *vertu.*

On risque alors de graves contre-sens en lisant des textes anciens, dans lesquels *sage* et *sagesse* sont les équivalents de « savant » et « savoir ou science ». Ils sont employés dans ce sens jusqu'au XVIIe siècle, et *sagesse* sert notamment à traduire, dans certains textes philosophiques, les mots grec *sophia* et latin *sapientia*, qui signifient à la fois « savoir, science », et « bon sens, jugement ». Ainsi, lorsqu'on dit que *philosophie* signifie étymologiquement « amour de la sagesse », on continue, par tradition, d'employer *sagesse* pour traduire *sophia ;* si l'on sait entendre que cette *sagesse* est un « savoir », autant, sinon plus qu'une « prudence de jugement », le recours à l'étymologie peut aider à comprendre le mot *philosophie ;* sinon, il ne peut que conduire à des contre-sens.

La disparition progressive (aujourd'hui achevée), dans *sage* et *sagesse*, de l'idée de savoir au profit de l'idée de vertu, commence à se faire sentir au XVIIe siècle, puisque Descartes, dans un passage célèbre, croit utile de rappeler

> que ce mot *philosophie* signifie l'étude de la sagesse, et que par la sagesse on n'entend pas seulement la prudence dans les affaires, mais une parfaite connaissance de toutes les choses que l'homme peut savoir...

Comment s'expliquent cette confusion ancienne, puis ce divorce entre savoir et sagesse ? Dans l'Antiquité, on considérait que plus on savait de choses (plus on était savant), plus on était apte à bien conduire sa vie (plus on était sage). Le christianisme a commencé à remettre en cause ce lien. L'Église n'a, certes, jamais été obscurantiste, et c'est en partie grâce à elle que la science antique n'a pas sombré dans l'oubli au moment des grandes invasions barbares. Mais en même temps, le christianisme a développé l'idée que l'essentiel de la sagesse était l'amour de Dieu, et qu'il n'était pas nécessaire d'être savant pour ressentir cet amour. Le doute de saint Thomas, qui demande à toucher les plaies du Christ, n'est pas présenté dans l'Évangile comme un exemple (« cette attitude prouve un esprit scientifique »), mais plutôt comme une faute (« ce pauvre Thomas manque de foi »). Inversement, la soif exaltée du martyre chez certains des premiers chrétiens fut donnée ensuite en exemple, alors qu'elle apparaissait aux Romains cultivés et raisonnables comme la marque manifeste d'un dérangement mental.

L'essor de la science consomma le divorce ainsi amorcé. A partir du XVIIe siècle, l'ensemble des connaissances est devenu trop vaste pour qu'un seul homme puisse prétendre le maîtriser tout entier. Le progrès des connaissances a imposé aux savants une spécialisation croissante. Le béné-

fice, pour la sagesse, d'un savoir équilibré et universel, fut perdu, et l'on a même vu apparaître, au XIXe siècle, cette figure, inimaginable dans l'Antiquité, du « savant fou ». Qu'il s'agisse d'un criminel dangereux comme le Dr Cornélius, ou d'un doux lunatique comme le savant Cosinus, ce sont des hommes que leur grand savoir a rendu inaptes à la vie raisonnable en société. Malgré leurs noms en *-us*, qui fleurent bon l'Antiquité latine, ils représentent le contraire de l'idéal antique !

Savoir

> C'est alors que je vis que, pour gagner du bien, le savoir-faire vaut mieux que le savoir.
>
> Beaumarchais

Savoir est une de ces notions fondamentales de l'esprit qu'on a quelque peine à définir. On peut proposer ceci : savoir, c'est posséder dans son esprit des objets abstraits (notions, relations, opérations, données de la perception) et être capable de les communiquer.

Le nom *le savoir* désigne ce que l'on sait ; ce mot s'oppose traditionnellement à *ignorance*. Mais on le trouve souvent, en philosophie, opposé à *croyance* ou à *opinion*. Ces deux oppositions semblent faire apparaître que :

— le savoir est plutôt l'ensemble de ce qu'on sait par raison ou par expérience : on peut *croire* que Dieu existe, que Jésus-Christ est son fils, que Mahomet est son prophète ; un philosophe moderne ne dira pas qu'on le *sait ;*
— l'ensemble de ce qu'on sait est communicable à tous et vérifiable par tous. Les généralisations hâtives (« les bourgeois sont malhonnêtes » ; « les ouvriers sont paresseux », « les jeunes ne pensent qu'à s'amuser ») sont des opinions, des jugements ; quelle que soit la conviction de celui qui les énonce, elles ne constituent pas un savoir.

En revanche, dans l'usage philosophique du moins, *savoir* ne s'oppose pas à *doute :* le doute et son opposé, la certitude, sont deux attitudes de l'esprit par rapport à ce qu'il sait.

Science

> Cette sorte de vérité imparfaite et provisoire qu'on appelle la science...
>
> Anatole France

Au sens large, *science* est synonyme de « savoir » : « Quelle science ! » ; « Ramène pas ta science ! » ; « un homme de grande science ». *Science* s'oppose alors à *ignorance*.

Mais le mot *science* est employé, le plus souvent, dans un sens plus précis que *savoir*. Quand nous disons que la physique, les mathématiques, la biologie sont des sciences, nous entendons par ce mot un ensemble méthodiquement organisé de connaissances rationnelles certaines et universelles.

> On fait la science avec des faits comme une maison avec des pierres ; mais une accumulation de faits n'est pas plus une science qu'un tas de pierres n'est une maison.
>
> Henri Poincaré

Science s'oppose alors à *connaissance vulgaire*. Nous savons énormément de choses (que le bois flotte sur l'eau mais pas les pierres, que deux fils électriques qui se touchent provoquent une panne, qu'un excès d'alcool provoque des troubles du comportement et de la perception, etc.), mais nous ne savons pas expliquer la raison de ces phénomènes. La science en connaît l'explication. On emploie souvent, comme nous venons de le faire, l'expression *la* science, et non telle ou telle science. Cette expression désigne soit l'ensemble des connaissances scientifiques, c'est-à-dire l'ensemble constitué par la somme de chaque science particulière (physique, biologie, mathématiques, etc.), soit la connaissance telle quelle est en œuvre dans les sciences.

• ***Scientificité***. Ce mot savant s'applique à une certaine connaissance et évoque ce qui a le caractère d'une science, qui répond aux critères à l'aide desquels on définit une science. La détermination de ces critères fait l'objet du travail des épistémologues. C'est une question très importante, qui concerne la totalité des connaissances humaines. Par exemple, au nom de quoi disons-nous que l'astronomie est une science et que l'astrologie n'en est pas une ?

Philosophes et savants s'accordent à reconnaître deux critères de scientificité : le recours à la déduction rationnelle et, lorsqu'un élément de connaissance provient de l'induction, le recours à la vérification expérimentale. Pratiquement, cela signifie qu'il y a connaissance scientifique d'un phénomène à partir du moment où : soit on peut *répéter* ce phénomène ; soit on peut *prévoir* avec certitude l'apparition de ce phénomène quand certaines conditions déterminées sont réunies. Un philosophe moderne, Karl Popper, a proposé un critère un peu différent, la *falsifiabilité*. Employé sous cette forme en français, c'est un anglicisme particulièrement malheureux : *to falsify*, en anglais, signifie « falsifier » (rendre quelque chose faux dans l'intention de tromper), mais aussi « réfuter » (montrer que quelque chose est faux) ; c'est uniquement à ce second sens que réfèrent *falsifiable*, *falsifiabilité*.

Une certaine discipline décrit un certain phénomène ; si on parvient à montrer que ce phénomène ne se passe pas comme il devrait se passer d'après cette description, la discipline *scientifique* remet en question sa description, refait les tests qui la réfutent, et accepte, le cas échéant, de dire qu'elle s'est trompée, voire qu'elle ne comprend plus rien. Dans la même situation, une discipline *non scientifique* ne remet pas en question sa description, ne se soucie pas (ou évite soigneusement) de refaire les tests qui la réfutent, mais ajoute à sa description des éléments particuliers d'interprétation à chaque cas. Le propre d'une science c'est d'être réfutable (« falsifiable ») ; seules les connaissances non scientifiques sont irréfutables (« non falsifiables »). La falsifiabilité est le complément négatif de la vérification expérimentale : une connaissance scientifique n'est jamais vérifiée pour l'éternité. On la tient pour vraie aussi longtemps qu'on n'a pas pu montrer qu'elle était fausse : on la dit « vérifiée » aussi longtemps qu'on n'a pas pu la « falsifier »).

• ***Sciences humaines.*** On regroupe sous ce nom un certain nombre de disciplines dont l'objet d'étude, direct ou indirect, est l'homme. Telles sont, par exemple, l'histoire, la linguistique, la psychologie (il existe par ailleurs une psychologie animale), la sociologie et peut-être, dans une moindre mesure, l'économie. Ces différents domaines d'étude ont été organisés en ensembles de connaissances méthodiques à partir du XIXe siècle, et on a commencé à leur donner alors le nom de « sciences ».

La scientificité des sciences humaines pose cependant de graves problèmes aux épistémologues : d'une part, parce que le savant et les « objets » qu'il étudie appartiennent au même genre (le linguiste est aussi un homme qui parle, l'historien est aussi un homme qui vit dans l'histoire, etc.) : la nécessaire neutralité du jugement du savant peut donc être mise en cause ; d'autre part, parce que, les « objets » étudiés étant les hommes, il faut tenir compte, dans l'étude qu'on mène, de phénomènes propres aux hommes : la volonté, la passion, les sentiments, la morale, etc., qui, contrairement aux forces mécaniques de la nature, ne sont ni exactement mesurables, ni totalement prévisibles.

Situation

> Et je trouvais, comme tous ceux qui souffrent, que ma situation aurait pu être pire.
>
> Marcel Proust

Ce terme désigne l'une des dix catégories d'Aristote : la disposition (accidentelle et non nécessaire) d'un corps ou des parties d'un corps dans le lieu où ils se trouvent : debout, couché, assis, plié, étiré, etc. Mais l'emploi du mot *situation* dans ce sens est rare, sauf dans les textes des commentaires de la pensée d'Aristote ou de la scolastique.

Le mot a pris, dans la philosophie contemporaine, un sens nouveau, rattaché à l'existentialisme. « L'homme est ***en situation*** », dit Sartre. Cela signifie que l'homme, plongé dans le monde, ne peut pas faire comme s'il était extérieur au monde pour le percevoir et le connaître. Nos connaissances, nos jugements ne sont pas le produit d'un esprit pur, mais celui d'un esprit marqué par la langue que nous parlons, la culture dans laquelle nous avons forgé nos premières connaissances, les habitudes ou les croyances que nous ont inculquées notre éducation. La situation est l'ensemble des déterminations à partir desquelles nous pensons, jugeons, agissons, ici, maintenant, tels que nous sommes à un moment donné. Cela n'empêche pas que nos jugements ou nos actes soient libres, et que nous en soyons responsables : notre liberté apparaît toujours en situation.

Spéculation, spéculatif

Spéculation creuse et calculs impuissants,
Ronflant et s'étirant en phrases pléthoriques

Verlaine

A ces deux termes, la langue courante ajoute *spéculer* et *spéculateur;* ces mots ont alors trait à la Bourse. Le vocabulaire philosophique n'emploie que *spéculation* et *spéculatif*, qui n'ont vraiment rien à voir avec la Bourse.

Spéculation est synonyme de *théorie* et s'oppose à *action* ou à *pratique*. La technique n'est pas spéculative, car elle a un but pratique (comment faire telle chose ?) ; la morale n'est pas spéculative, car elle a également un but pratique (comment dois-je agir ?). La spéculation, c'est la pensée qui n'a d'autre objet que la connaissance pure : les mathématiques, la métaphysique, la physique théorique sont des spéculations.

Kant force un peu le sens de l'adjectif *spéculatif*, en appelant ainsi ce qui concerne des objets inaccessibles à l'expérience : l'existence de Dieu ou l'immortalité de l'âme sont des objets spéculatifs de la raison.

Structure

Hector annonce des changements fondamentaux dans la structure interne des bases sociales dont la conjoncture intéresse les observateurs étrangers.

San-Antonio

On parle de structure (latin *structura*, construction) lorsqu'on considère la façon dont les éléments d'un *système* (voir p. 321) sont organisés les uns par rapport aux autres. Le mot *structure* qui, dans la langue courante, prend les sens d' « architecture », d' « agencement interne », voire de « forme complexe », désigne, dans le langage savant, les relations qui existent entre les éléments d'un ensemble organisé.

On appelle ***structuralisme***, dans diverses disciplines, une méthode qui privilégie, dans les objets qu'on étudie, la recherche et l'étude des structures. Une telle recherche n'a de sens que si les objets qu'on étudie sont des systèmes : système des règles de parenté dans une société qu'étudie l'ethnologue, système des règles syntaxiques d'une langue qu'étudie le linguiste, etc. Bien que la publicité conférée en un temps au structuralisme ait créé beaucoup de confusion, il faut dire clairement qu'il s'agit d'une méthode utile dans certaines sciences humaines (particulièrement la linguistique), mais qu'elle ne relève en rien de la philosophie.

• ***Infrastructure, superstructure.*** En philosophie, ces mots appartiennent à la terminologie marxiste. L'infrastructure désigne l'ensemble des éléments jugés fondamentaux par le marxisme dans l'évolution et le fonctionnement d'une société : le potentiel économique, l'organisation du travail, les structures sociales (existence ou non de classes sociales distinctes, et rapport entre elles). L'ensemble complémentaire est constitué par la superstructure : l'idéologie, les institutions politiques, la culture, les croyances religieuses.

Sujet, subjectif, subjectivité

C'est vous qui me parlez de Dieu ; je n'aime pas ce sujet.

Paul Claudel

Le mot *sujet* a de nombreux sens dans la langue courante, et apparaît dans des domaines différents. Le sujet d'un acte de parole ou de pensée, c'est ce dont on parle, ce à quoi on pense : « C'est à quel sujet ? » ; « Je vous écris au sujet de... ». Dans un sens très proche, le sujet d'un roman, d'un film, d'une thèse, c'est ce qui est raconté, exposé, le thème. Mais dans le vocabulaire politique, « les sujets d'un prince » sont les individus soumis à son pouvoir souverain. Le mot *sujet* s'emploie aussi en grammaire, pour désigner une fonction dans la phrase ; on peut le définir formellement comme le mot ou le groupe de mots qu'on rappellera si on doit répondre à la question « Qui est-ce qui (verbe) ? » Par exemple, « Le chien de la voisine aboie. » « Qui est-ce qui aboie ? — Le chien de la voisine. »

En logique, le sujet est le terme *dont on affirme ou dont on nie quelque chose :* « Socrate est mortel » ; sujet : Socrate. Dans la philosophie aristotélicienne et médiévale, le sujet est essentiellement une notion logique : le sujet est, du point de vue logique, synonyme de ce qu'on appelle, du point de vue métaphysique, la *substance* (voir p. 152).

> Le sujet, c'est ce dont tout le reste s'affirme, et qui n'est plus lui-même affirmé d'une autre chose. Aussi est-ce lui dont il convient de fixer tout d'abord la notion, étant donné que, dans l'opinion courante, c'est le sujet premier d'une chose qui constitue le plus véritablement sa substance.
>
> Aristote

On remarquera d'ailleurs que, si l'on regarde l'étymologie, les termes *sujet* et *substance* sont presque des synonymes : notre *sujet* vient du latin *subjectum*, participe passé du verbe *subjicere*, qui signifie « jeter ou mettre sous, placer dessous ».

Le mot *sujet* gardera en philosophie ce sens essentiellement logique jusqu'au XVIIe siècle : tout être peut donc être dit sujet ou substance, selon le point de vue qu'on adopte.

Le mot change radicalement de sens à partir de Descartes : le mot *sujet* est réservé à l'*être connaissant*, par opposition aux êtres qu'il connaît et qui reçoivent le nom d'*objets*. Ce changement de sens est le résultat de la révolution philosophique que représente le *cogito* de Descartes : le doute méthodique de Descartes l'amène à considérer que le seul être (qu'on pourrait donc appeler « sujet » au sens ancien) dont on ne puisse mettre la réalité en doute est le moi pensant du *cogito*. Le doute a une limite : je peux douter de tout, mais pas de moi qui suis en train de douter. Toute la reconstruction de connaissances solides qui suivra (car Descartes n'est pas un sceptique et s'attachera à établir que la matière existe et qu'elle est étendue, que Dieu existe, etc.) reposera sur ce noyau que le doute méthodique n'a pas pu entamer : « Je pense, donc je suis ». Le terme *sujet* ne se dira donc plus de n'importe quel être, mais du seul moi pensant.

Il faut toutefois distinguer, dans l'emploi philosophique nouveau du mot *sujet*, deux choses très différentes.

— Le ***sujet psychologique*** ou individuel, c'est-à-dire chaque moi en tant qu'il a conscience d'une unité malgré la diversité de ses pensées ou de ses perceptions : ce sujet-là n'intéresse guère les philosophes.

— Le ***sujet universel*** ou ***sujet épistémologique,*** c'est-à-dire le sujet de la connaissance, qui est l'ensemble des propriétés de la raison, universelles et identiques en tout individu. Pour Descartes, ce sujet est encore une substance, c'est-à-dire un être, moi, dont on affirme quelque chose : qu'il pense, qu'il doute, qu'il existe. Kant le réduira à une fonction, identique en tout individu, l'unification de toutes nos représentations dans l'acte conscient « je pense » ; il l'appelle ***sujet*** (ou ***moi***) ***transcendantal.***

On peut faire la différence entre le sujet psychologique et le sujet de la connaissance de la façon suivante : il n'y a jamais, à proprement parler, communication entre les sujets psychologiques, qui sont multiples et tous différents les uns des autres. Je ne pourrai jamais être absolument sûr que ce que nous appelons vous et moi « mal au ventre » ou « tristesse » vous fait bien le même effet qu'à moi (ce qui ne nous empêche pas de nous entendre, mais approximativement). En revanche, le sujet de la connaissance est unique et identique en tous ; le problème de la communication ne se pose pas : le concept de triangle est rigoureusement le même pour tous les esprits capables de le connaître.

• ***Subjectif.*** Cet adjectif prête à de nombreux contresens, entre le vocabulaire philosophique et la langue courante. Ils ne peuvent être levés que grâce à la connaissance du sens de *sujet* en philosophie. Dans la langue courante, *subjectif* est synonyme de « partial, individuel, personnel » (par opposition à *objectif :* réel, vrai pour tous). Ce sens de *subjectif* ne peut se rapporter qu'au sujet psychologique, le seul que la langue courante connaisse. Dans le vocabulaire philosophique, *subjectif* se rapporte au sujet, mais c'est presque toujours du sujet de la connaissance qu'il s'agit. Dans la langue courante, *subjectif* est parfois synonyme d'« illusoire » : si une certaine inclinaison des rayons du soleil, vers le matin ou vers le soir, vous fait paraître rose le sommet d'une montagne, vous direz que c'est « une impression subjective », voulant signifier par là que vous savez bien que la montagne n'est pas « réellement » rose. Un tel emploi n'a strictement aucun sens en philosophie, car, dans le vocabulaire philosophique, voir la montagne rose n'est pas plus subjectif que de la voir verte ou marron.

En philosophie, les qualités secondes (voir p. 292) sont dites subjectives : ainsi le chaud, le froid, les couleurs, car ce ne sont pas des propriétés des objets, mais des affections du sujet qui les perçoit. Aucun objet n'est chaud ou froid ; il a seulement une certaine température, et c'est relativement à notre propre température que nous aurons, en touchant tel objet, la sensation de chaud ou de froid. La couleur n'est pas une propriété des objets, mais la sensation, en nous, qui résulte de la réflexion de la lumière sur les corps, et des degrés différents d'absorption ou de diffusion des radiations. On appelle donc subjectif tout ce qui appartient au sujet percevant ou connaissant, et non à l'objet perçu ou connu.

Toute impression est subjective, fût-elle universellement partagée. Tout homme normalement constitué qui plonge la main dans un volume d'eau à 80° trouvera que cette eau est chaude ; il serait tenté de dire, dans la langue courante, qu'elle est « objectivement chaude ». Le philosophe, qui s'y brûlera autant qu'un autre, la déclarera néanmoins « subjectivement chaude ».

Poussant ce sens encore plus loin, Kant appelle subjectifs l'espace et le temps, car ce ne sont pas des propriétés des objets. Ils ne sont pas donnés par l'expérience, mais appartiennent en propre au sujet connaissant ; ce sont des « formes a priori de la sensibilité ».

> C'est donc seulement du point de vue d'un homme que nous pouvons parler d'espace, d'êtres étendus, etc. Si nous sortons de cette condition subjective, sous laquelle seulement nous pouvons obtenir une intuition externe (...) la représentation de l'espace ne signifie plus rien du tout.
>
> Kant

La ***subjectivité*** est donc d'abord le caractère de ce qui est subjectif. Il ne faut jamais perdre de vue le sujet de la connaissance, et le sens du mot *subjectif*. On pourra lire, par exemple que la subjectivité de l'espace et du temps caractérisent la théorie de la connaissance de Kant. Le lecteur aura compris qu'il n'a jamais été question pour Kant de considérer que l'espace et le temps étaient des illusions ou des impressions qui lui étaient strictement personnelles.

Système

> Le système D et le « nyaka » sont les deux mamelles de notre éloquence.
>
> Pierre Viansson-Ponté

Appliqué à des objets ou des phénomènes, le mot *système* (grec *sustêma*, ensemble) désigne un ensemble d'éléments interdépendants qui forment un tout organisé : le système solaire, le système digestif, le système verbal du français, etc.

Le mot *système* s'emploie aussi, parfois avec une nuance péjorative, à propos d'un ensemble d'idées scientifiques ou philosophiques liées entre elles et formant un tout : le système de Newton, le système de Descartes. *Système* est plus large que *théorie :* le système d'un auteur, c'est l'ensemble de ses théories, dans la mesure où elles sont liées entre elles, et renvoient l'une à l'autre.

Technique

C'était plus que des questions de technique ! d'astuce ! d'à propos !

Céline

Une technique est l'ensemble des procédés qu'on met en œuvre pour obtenir un certain résultat : la technique du dérapage contrôlé, de la dissertation, du débroussaillage. En ce sens très général, le savoir sous-jacent qu'utilise la technique est empirique.

Dans un sens plus étroit, la technique est l'ensemble des procédés tirés de connaissances scientifiques, qu'on met en œuvre pour obtenir un certain résultat ; une technique est alors une application pratique de certaines sciences. L'électricien qui répare, installe, construit des appareils électriques a un savoir technique, tourné vers l'obtention de résultats pratiques ; ce savoir est tiré de connaissances scientifiques (une partie de la physique).

L'adjectif *technique* signifie donc « qui relève d'une technique ou de la technique » : lycée technique, habileté technique. *Technique* se distingue aussi bien de *scientifique* que d'*artistique :* on peut admirer l'habileté technique d'un peintre, indépendamment du jugement esthétique qu'on porte sur son œuvre. Mais, dans un emploi particulier, *technique* est synonyme de « spécialisé » : « Ce livre est difficile à lire, il est très technique » ; « Vocabulaire technique de la philosophie ».

Le mot *technique* est apparu en français (emprunté au grec *tekhnikos*, qui a rapport à l'art, au métier) vers le XVIIIe siècle, à partir du moment où le mot *art* s'est spécialisé dans le domaine des beaux-arts. On dit aujourd'hui *la technique*, en général, pour désigner l'ensemble de l'univers industriel et de ses produits, qui ont profondément bouleversé notre cadre de vie depuis un siècle.

Heidegger a ouvert une réflexion sur « la technique », mais en donnant à ce mot un sens plus abstrait : il désigne par ce terme le rapport que les hommes, au moins en Occident, ont avec le monde depuis le XVIIe siècle (Galilée, Descartes, Newton), c'est-à-dire, plus précisément, l'idée, dont nous semblons plus que jamais convaincus, que les seules connaissances valables que nous puissions forger viennent d'une mathématisation de la nature. Dans la technique, l'homme n'a de relation qu'avec les étants, et n'a d'autre propos que de les mesurer, tandis que l'être perd pour lui tout sens. La technique ainsi entendue englobe donc la science et une grande partie de la philosophie. L'art y échappe plus facilement.

Temps

> Le temps s'en va, le temps s'en va, Madame.
> Las, le temps non, mais nous nous en allons.
>
> Ronsard

Il y a en français deux mots *temps,* celui de la météo et celui des montres. La réflexion philosophique ne porte que sur le second. Le temps est un milieu indéfini dans lequel nous situons nos actions : « Il travaille tout le temps » ; « Je n'ai pas le temps ». Le plus souvent, *temps* désigne une portion de ce milieu indéfini : « Le temps de passer un coup de fil » ; « Ça m'a pris *du* temps ». Quand cette portion est suffisamment grande, *temps* est synonyme d'époque : « les temps modernes » ; « du temps de Louis XIV ». Le mot *temps* est employé aussi, de façon plus large, chez les poètes notamment, pour désigner le mouvement irrésistible des choses vers la disparition, le vieillissement, la mort : « la fuite du temps » ; « Ô Temps, suspends ton vol ! » Le temps est alors divisé en présent (état actuel des choses pour notre perception), passé (état révolu des choses dans notre mémoire) et avenir (état supposé des choses dans notre imagination).

> Le souvenir d'une certaine image n'est que le regret d'un certain instant ; et les maisons, les routes, les avenues, sont fugitives, hélas ! comme les années.
>
> Marcel Proust

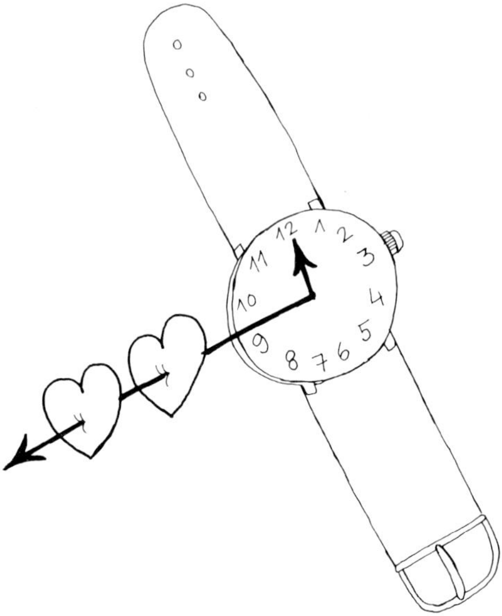

Par une distinction lentement élaborée entre la durée (voir ci-dessous) et le temps, les philosophes ont peu à peu dégagé l'idée que le temps n'existe que dans la pensée, qu'il n'est ni une chose, ni un phénomène.

> Le temps ne saurait être qu'une chose idéale : et l'analogie du temps et de l'espace fera bien juger que l'un est aussi idéal que l'autre.
>
> Leibniz

Comme l'espace est ce qui nous permet de penser la juxtaposition des choses, le temps est ce qui nous permet de penser la succession des choses. Autrement dit, deux choses différentes peuvent nous apparaître en même temps, mais elles n'occupent pas la même place (juxtaposition) ; ou alors elles peuvent occuper exactement la même place, mais pas au même moment (succession). C'est ce que veut dire Kant lorsqu'il définit le temps et l'espace comme des « formes a priori de la sensibilité », c'est-à-dire des données constitutives de notre sensibilité, grâce auxquelles nos sensations s'organisent.

> Le temps est une représentation nécessaire qui s'étend à la base de toutes les intuitions.
>
> Kant

Le temps a longtemps été considéré comme le même pour tous, c'est ce qu'on appelle parfois le ***temps absolu.*** La physique moderne, dans le cadre de la relativité générale, considère qu'il n'y a pas de temps absolu, mais seulement des ***temps propres*** (l'expression est de Paul Langevin) : tous les phénomènes de l'univers ne peuvent être rapportés à un seul et même temps (le temps absolu) ; chaque portion de matière a son temps propre. Diverses portions de matière sont en mouvement les unes par rapport aux autres, et le temps d'un phénomène n'est le même que pour des observateurs qui appartiennent à une même portion de matière. Cette différence n'est guère perceptible dans notre monde sensible (elle n'apparaît que pour des instruments de mesure extrêmement fins, en microphysique), car l'ensemble de nos perceptions normales sont rapportées à un même système de référence, cette portion de matière que constitue la Terre.

• ***Durée.*** Dans son sens le plus commun, la durée désigne le fait d'être, de se prolonger dans le temps, comme dans un langage un peu plus technique, l'étendue désigne le fait d'être, de s'étaler dans l'espace. Le livre que vous êtes en train de lire, en tant qu'objet matériel, s'étale dans l'espace, il occupe une certaine place, sur votre table, dans votre poche, etc. Mais il s'étale aussi dans le temps, il a une certaine durée : le papier va se froisser, se déchirer, et dans un certain nombre d'années, ce livre aura disparu en poussière. Tout objet matériel occupe donc un certain espace (étendue) pendant un certain temps (durée).

On remarquera que la durée est une propriété universelle, ce qui n'est pas le cas de l'étendue. Tout ce qu'on peut toucher a une étendue et une durée ; ce qu'on ne peut pas toucher n'a pas d'étendue, mais a une durée. Reprenons ce livre : vous n'êtes pas un singe, cet objet ne se réduit pas pour vous à une certaine quantité de feuilles de papier maculé d'encre. Vous le lisez : cette action intellectuelle, la lecture, ne s'étale pas dans l'espace, mais seulement dans le temps. Le livre a une étendue et une durée, la lecture a seulement une durée.

Les philosophes s'accordent à considérer que si le temps et l'espace sont des instruments intellectuels, des représentations mentales, l'étendue et la durée sont quelque chose de réel, des propriétés des choses.

> La durée et l'étendue sont les attributs des choses ; mais le temps et l'espace sont comme pris hors des choses et servent à les mesurer.
>
> Leibniz

Notre esprit se représente le temps, cet instrument intellectuel qu'il a forgé et qui n'appartient pas aux choses, comme linéaire et orienté : on ne peut le parcourir que dans une seule direction, de l'instant présent vers l'instant futur. La durée, elle, n'a aucune direction. Si vous lisez depuis une heure, du temps a passé, toujours dans la même direction, donc irrémédiablement ; mais cette séance de lecture est pour vous quelque chose de global, qui a une unité, et non la succession des secondes qu'a marquées votre montre. La même portion de temps, deux heures, par exemple, vous apparaîtra comme une fastidieuse suite d'instants dans la salle d'attente du médecin, comme une unité non mesurable si vous regardez un film passionnant.

> Ton défunt père nous dit un jour qu'on ne peut mesurer le temps avec des jours, comme on compte l'argent en centimes ou en pesos, parce que les pesos sont tous pareils tandis que chaque jour est différent, et peut-être même chaque heure.
>
> Jorge Luis Borges

Cette observation a été développée par Bergson. Pour lui, le temps est une représentation mentale, calquée sur l'espace ; on y mesure des *instants* (c'est-à-dire des points du temps, comme il y a des points de l'espace) distincts les uns des autres. La durée est un état psychique vécu et non mesuré : les états successifs du moi ne sont pas distincts les uns des autres, mais s'interpénètrent, comme la conscience que nous avons de nous-mêmes n'est pas distincte de la mémoire :

> La durée intérieure est la vie continue d'une mémoire qui prolonge le passé dans le présent (...) Sans cette survivance du passé dans le présent, il n'y aurait pas de durée, mais seulement de l'instantanéité.

Un

Tous pour un, un pour tous.

Alexandre Dumas

Un est en français article indéfini marquant l'indétermination : « Passe-moi *une* cuillère » / « Passe-moi *la* cuillère », et adjectif numéral indiquant une quantité : « Passe-moi *une* cuillère » / « Passe-moi *trois* cuillères ». Les philosophes emploient les deux, comme n'importe quel Français, mais l'idée d'*un,* qui fait l'objet de la réflexion philosophique, n'est pas l'indétermination ; ce n'est pas non plus, à proprement parler, un nombre : pour certains penseurs grecs, *un* était même le contraire du nombre. *Un* a essentiellement deux sens.

— Il signifie « unique » :

Il n'y a qu'un Dieu et ce Dieu suffit.

Leibniz

— Il signifie « sans parties, indivisible » : Dieu est un, l'être est un.

Le mot s'emploie également comme substantif : *l'un.* Il désigne alors le principe d'unité qui sous-tend toute chose.

Il s'écrit parfois avec une majuscule, ***l'Un,*** en référence au philosophe grec Plotin, qui en fit le principe suprême, l'origine et la fin de tout. Chez lui l'Un est l'idée la plus haute de la pensée, supérieur même à l'être, puisqu'il est ce dont émane tout ce qui est.

Univers

Je ne suis pas de ceux qui trichent avec l'univers.

Louis Aragon

Ce mot désigne généralement l'ensemble de ce qui existe dans le temps et dans l'espace. C'est l'idée la plus englobante qu'on puisse avoir. On distingue *univers* et *monde,* car il peut y avoir plusieurs mondes, tandis qu'il n'y a qu'un univers. Les hypothèses de la science ou de la science-fiction sur les « univers multiples » ou sur l' « anti-univers » intéressent sans doute le philosophe, mais celui-ci ne voit pas comment ne pas appeler « univers » l'ensemble de ces univers.

• ***Univers du discours :*** c'est une notion introduite par les logiciens (on dit aussi : ***univers de référence***). Cela désigne l'ensemble auquel on rattache, par la pensée, les objets dont on parle.

Par exemple, la proposition « Les chiens, les souris et les canards ne parlent pas » est vraie dans l'univers du discours de la zoologie, fausse dans celui de la fable, de la bande dessinée ou de la littérature pour enfants.

• ***Universel :*** Cet adjectif exprime l'idée d'extension complète d'un ensemble, mais il est important de préciser l'ensemble qu'on considère. D'où les diverses valeurs d'*universel*.

— « Qui s'étend à tout l'univers » : ainsi, la ***gravitation universelle.***

— « Qui s'étend à tous les esprits » : ainsi les ***principes universels*** de la raison.

— « Qui s'étend à toute une classe d'objets » : « Tous les hommes sont mortels » est une ***proposition universelle.***

Valeur

> « L'échelle des valeurs vacille sur ses bases et... » Je le stoppe : « Installe-toi sur une échelle de pompier. »
>
> San-Antonio

Laissons de côté le sens vieilli de « courage » (cf. l'adjectif *valeureux*). Il reste au mot *valeur* de nombreux sens, qu'on peut regrouper ainsi, pour ce qui concerne la philosophie.

1) *Un sens subjectif :* la valeur est l'importance qu'on attache à une chose en proportion du désir ou du besoin qu'on en a. C'est aussi le sens économique ; il est souvent synonyme de « prix » ; au sens strictement économique, les deux ne se confondent pas : le prix n'est que le reflet de la valeur moyenne.

2) *Un sens objectif :* la valeur, c'est l'adaptation d'un objet considéré à la fin à laquelle il est censé servir : la valeur d'un remède, d'un conseil. C'est aussi la correspondance entre un objet considéré et un modèle ou un ensemble de règles par rapport auxquelles on l'apprécie : la valeur d'un raisonnement, la valeur morale d'une action.

3) *Au sens proprement moral,* le mot *valeur,* employé seul désigne le modèle lui-même, ou l'ensemble de règles par rapport auxquelles on juge les actions. *Valeur* est alors souvent synonyme de « Bien »

> La valeur ne nous apparaît pas comme ce qui fait l'objet de notre désir, mais comme ce qui devrait faire l'objet du désir de tous les hommes.
>
> Ferdinand Alquié

Le pluriel *les valeurs* désigne les choses désirables par tous (ou qui devraient l'être) : le vrai, le beau, le bien.

- ***Valeur de vérité :*** voir p. 133.

• ***Jugement de valeur :*** c'est un jugement qui porte une appréciation sur la vérité d'une proposition, la moralité d'une action, la beauté d'un objet. Il se distingue du ***jugement de réalité,*** ou ***d'existence,*** qui est un constat. Exemple : « *Guernica* de Picasso est un chef d'œuvre (ou : une horreur) »/« *Guernica* de Picasso est au musée du Prado ».

• ***Valable*** et ***valide*** sont nettement distincts dans la langue courante. *Valide* se dit en un sens physique, par opposition à *invalide :* « un individu valide » (= en bonne santé, sans maladie ou incapacité physique marquées). *Valable* a un sens abstrait ; un objet est valable s'il répond aux conditions auxquelles sont soumis les objets de la même classe : « Ce billet n'est pas valable » (car un billet doit être comme ceci, comme cela). Dans un usage récent, assez discutable, *valable* est synonyme d' « intéressant » ou « utile » : « Un film valable » ; « C'est valable » ; il s'agit sans doute de la transformation en adjectif de l'expression populaire : « Ça vaut le coup ».

Ce dernier sens n'apparaît jamais en philosophie. *Valide* ne se distingue guère de *valable.* Selon le contexte, on emploie plutôt l'un que l'autre, mais la substitution de l'un à l'autre est presque toujours possible.

— *Valable* s'emploie en un sens relatif : valable pour, valable en ; c'est un synonyme de « pertinent, applicable ». Par exemple, la possibilité de prévoir les phénomènes est un critère valable pour définir les sciences expérimentales.

— *Valable* s'emploie en un sens absolu : ce qui est susceptible d'être admis par tous les esprits. Exemple : « Platon a toujours préconisé une stricte division du travail ; les raisons qu'il en a données restent éternellement valables » (Pierre Lachièze-Rey).

— On emploie plutôt *valide* à propos d'un raisonnement : un raisonnement est valide quand il est cohérent formellement, quand il respecte les règles de la déduction logique. La *validité* d'un raisonnement est absolument indépendante de la *valeur* (« vrai » ou « faux ») des propositions qui le composent : « Les Français sont des veaux, or les veaux sont herbivores, donc les Français sont herbivores » est un raisonnement valide.

Vertu

> Dis-moi, Vénus, quel plaisir trouves-tu
> A faire ainsi cascader, cascader, cascader la vertu ?
>
> Meilhac et Halévy

Ce mot vient du latin *virtus*, qui a les qualités propres de l'homme, au sens du mâle (de *vir*, homme-masculin, par opposition à *homo :* homme-genre humain ; cf. *viril*, *virilité*). Cette origine explique sans doute qu'un des premiers sens de *vertu* est « force, puissance ». Cet emploi, très fréquent dans la langue classique, est devenu plus rare, mais n'a pas disparu ; il apparaît encore métaphoriquement dans le domaine de la santé : « la vertu digestive de la menthe » ; « la vertu du soleil contre le rachitisme » (mais l'idée de force s'est estompée, au profit de l'idée de « ce qui fait du bien) ; et dans le vocabulaire juridique : « En vertu de l'article tant du Code Pénal » (= par la force de l'article...).

Le mot *virtus* signifiait également, par extension, la force d'âme ou de caractère, les qualités morales. Ce sens moral, repris dans *vertu*, est devenu dominant dans le français moderne et a évolué vers l'idée de disposition morale au bien. Comme les philosophes sont des lettrés, ils continuent souvent d'entendre dans *vertu*, au sens moral, l'idée de force :

> La vertu est la force de résolution que montre l'homme dans l'accomplissement de son devoir.
>
> Kant

Le pluriel *les vertus* désigne des formes particulières de cette disposition au bien : le courage, la justice, la loyauté.

Volonté

> Plus on est grand et moins on doit avoir de volonté ; l'on dépend des événements et des circonstances.
>
> Napoléon

On peut distinguer au moins trois emplois du mot *volonté*.

• Dans un emploi proprement philosophique, la volonté forme avec l'entendement les deux facultés essentielles de l'esprit humain. La volonté est le pouvoir de se déterminer *pour des motifs*, c'est-à-dire des causes raisonnables. On peut dire, en schématisant, que sans l'entendement nous n'aurions que la connaissance sensible, et que sans la volonté

nous ne ferions que des actions spontanées (dictées par l'instinct, le besoin, le désir). Ce sont ces deux facultés qui différencient radicalement l'homme des autres animaux. C'est ce qu'on appelle parfois la conception classique de la volonté ; elle suppose la liberté.

Libre et volontaire signifient la même chose.

Leibniz

La volonté nous permet de nous opposer à nos besoins ou à nos instincts : sacrifier sa vie pour une cause qu'on juge plus importante, faire la grève de la faim, pratiquer la chasteté, etc.

— Dans un emploi qui appartient à la langue courante et à la philosophie moderne, la volonté est une qualité de caractère, l'ensemble des forces psychiques que nous mettons au service d'une tendance. Alors que, dans la conception classique, la volonté est libre et raisonnable, elle peut, dans cet emploi moderne, être au service de passions : un homme comme Hitler ne brillait pas par la raison, mais il ne manquait certainement pas de volonté.

— Enfin, *volonté* s'emploie, dans la langue courante, pour désigner un acte particulier de la volonté (entendue comme faculté ou ensemble de forces psychiques) : « Telle est ma volonté », ou, plus souvent au pluriel, « dicter ses dernières volontés », « faire les quatre volontés de quelqu'un ». Pour éviter les confusions entre la faculté et les actes de cette faculté, les philosophes emploient souvent le terme technique ***volition*** pour désigner ces derniers.

Le mot *volonté* apparaît dans plusieurs expressions.

La ***bonne volonté,*** la ***mauvaise volonté*** désignent dans la langue courante une disposition favorable ou défavorable (« faire preuve de bonne/de mauvaise volonté »). Aussi bien le nom *volonté* que les adjectifs « bons » ou « mauvais » y ont un sens affaibli. Ces expressions apparaissent en philosophie, mais chacun des termes y conserve son sens fort.

La bonne volonté, chez Kant, est la volonté qui se détermine par la loi morale ; c'est la volonté (et non une vague disposition) orientée vers le bien. La mauvaise volonté désigne chez Leibniz la volonté dirigée vers le mal : il en donne comme exemple le diable.

La ***volonté générale*** est une notion morale et politique de la philosophie du XVIIIe siècle. Chez Diderot, elle est plutôt morale, et correspond à ce que prescrit le droit naturel :

> La volonté générale est dans chaque individu un acte pur de l'entendement qui raisonne dans le silence des passions sur ce que l'homme peut exiger de son semblable et sur ce que son semblable est en droit d'exiger de lui.

Chez Rousseau, elle est plutôt politique : c'est la volonté du corps social, quand il se fixe pour objet « l'intérêt commun » ; elle se distingue de « la volonté de tous », qui n'est « qu'une somme de volontés particulières ». On pourrait dire, en termes plus modernes, que l'intérêt général d'une société ne se confond pas avec la somme des intérêts corporatistes ou partisans. Ceux-ci peuvent s'additionner pour exprimer une volonté négative : « Nous ne voulons pas de telle politique » ; mais ils ne parviennent jamais à s'additionner pour exprimer une volonté positive : « Voici la politique que nous voulons ». Seule la considération de l'intérêt commun permet l'expression de la volonté générale.

La ***volonté de vivre*** ou le ***vouloir-vivre*** désignent chez Schopenhauer une force universelle constitutive de tous les êtres, qui fait que chaque être lutte, consciemment ou inconsciemment pour préserver son espèce :

La volonté est la substance intime, le moyen de toute chose particulière comme de l'ensemble ; elle se manifeste dans la force aveugle de la nature et se retrouve dans la conduite raisonnée de l'homme.

La ***volonté de puissance*** désigne chez Nietzsche une tendance fondamentale, chez l'homme, à accroître sans cesse sa puissance :

Il n'y a que volonté dans la vie, mais cette volonté n'est pas vouloir-vivre ; en vérité, elle est volonté de dominer.

La volonté de puissance s'oppose à la morale, en quoi Nietzsche dénonce la coalition des faibles contre les forts, l'association des faibles et des médiocres (qui sont le plus grand nombre) pour limiter la volonté de puissance des forts (qui sont l'élite), parce qu'elle agirait à leur détriment.

Vrai, vérité

Rien n'est beau que le vrai, le vrai seul est aimable.

Boileau

Dans une grande partie de leurs emplois, *vrai* s'oppose à *faux*, et *vérité* s'oppose à *fausseté* ou *erreur*. Dans la langue courante, *vérité* s'oppose souvent à *mensonge ;* mais l'idée de mensonge est un ajout psychologique ou moral à l'idée de fausseté : celui qui ment dit quelque chose de faux en sachant que c'est faux. Si l'on veut s'exprimer de façon plus rigoureuse, on dira que :
— le mensonge s'oppose non à la *vérité,* mais à la *véracité ;*
— l'erreur est simplement le fait de tenir pour vrai quelque chose qui ne l'est pas.

Concentrons-nous donc sur l'opposition vrai/faux, vérité/fausseté. La vérité peut être définie, de façon générale, comme le caractère de ce qui est vrai. Mais qu'est-ce donc que le vrai ?

1) *Vrai,* appliqué à des choses ou à des personnes, a les sens suivants.

— « Qui existe ou a existé réellement » : « une vraie oasis » (et non un mirage) ; « Le vrai Charlemagne avait une moustache mais pas de barbe », « une histoire vraie ». *Vrai* = véritable ; *faux* = fictif, imaginaire.

— « Qui est effectivement ce qu'on déclare que c'est » : « un vrai Picasso » (et non une copie). M. Paul Deschanel, errant en pyjama le long d'une voie de chemin de fer, était pourtant le vrai Président de la République. *Vrai* = véritable, authentique ; *faux* = imité, simulé, qui usurpe.

— « Qui est conforme à l'idée qu'on se fait d'une classe d'objets » : « un vrai héros » ; « La vraie éloquence se moque de l'éloquence, la vraie morale se moque de la morale » (Pascal). *Vrai* = véritable, authentique, accompli ; *faux* = raté, imparfait.

— « Qui est fidèle à la nature, qui rend bien compte de la réalité » : Les *Caractères* de La Bruyère sont vrais, un tableau peut être plus vrai qu'une photo. *Vrai* = fidèle à la nature, juste, bien vu ; *faux* = infidèle, artificiel.

On ne pourrait utiliser le nom *la vérité* que pour le premier et le dernier emploi ; pour le deuxième et le troisième, on dirait plutôt *authenticité*.

2) Mais des problèmes ardus commencent à se poser lorsqu'on examine ce que signifie *vrai* appliqué à des jugements ou à des propositions qui les expriment.

On serait tenté de définir *vrai :* qui est conforme à la réalité. C'est le sens le plus fréquent dans la langue courante. « Untel m'a donné un coup de poing » vient dire l'enfant à son maître. Cette affirmation est vraie si l'événement est vrai (voir ci-dessus), c'est-à-dire s'il a réellement eu lieu — sinon l'enfant ment, ou rêve. Mais dès qu'on considère des propositions un peu plus abstraites, cette définition n'est plus satisfaisante. Si vous tenez pour vraie la proposition « Dieu existe », elle ne peut être dite « vraie », au sens où nous venons de le définir, que si vous avez rencontré Dieu. C'est rarement le cas ; alors que signifie *vrai ?*

De très grands esprits tiennent pour vraie la proposition : « Les choses ne sont rien d'autre que l'idée que nous en avons. » D'autres, non moins grands, tiennent pour vraie celle-ci : « Il y a des choses qui existent indépendamment de notre esprit, et qui ne se confondent pas avec l'idée que nous en avons. » La vérité de ces propositions peut difficilement être définie par leur conformité à la réalité, puisqu'elles posent le problème même de la réalité.

Nous touchons ici un des problèmes essentiels de la philosophie, qui est un aspect du problème central : qu'est-ce que connaître ? D'un point de vue philosophique, il faut sans doute mettre le vrai et le faux « au nombre des idées essentielles et primitives sans lesquelles rien ne peut être pensé, et qui, par conséquent, ne sont pas susceptibles d'une définition proprement dite » (Lalande). On appellera vraie une proposition à laquelle nous donnons l'assentiment total de notre raison. Mais sur quoi se fonde cet assentiment ?

Il est nécessaire de distinguer d'abord la pensée et le langage. Nos pensées s'expriment par le langage, mais quand nous cherchons à savoir si ce qu'on nous a dit est vrai ou faux, c'est sur le fait ou l'idée exprimée que porte notre examen, non sur les mots qui ont servi à l'exprimer. Appelons l'idée ou le fait exprimé un *jugement,* et les mots qui servent à l'exprimer une *phrase.* Une phrase peut être élégante ou maladroite, sobre ou lyrique, elle n'est ni vraie, ni fausse ; seul le jugement est vrai ou faux. Comparons :
— « Toto, à qui je n'avais rien fait, m'a donné un coup de poing dans la figure. »
— « Toto y m'a foutu son poing dans la gueule, même que j'y avais rien fait, moi, à Toto. »

— « Un camarade de classe, le dénommé Toto, bien que je ne l'eusse provoqué en aucune façon, a eu la fort méchante idée d'écraser son poing sur mon visage. »

Le maître qui reçoit cette plainte pourra apprécier au passage la plus ou moins bonne maîtrise du langage de la victime, mais s'il ne s'occupe que d'examiner la vérité ou la fausseté du fait rapporté, ces trois phrases sont identiques.

Il faut remarquer également que seules les phrases appelées *déclaratives* contiennent un jugement (on déclare quelque chose d'un certain être), et sont donc susceptibles d'être examinées du point de vue du vrai ou du faux, par opposition aux phrases *impératives* (on donne un ordre), ou *interrogatives* (on pose une question). Des phrases comme « Il lui a ordonné de sortir d'ici » ou « Dieu existe » contiennent des jugements, dont on peut examiner s'ils sont vrais ou faux. Mais un tel examen n'a aucun sens pour des phrases comme « Sors d'ici ! » ou « Dieu existe-t-il ? ». A un ordre, on obéit ou on désobéit, à une question on répond " oui ", " non " ou autre chose, mais ni un ordre ni une question ne sont vrais ou faux.

On appelle *proposition* tout énoncé d'un jugement, indépendamment de la forme que prend cet énoncé dans le langage. Toute phrase déclarative est donc une proposition : « Dieu existe », ou « Dieu n'existe pas », ou « Toto m'a donné un coup de poing ». Mais « $A = A$ » ou « $(A + B)^2 = A^2 + 2AB + B^2$ » sont également des propositions (sans être des phrases). On s'autorise à dire qu'une proposition est vraie ou fausse si le jugement qu'elle énonce est vrai ou faux. Le terrain étant ainsi déblayé, attaquons-nous au problème : que signifient *vrai* ou *faux* appliqués à une proposition ?

Une proposition aussi simple que

① Le présent roi de France est chauve

ne pose apparamment pas de problème : elle est fausse. Personne n'en doute, mais Bertrand Russell a montré qu'il n'était pas si simple de la dire fausse. Un bon moyen de s'assurer que cette proposition est fausse, serait de montrer que la proposition contraire

② Le présent roi de France n'est pas chauve

est vraie. Malheureusement, cette seconde proposition n'est pas vraie ; on ne peut donc pas en déduire que son contraire est faux (nous avons examiné cette déduction page 180).

Examinons notre première proposition du point de vue grammatical. Elle est faite d'un sujet : « le présent roi de France », et d'un prédicat : « est chauve ». Or ce sujet n'existe pas. Pas de problème : s'il n'existe pas, il ne peut pas être chauve, un point c'est tout ! Sans doute, mais alors, la proposition que nous déclarons fausse est bien différente de ①; c'est celle-ci :

③ Il y a présentement un roi en France

La confirmation de la fausseté de cette proposition nous est donnée par la vérité de la proposition contraire :

④ Il n'y a pas présentement de roi en France

Nous supposons donc que, si la proposition ③ est fausse, alors nous sommes autorisés à dire que la proposition ① « Le présent roi de France est chauve », est aussi fausse. Mais cette supposition est peut-être imprudente ! Examinons une autre proposition :

⑤ Superman est au service du bien

La tenez-vous pour vraie ? Si oui, vous n'êtes pas cohérent.

Vous accorderez que cette autre proposition :

⑥ Superman n'existe pas

est vraie. Donc la proposition contraire

⑦ Superman existe

est fausse. Nous supposons donc que si la proposition ⑦ est fausse, alors nous sommes autorisés à dire que la proposition ⑤ est aussi fausse ! Alors, « Superman est au service du bien », c'est vrai ou c'est faux ?

On peut tirer de l'examen de ces exemples quelques remarques.

a) L'ordre grammatical et l'ordre logique ne se confondent pas. Une phrase grammaticalement simple (« Untel est comme ceci ») peut être, est souvent, logiquement complexe. Par complexe, il faut entendre composée d'éléments indépendants, eux-mêmes susceptibles d'être vrais ou faux. Les logiciens appellent ces éléments des *atomes*. Examiner la vérité ou la fausseté d'une proposition consiste donc à la décomposer en atomes, et à examiner la vérité ou la fausseté de chacun de ces atomes, puis le lien qui les relie. Cela donne à peu près une tournure comme celle-ci :

⑧ Il existe au moins un être présent roi de France

et

⑧' Il existe au moins un être « chauve » tel que ce « chauve » est ce « présent roi de France ».

Puisque le premier atome (il existe au moins un être « présent roi de France ») est faux, et que le lien qui le relie aux autres atomes est la conjonction *et*, l'ensemble des atomes est faux.

b) Mais qu'est-ce qui nous permet de dire que ce premier atome est faux ? Pour évaluer la vérité ou la fausseté d'une proposition, il faut un contexte. Rien n'est vrai ou faux en soi, mais seulement par rapport à un contexte. Nous avons situé la proposition examinée dans un contexte implicite : le monde réel au XXe siècle Dans ce contexte-là, le premier atome « Il existe au moins un être " présent roi de France " » est faux. Mais si nous situions cette proposition dans un autre contexte, par exemple le monde réel vers 1750, que se passerait-il ? Elle serait fausse aussi, mais pas pour la même raison : il y a bien un roi de France, il y a peut-être des chauves, mais aucun chauve n'est le roi de

France. Elle serait donc fausse parce que le *dernier atome* est faux. Enfin, si nous la situions dans le monde réel en 850, elle serait vraie (pour autant que le célèbre Charles le Chauve n'a pas usurpé sa réputation) : il y a bien un roi de France, et il y a au moins un chauve, le roi lui-même. Les deux atomes sont vrais et ils sont reliés par la conjonction et, donc l'ensemble est vrai.

La langue naturelle nous permet d'attribuer des prédicats à des êtres auto-contradictoires, puisqu'ils n'existent pas : « La licorne est blanche » ; « Les Schtroumpfs sont gentils » ; « Le présent roi de France est chauve » ; « Superman est au service du bien », voire la proposition paradoxale « Dieu existe ». Cette extraordinaire liberté que nous offre la langue a troublé les logiciens, et beaucoup d'entre eux ont voulu s'en tenir à l'idée que, puisque n'importe quel objet de pensée pouvait être sujet d'un prédicat, il avait, à ce titre au moins, quelque réalité. Il fallait donc déterminer des types de réalités, c'est-à-dire des contextes. Ainsi, de même que nous avons fait varier le temps historique réel (XXe siècle, 1750, 850) pour examiner la proposition « Le présent roi de France est chauve », nous pouvons faire varier le monde dans lequel nous situons un objet : dans le monde des êtres de chair et d'os Superman n'existe pas, donc la proposition « Superman est au service du bien » est fausse ; mais dans le monde de la bande dessinée, la proposition « Il y a un être qui s'appelle Superman » est vraie, donc la proposition « Superman est au service du bien » peut être vraie.

On aurait tort de croire que ces difficultés sont un embrouillamini de philosophes ou de logiciens. Le problème concerne tous les hommes, et au premier titre les savants. Toute connaissance se ramène, en dernière instance, à une proposition, dont il s'agit de montrer qu'elle est vraie ou fausse. Cela ne signifie pas que toute proposition peut être déclarée vraie ou fausse ; il y a des propositions dont on ne peut pas décider si elles sont vraies ou fausses, on les appelle propositions ***indécidables***. C'est le cas de propositions comme « Dieu existe » ou « Dieu n'existe pas ». De telles propositions n'appartiennent pas au domaine de la connaissance, mais à d'autres domaines (ici celui de la foi). La notion de connaissance est donc liée à la notion de vérité.

Le problème de la vérité est posé aujourd'hui de la façon suivante : on distingue, depuis Kant, les choses telles qu'elles nous apparaissent (ou phénomènes) et les choses telles qu'elles sont ou seraient indépendamment de nous (ou noumènes). Il n'y a connaissance que du premier point de vue. Dans ce cadre, la vérité est définie par la conformité avec la réalité (qui est l'ensemble des choses telles qu'elles nous apparaissent) et avec les lois logiques de la pensée (c'est-à-dire un petit nombre de principes universellement admis par la raison et les propositions démontrées qui en découlent).

Mais que signifie la conformité avec la réalité ainsi définie ? Ici apparaît un courant de pensée particulier qu'on appelle le ***pragmatisme***. Le pragmatisme réduit le vrai à la définition suivante : est vrai ce qui marche comme on veut, comme on avait prévu. Une vérité est une recette efficace, et il n'y a pas à chercher plus loin. Sans entrer dans les détails, disons que c'est là une version simplifiée et un peu caricaturale du pragmatisme, qui repose en fait sur des analyses plus subtiles ; mais c'est cette version qui est très souvent admise.

Cependant, si l'on réduit le problème à cette équivalence : vrai = efficace, on s'aperçoit qu'il est plus simple de dire que la science est efficace, tout simplement. Donc, soit *vrai* est un synonyme inutile d'« efficace », soit *vrai* est un mot dont on ne sait pas ce qu'il veut dire. C'est à quoi s'en tiennent prudemment de nombreux savants, qui refusent d'employer les mots comme *vrai* ou *vérité*, et abandonnent le problème aux philosophes et aux logiciens.

Cette prudence est justifiée, car l'équivalence : vrai = efficace peut conduire à des absurdités. On sait qu'il existe des domaines où le mensonge est efficace : tous les domaines où l'on a plus ou moins à mener les hommes, la politique, la publicité, la pédagogie, la religion, etc.

Ainsi, dans la plupart des guerres, chaque gouvernement essaie de convaincre son peuple que c'est l'ennemi qui a attaqué le premier et qu'on ne fait que riposter. L'important n'est pas qu'une telle proposition soit vraie, mais qu'elle soit *crue vraie* par ceux qui l'entendront, alors elle sera efficace. Mais si vrai = efficace, alors il suffit qu'une proposition soit crue vraie pour être vraie. Le tour est joué, mais nous sommes à nouveau dans un drôle de labyrinthe !

Cela donnerait, par exemple, le raisonnement suivant : vous n'ignorez pas que des millions de gens croient que la proposition « Dieu existe » est vraie, et que cette croyance permet d'agir sur eux pour les faire obéir à la loi, voire les pousser à tuer tel ennemi, à sacrifier leur vie pour telle cause, etc. Il est donc amplement démontré que la proposition « Dieu existe » est vraie.

Un grand nombre de philosophes et de savants ont tout de même essayé de donner un sens clair aux mots *vrai, vérité.* Ils s'en tiennent alors à la thèse suivante : une proposition n'est dite vraie que par son rapport systématique à l'ensemble des autres propositions dites vraies. Il nous sera donc permis de montrer, éventuellement, qu'une proposition efficace est fausse, et que des mots comme *mensonge* ou *illusion* gardent un sens. Mais encore, les propositions vraies qui forment un ensemble sont dites telles dans des contextes. Il n'y a pas une réalité, mais diverses représentations, chacune cohérente, dont l'ensemble constitue la réalité. Chaque proposition vraie est dite telle par rapport à l'ensemble des autres propositions vraies dans le même contexte. Tout examen de la vérité ou de la fausseté d'une proposition doit d'abord passer par l'examen des questions « où ? », « quand ? ».

Ainsi, *Dieu* existe en tant que concept dans la réflexion philosophique, au même titre que les concepts de cause ou de liberté. *Dieu* existe en tant qu'image mentale dans l'histoire de nombreux peuples, au même titre que les images mentales de bonheur ou d'égalité. Mais si l'on considère Dieu en tant qu'être ou que phénomène du monde physique, au même titre que les galaxies ou l'attraction réciproque des masses, la proposition « Dieu existe » est dénuée de sens. De la même façon, la proposition « Le soleil se lève à l'Est » est fausse ou dénuée de sens pour l'astronome, mais elle est vraie pour le paysan, le marin ou le géographe. Tant que vous restez dans le domaine sensible terrestre, vous avez parfaitement le droit de dire « Le soleil se lève à l'Est ». Quiconque vous le reprocherait est un pédant !

Le mot *vérité* s'emploie aussi, au singulier ou au pluriel, pour désigner non le caractère de ce qui est vrai, mais une proposition particulière tenue pour vraie : « C'est une grande vérité » ; « dire à quelqu'un ses quatre vérités ». On trouve en philosophie les expressions suivantes

— ***Vérités premières :*** propositions évidentes mais indémontrables ; exemple : « Le tout est plus grand que la partie ». C'est un synonyme de « principe » ou d' « axiome ».

Vérité première désigne souvent, par ironie, une opinion ou un préjugé essentiel à un groupe et qu'il refuse de remettre en question ; par exemple à l'époque du stalinisme, pour un communiste : « Chaque communiste, individuellement, peut commettre des erreurs, mais le parti ne peut pas se tromper. »

— ***Vérités éternelles :*** principes qui constituent, dans la philosophie classique, les lois absolues des êtres et de la raison. Elles émanent de la volonté divine et l'homme les découvre dans sa pensée. Les vérités éternelles sont des propositions de raison et non de fait, elles ne portent pas sur l'existence ou non de tel ou tel objet, mais sur la liaison nécessaire des idées.

Exemple : dans une figure fermée composée de trois côtés droits, la somme des angles est égale à deux angles droits. Il n'importe pas de savoir si une telle figure existe ou non hors de notre esprit. La vérité éternelle est seulement : si une telle figure existe, alors elle ne peut pas ne pas avoir cette propriété.

Index général

J

L

M

N

O

P

Q

R

S

T

Index des philosophes cités

Table des matières

Achevé d'imprimer en novembre 1990
sur les presses de l'Imprimerie Moderne de l'Est
25110 Baume-les-Dames

N° éditeur 0551-06 - N° imprimeur 7805
Dépôt légal : Novembre 1990